ANDREAS SCHNITZER

EINE ERINNERUNG AN DIE ZEITLOSIGKEIT

Buch

Dieses Buch könnte als Gebrauchsanweisung für unser menschliches System, bestehend aus Körper, Geist und Seele, verstanden werden. Sollte dir das jedoch zu hochgestochen klingen, kannst du es genauso gut auch einfach um des Lesens willen lesen, wie im Urlaub. In jedem Fall tust du gut daran, die Worte selbst nicht zu ernst zu nehmen und im Hinterkopf zu behalten, dass Worte allein stets armselig sind. So erfährst du, wo die Seele wirklich wohnt: zwischen den Zeilen.

Autor

Andreas Schnitzer wurde 1990 in Süddeutschland geboren und wuchs dort auch auf. Er arbeitete als Kinderbetreuer, Schlagzeuglehrer, Saunameister und Textdichter. Zudem ist er Gründungsmitglied der deutschen Hardrock Band Kissin' Dynamite und war dort über 13 Jahre lang Schlagzeuger und maßgeblicher Textschreiber. Schon früh erkannte er in sich eine große Passion für die Ergründung der Wahrheit. Diese Passion findet nun ihren Ausdruck in seinem zweiten Buch *Permanent Vacation*.

Kontakt:

kontakt@permanent-vacation.net

www.instagram.com/andi_schnitzer_official

ANDREAS SCHNITZER

EINE ERINNERUNG AN DIE ZEITLOSIGKEIT

Bibliografische Information der Deutschen Nationalbibliothek:

Die Deutsche Nationalbibliothek verzeichnet diese Publikation
in der Deutschen Nationalbibliografie; detaillierte bibliografische
Daten sind im Internet über https://portal.dnb.de/ abrufbar.

© 2021 Andreas Schnitzer
Satz, Herstellung und Verlag: BoD – Books on Demand, Norderstedt
Umschlaggestaltung: Holger Fichtner, 360 Grad Design, Plech
Foto: Julia Hofmann
ISBN 978-3-754-30177-7

Inhalt

Intro   11

1   Einleitung, nicht wahr?   37

2   Urlaub, nicht wahr?   51

3   Leid   67
    Leiden sein lassen   67
       Körperlich leiden   68
       Psychisch leiden   77
    Emotionen vs. Gefühle   83
    Die Herkunft der Brillen   90

4   Etwas Sympathie   105
    Die Geschichte vom Grips und der Seele   105
    Und die Moral von der Geschicht'?   117
    Showdown, Baby!   122
       Nach Hause kommen   122
    Frieden   137
    … oder Krieg?   138
    Die Brücken zur Ewigkeit   143
    Selbstverständlichkeiten   151

5   Wer hat Recht?   157
    Recht haben wollen vs. Recht haben   157
    Brillentypen   165
       Die Tyrann-Brille   166

Die Opfer-Brille 168

Die Energiefresser-Brille 173

Die Gutmensch-Brille 174

Die Poser-Brille 177

Die Brille des spirituell Suchenden 177

Die Motivator-Brille 181

Die Ehrgeiz-Brille 182

Mit Gefühl zu Mitgefühl 184

Der liebevolle Mittelfinger 191

6 Wie oder was und warum? 201

Über Gott und die Welt 201

Die Macht des entfesselten Willens 216

Alltägliches 220

7 Ich liebe dich 241

Die rosarote Brille 243

Beziehungsweisen 252

Reden ist Silber 259

Selbstverständliche Missverständlichkeiten 261

Ja, ich will 264

8 Das gibt's doch nicht! 269

Der Besitz 269

Die Gesetze 274

Die Bildung 275

Der Erfolg 276

Die Rollen 283

Die Moral 289

Die Krisen, die Probleme und die Fehler 290

Die Krankheiten   294

Die Religionen   299

Die Zufälle   302

Die Hoffnung   302

Die Zeit, der Raum und der Tod   303

Outro   311

Die Auferstehung   311

Der Ruf   313

Urlaub   315

Das war's!   321

Die Entstehungsgeschichte dieses Buches   325

Mein Dank gilt   331

Das einzige Ernstzunehmende ist,
nichts ernst zu nehmen.

Also alles.

Intro

Lieber Leser,

ich bin erfreut, dich kennenzulernen. Ich hoffe, du errätst meinen Namen.

Schön, dass du dir die Zeit nimmst, diese Zeilen zu lesen. Immerhin könntest du stattdessen auch unendlich viele andere tolle Dinge tun. Trotzdem hast du dich in diesem Moment ausgerechnet hierfür entschieden. Dies soll an dieser Stelle für einen Moment wertgeschätzt sein.

Wenn du nun bereit bist, machen wir uns gemeinsam auf den Weg in ein Land, das ich *Permanent Vacation* nenne. Wir reisen in einem Boot auf dem Fluss der Zeit.

Und vielleicht siehst du es ja ähnlich wie ich: Das zutiefst Erschreckende und gleichzeitig Faszinierende an der Reise auf diesem Fluss ist die unabänderliche Tatsache, dass sie nur in einer Richtung möglich ist: vorwärts.

Lass uns also nun gemeinsam ein Stückchen reisen und erforschen, was alles möglich wird, wenn wir das unmöglich erscheinende Unterfangen wagen, den Untiefen dieses Flusses auf den Grund zu gehen.

Ach ja: Das Boot, auf dem wir fahren, ist unsere Aufmerksamkeit. Je stabiler es ist, desto zuverlässiger und sanfter wird es uns durch jedwede Unwägbarkeit führen können. Und da unsere gemeinsame Reise zufällig gleich zu Beginn direkt in die Vollen geht, kann ich dich hiermit nur vorwarnen und dir ans Herz legen, dein Boot am besten schon jetzt durch größte Hingabe und schärfsten Fokus möglichst stabil zu halten.

Auch wenn es also manchmal wild wird – halt durch! Ich tu's auch. Und weißt du was? Es lohnt sich!

Um die Katze aus dem Sack zu lassen: Es gibt sowieso kein Zurück mehr auf dem Weg ins Paradies.

Auf geht's!

Warum überhaupt Permanent Vacation?

Also, erstens gefällt mir Aerosmith. Und zweitens, ist nicht die viel schönere Frage: Warum nicht?

Für immer Urlaub. Wäre das nicht sagenhaft? Wir hätten keine Termine, vielleicht leicht einen sitzen, müssten uns keinen Kopf mehr machen und niemand würde nerven. Nie wieder. Wir könnten tun und lassen, was wir wollen. Für immer. Das Leben wäre ausschließlich zum Genießen da.

Leider ist Urlaub jedoch meistens zeitlich begrenzt, sodass das traute Glück bald jäh gestoppt wird und die normale Mittelmäßigkeit wieder Einzug hält. Denn das Leben ist ja kein Ponyhof. Außerdem: Von nichts kommt nichts. Miete zahlen, Steuererklärung machen, Klo putzen … Und jeden Morgen der scheiß-Baulärm von nebenan. Ja leck mich doch …

Stopp!

Das muss nicht sein, denn …

der jetzige Moment ist das Einzige, was absolut real ist.

Das war's.

Damit ist alles gesagt.

Hast du doch noch Zweifel daran, dass bereits alles gesagt ist? Irgendetwas hat dich jedenfalls dazu getrieben, weiterzublättern.

Doch warum sollte es weitergehen?

Es gibt keinen Grund dafür.

Es kann keinen Grund geben.

Weil schon alles gesagt ist.

Und das ist es tatsächlich, denn

wenn das, was die Worte

Der jetzige Moment ist das Einzige, was absolut real ist.

meinen, stimmt, können die Worte selbst logischerweise nicht absolut real sein. Demnach wäre es unmöglich, irgendetwas zu sagen oder zu schreiben, was vollkommen wahr ist. Und da alles Geschriebene und Gesagte aus dem Denken kommt, müssten wir daraus den Schluss ziehen, dass kein Gedanke jemals die absolute Wahrheit abbilden kann. Und könnte etwas, das nicht absolut wahr ist, jemals wirklich wichtig sein?

Vielleicht entgegnest du nun, dass das, was du denkst, sehr wohl vollkommen wahr, also wichtig sein kann unter der Voraussetzung, dass du es im jetzigen Moment denkst. Frage dich dann: Hast du schon einmal etwas nicht in einem jetzigen Moment gedacht? Du wirst zugeben müssen, dass du alles, was du je gedacht hast, immer im jetzigen Moment gedacht hast, sofern du das Universum nicht irgendwie austricksen konntest.

Ich meine also nichts Gedachtes, selbst wenn du es im jetzigen Moment denkst, da du das, wie gesagt, immer tust.

Ich meine nicht einmal etwas, *über* das nachgedacht werden könnte. Mit anderen Worten: ein Ding.

Was ich meine ist der jetzige Moment an sich. Sonst nichts.

Ein Gedanke oder ein Ding füllt den jetzigen Moment zwar stets mit geistigem oder räumlichem Inhalt, ist aber nicht er selbst.

Auf die Magie dieses Unterschiedes hinzuweisen, ist die einzige Absicht des gesamten Buches.

Es könnte nun gut sein, dass Verwirrung in dir herrscht oder sich Skepsis meldet. Vielleicht fragst du dich, wie es sein könne, dass selbst Dinge nicht absolut real sind, wo du doch beispielsweise gerade zweifellos ein ziemlich reales Buch in deinen Händen hältst oder, wenn du einmal aufschaust, sicher viele weitere ganz schön reale Dinge erblickst, die du anfassen kannst.

Weiter könnte sich der Einwand in dir melden, dass, sollte schlicht kein Gedanke jemals die vollkommene Wahrheit abbilden, du dann ja nie wieder irgendetwas denken könntest, ohne wenigstens ein Stück weit zu lügen. Und tatsächlich, genauso ist es.

Nun ist es zugegebenermaßen aber auch so, dass wir alle zweifellos trotzdem den ganzen Tag denken müssen, um beispielsweise Pläne zu schmieden, unseren Alltag zu bewältigen oder uns unseren Mitmenschen mitzuteilen. Ohne Gehirn oder ständig gedankenlos meditierend und in astronomischen Sphären des Universums schwebend, wäre es beispielsweise recht unpraktisch, einkaufen zu gehen.

Wie lösen wir also dieses Dilemma, ohne den lieben langen Tag lügen zu müssen?

Der Trick ist, dass unsere Gedanken paradoxer- und magischerweise dann von Wahrheit inspiriert werden, wenn wir, während wir sie denken, wissen, dass es Lügen sind. Und dieses Wissen kann unmöglich intellektueller Art sein. Es ist die Weisheit unseres Herzens. Zapfen wir sie an, können wir die praktischen Dienste unseres Verstandes zwar nutzen, nehmen ihn währenddessen jedoch nicht vollkommen ernst.

Mit anderen Worten: Wenn wir während dem Vorgang des Denkens das Bewusstsein aufrechterhalten können, dass alle unsere Gedanken niemals absolut, sondern stets nur relativ wahr sind, werden sie vom Wesentlichen in uns erkannt und damit beseelt. Und dieses Wesentliche in uns ist jene Instanz, die hinter unserem Verstand wohnt. Das sind wir.

So wird es uns auch möglich, zu erkennen, dass das, was wir als bestimmtes »Ding« bezeichnet haben, in Wirklichkeit nur das ist, was es nun mal ist und nicht mehr *unbeding*t dieses bestimmte Ding, für das unser Verstand es gehalten hat.

Damit lösen wir uns von den gedanklichen Modellen, mit denen wir die flüchtigen Formen aus dem Stoff, den wir »Materie« nennen, bisher verwechselt haben, und sehen die Welt wieder als den faszinierenden Wundergarten, der sie tatsächlich ist.

Ein Gleichnis:

Stell dir mal vor, du siehst dich eines Morgens im Spiegel an und stellst verwundert fest, dass du total entstellt bist. Beispielsweise könnte deine Nase länger sein als zuvor. Deine Ohren könnten verschieden groß sein oder es könnte sich in deinem Hals eine seltsame Kurve gebildet haben. Dein Gesicht könnte sich aus unerfindlichen Gründen in eine garstige Fratze verwandelt haben.

Da du aber völlig machtlos dagegen bist, hast du keine andere Wahl, als dich daran zu gewöhnen und eben so zu leben.

Nach und nach fällt es dir nicht einmal mehr wirklich auf. Es könnte sogar sein, dass du irgendwann ganz vergisst, dass du jemals nicht entstellt warst. Und so wird die Fratze zu deiner neuen Scheinrealität.

Doch eines Tages wird dir blitzartig klar, dass du gar nicht entstellt bist, sondern dass du die ganze Zeit einfach nur in einen Trickspiegel geschaut hast, ohne es zu merken. Ein Trickspiegel, der dich hat glauben lassen, dass du entstellt bist. Und damit wachst du auf und erkennst, dass deine Schönheit in Wirklichkeit niemals verschwunden war.

Die einzige Frage, um die es sich immer dreht, ist also: Nimmst du die Fratze ernst oder durchschaust du das Spiel und siehst den Kern der Sache?

Den Trickspiegel inklusive den verzerrten Bildern, die er zeigt, können wir mit unseren Gedanken vergleichen. Wenn wir nicht wissen, dass es Lügen sind, haben wir keine andere Chance, als ihnen zu glauben. Sobald unser Bewusstsein allerdings nur einen kleinen Schritt zurücktritt, sehen wir automatisch ihre Wahrheit. Ihre Wahrheit als Lüge. Dieser Schritt in die Ebene dahinter ist ein kleiner Schritt für uns, aber ein immenser für unser Menschsein. Er führt uns geradewegs in die Realität der

Raum- und Zeitlosigkeit und ermöglicht uns dadurch die unermessliche Gnade des universellen Nicht-ernst-Nehmens.

Das Wort »Lüge« verwende ich zu Beginn übrigens nur gelegentlich, um möglichst drastisch, also in aller Klarheit darauf hinzuweisen, dass tatsächlich nichts außer dem jetzigen Moment an sich gänzlich frei von Schein ist.

Dennoch werde ich es von nun an bevorzugen, davon zu sprechen, etwas nicht absolut ernst oder wichtig zu nehmen. Das versprüht etwas mehr Urlaubsfeeling als das Wort »Lüge«. An der gnadenlos-radikalen Einfachheit der innewohnenden Wahrheit kann diese Variation in der Ausdrucksweise aber natürlich nichts ändern. Gott sei Dank.

Entkoppeln wir uns durch diesen kleinen Schritt hinter unsere Gedanken von unserem Verstand, lösen wir unsere Identifikation mit ihm und kommen erst in die Lage, uns selbst und das wahre Wesen der Welt zu erfahren. Und wir werden erstaunt sein, wie prachtvoll das ist.

In diesem Bewusstsein stellt sich automatisch ein plötzliches, glasklares, sehr befreiendes und erheiterndes Gefühl ein. Es entspringt der Erkenntnis, dass es schlicht nichts gibt, das wirklich ernst zu nehmen ist. Was übrig bleibt, ist nichts anderes als das selige und pure Sosein des ewigen Augenblicks.

Du kennst vielleicht jemanden, von dem du aus Erfahrung schon weißt, dass er meistens, wenn er etwas erzählt, hoffnungslos übertreibt, um seine Geschichten eindrucksvoller wirken zu lassen. Du hast dich daran gewöhnt und weißt schon, bevor er zu erzählen beginnt, dass du nicht alles für bare Münze nehmen musst. Du durchschaust den Schein und siehst dadurch die Wahrheit dahinter. Das Erkennen von Unwahrheit ist Wahrheit. Im Durchschauen kannst du dann wiederum spielerisch auf seine Geschichten reagieren, anstatt dies im Ernst tun zu müssen. So kannst du dich beispielsweise immer noch beeindruckt zeigen, da du mitfühlend ahnst, dass er seine Übertreibungen nicht einmal böse meint oder sogar selbst wirklich glaubt. Doch ist dir hintergründig ständig klar: Das Wesentliche ist einzig und allein eure seelische Verbindung, ganz unabhängig vom Inhalt aller gesprochenen Worte. Durch dieses klare Erkennen bleibst du während des Gesprächs völlig präsent. So kann ein Gespräch entstehen, bei dem sich beide wohl fühlen.

Und nun stelle dir vor, dieses entspannte und wache Erlebnis des Nicht-ernst-Nehmens nicht mehr nur in Einzelfällen zu erfahren, sondern immer – bei allen Gedanken aller Menschen, inklusive und im Speziellen deinen eigenen.

Dazu musst du dich nur auf die simple Wahrheit einlassen, dass schlicht nichts, was jemals von dir oder irgendjemandem gedacht wurde und gedacht wird, jemals wirklich zur Gänze der Wahrheit entspricht und somit in keiner Weise von absoluter Wichtigkeit ist.

Vielleicht verstehst du nun, wie es mir möglich war, weiterzuschreiben, obwohl ich bereits geschrieben habe, dass bereits alles gesagt ist. Während ich schrieb, habe ich mir einfach erlaubt, mein eigenes Wort nicht absolut ernst zu nehmen, da ich mir bewusst und im Frieden damit war, dass ohnehin alles, was jemals geschrieben wurde und noch wird, bestenfalls ein kläglicher Versuch des Denkens ist, das Unbeschreibliche zu erfassen. So musste ich das Buch glücklicherweise nicht schon nach einer Seite beenden, sondern konnte weiterschreiben, ohne mir selbst zu widersprechen.

Bisher leiden wir noch oft sehr unter der Belastung, die durch die Illusion entsteht, die unser Verstand uns ständig vorgaukelt: dass manches wichtiger sei als etwas anderes. Diese Illusion entsteht nur dadurch, dass wir blind glauben, was unsere Gedanken uns erzählen. Und da Gedanken unvereinbar mit dem echten Leben sind, verlieren wir uns dadurch in Wahnsinn und können Trugbilder nicht mehr von der Realität unterscheiden. Unser Verstand nennt diese Bilder beispielsweise Vergangenheit und Zukunft.

Wenn diese Illusionen jedoch durch die Wachheit unseres Bewusstseins enttarnt werden, stellen sich spontan Entspannung, Leichtigkeit, Heiterkeit und Dankbarkeit ein. Es gibt nur das eine oder das andere. Beide Zustände schließen sich gegenseitig aus, können aber jederzeit hin- und herwechseln.

Durch das Erkennen der Lächerlichkeit und Einfachheit dieser Erkenntnis erleben wir das Leben plötzlich genau so, wie es tatsächlich ist: lächerlich einfach. Es ist die ultimative Abkürzung dorthin, wo wir bisher noch glaubten, erst nach dem Tod landen zu können. Jeder hat da so seine eigenen Vorstellungen. Und tatsächlich kommt das Beschreiten dieser Abkürzung dem Sterben gleich, nur dass wir danach noch leben. Und wie! Damit lernen wir erst unser wahres Wesen kennen. Es ist die zweifellose Gewissheit, in unserer Tiefe eins mit allem und jedem zu sein. Dann ist schlicht nichts mehr, außer friedvoller Lebendigkeit.

Verrückt, oder? Eigentlich nicht, denn das Einzige, was ver*rückt* wurde, ist unsere Sicht auf die Welt. Auch wenn es also verrückt klingt: Wir hielten die Verrücktheit oft unser ganzes Leben lang für die Wahrheit und die Wahrheit für die Verrücktheit. Wer sich beim Spinnen von Gedanken in ihnen verspinnt, spinnt.

Das Leben ist in Wirklichkeit ein einziger Urlaub, da es aus nichts weiter besteht als dem einen ewigen Moment selbst. Und daher gibt es auch tatsächlich nichts, für das sich dringend angestrengt werden *könnte*. Zumindest nichts Echtes. Ob wir das glauben oder nicht: Der jetzige Augenblick ist schlicht und ergreifend alles, was wir haben. Besser, als es jetzt ohnehin schon ist, kann es daher unmöglich werden. Nicht wirklich. Erkennen wir dies tiefgreifend, ist es uns möglich, alles loszulassen und uns als kosmische Touristen auf der Erde zu erfahren, wohlwissend, dass unser wahres Zuhause »woanders« ist. Dann lachen wir vielleicht laut auf, weil wir plötzlich umfassend verstehen, welcher Blindheit die Hektik, die Eile und die Dramen entspringen, die immer dann entstehen, wenn sich Menschen an einen Punkt in Raum und Zeit wünschen, den es nicht gibt.

Wir müssen uns übrigens noch nicht einmal für den jetzigen Moment an sich großartig anstrengen. Das übernimmt nämlich schon das Leben selbst für uns. Die einzige Bemühung, die wir leisten müssen, ist lediglich, unseren Körper am Leben zu halten. Ist das gewährleistet, kriegen wir den jetzigen Moment gratis und ohne unser Zutun automatisch vom Leben mitgeliefert. Manch einer mag das die Gnade Gottes nennen.

Und das Schöne ist: Es ist dir jederzeit problemlos möglich, dir dessen bewusst zu werden. Beispielsweise genau jetzt. Du hast zwar vielleicht schon vermeintlich viele Momente verschlafen, ob mit geschlossenen oder geöffneten Augen, doch warst du zu keinem Zeitpunkt deines Lebens nicht existent. Selbst wenn du dich also nicht immer so fühlen solltest: Du bist quicklebendig. Dein Körper macht es dir vor: Sein Herz schlägt immer. Sein Blut fließt immer. Seine Atmung passiert immer, selbst wenn du schläfst. Wäre dem nicht so, wäre er zwangsweise bereits tot und dein Bewusstsein könnte sich keines funktionierenden Gehirns und keiner funktionierenden Augen mehr bedienen, womit es diese Zeilen erfassen könnte. Die Frage ist also immer nur, wie viel du von deinem Leben, das niemals wann anders als jetzt stattfindet, mitbekommst.

Natürlich wird irgendwann der Tag kommen, an dem wir es nicht mehr schaffen werden, unseren Körper am Leben zu halten. Es wird der Tag sein, an dem wir sterben. Der Gedanke daran macht uns meistens noch große Angst, was uns leicht wieder in nervöse Zwangshandlungen bringen kann, wenn wir nicht aufmerksam bleiben. Doch wir können erahnen, was es mit dem Mysterium des Todes wirklich auf sich hat, wenn uns klar wird, dass wir selbst diesen Gedanken nicht ganz ernst nehmen müssen. Tatsächlich werden wir allerspätestens im Moment unseres Todes regelrecht in jene friedliche und ekstatische Verzücktheit, die wir im Kern unseres Seins auch zu irdischen Lebzeiten schon sind, hineingezwungen. Nicht ohne Grund wird ein Orgasmus auch als ein »Kleiner Tod« bezeichnet.

Da das irdische Leben allerdings nicht weniger schön ist als der Tod, möchte ich mich hier zunächst lieber ihm widmen und hoffe, du gehst konform. Und wie gesagt: Auch im Leben wird es ums Sterben gehen müssen. Jedoch erst einmal nicht ums Sterben unseres Körpers, sondern all unserer seit Urzeiten festgefahrenen Vorstellungen. Und wir werden sehen, dass diese selbst unseren Körper, oder vielmehr das, was unser Verstand so nennt, miteinschließen.

Die einzige Pflicht, die es im Leben gibt, ist der immerwährende Moment. Die Kür ist das, was sich darin ereignet, also alles andere. Die Pflicht braucht dich, wie gesagt, nicht weiter zu beschäftigen, weil sie die Angelegenheit des Lebens selbst ist. Somit ist deine Aufgabe einfach nur noch, die Kür in vollen Zügen zu genießen. Das war's.

Das Jetzt ist die Essenz. Das Wesentliche. Das Eigentliche. Das Echte. Das Ewige. Es ist immer da und es ist ihm völlig egal, was du machst oder nicht machst. Das, was sich darin in all seinen unendlichen Formen entfaltet und wieder vergeht, ist das Zusätzliche. Die Kirsche auf der Sahnetorte. Der Spielfilm. Der Bonus. Wer sich des Tanzes der vielfältigen Auferstehungen und Vergänglichkeiten des Lebens als reinen Bonus zum Eigentlichen bewusst ist, könnte als jemand bezeichnet werden, der *Bonusbewusstsein* erfährt. Wenn du es vermagst, Bonusbewusstsein aufrechtzuerhalten, bist du erst fähig, wahrhaftig zu genießen. Dann empfindest du weder Langeweile noch Eile. Dann bist du nicht mehr verhaftet in der Welt, sondern siehst sie von außen. Ohne Widerstand gliedern sich dein Sein und dein Tun dann auf authentische Weise in die schiere Harmonie der Gesamtheit ein und leisten mühelos ihren sinnvollen Beitrag. Dann bist du ferngesteuert vom lieben Gott.

Ohne Bonusbewusstsein wäre es mir schlicht unmöglich gewesen, diese Zeilen zu schreiben.

Und wenn ich Bonusbewusstsein erfahren kann, kannst du es auch, denn ich bin wahrlich nicht besser als du. Wie könnte ich es auch sein? Es geht ohnehin nicht darum, etwas zu können. Es geht vielmehr darum, sich durch die Kunst des Sein-Lassens wieder an etwas zu er*innern*, das immer schon in unserem Inneren verborgen war.

Das Leben ist einfacher, als wir denken. Viel einfacher. Es ist sogar so lächerlich einfach, dass es für unsere im Vergleich zu anderen Lebewesen hoch entwickelte Intelligenz oft viel *zu* einfach ist und wir daher tragischerweise immer wieder kläglich daran verzweifeln und zerbrechen. Das ist in etwa die gleiche Art Tragik, wie wenn ein gestrandeter Wal von seinem eigenen Gewicht erdrückt wird oder sich eine Spinne in ihrem eigenen Netz verfängt.

Einfach bedeutet, dass es nur das Eine, alles Einende gibt. Jetzt. Ich kann also unmöglich besser oder schlechter sein als du, weil ich in meiner Essenz du bin und du in deiner Essenz ich. Sobald wir das erkennen, machen wir die Erfahrung, dass eigentlich alles nichts ist, also alles das Gleiche. Klingt komisch, ist aber so.

Die zwanghafte Aktivität unseres Denkens, die durch das unbewusste Ernstnehmen unserer Gedankenwelt entsteht, ist das einzige »Problem«, das es tatsächlich gibt. Alle großen und kleinen Dramen dieser Erde entspringen also keinen echten Problemen, sondern lediglich einem einzigen großen Missverständnis. Es ist das Missverstehen darum, die Wahrheit verstehen zu wollen, wo sie doch nur erfahren werden kann.

Sollte dir die Aussage, dass das Leben sehr einfach ist, allerdings wie blanker Hohn vorkommen, da du vielleicht zurzeit das Gegenteil erlebst, bleibt mir nur zu sagen: Erstens bist du mit dieser Erfahrung nicht allein. Und zweitens liegt, obwohl eigentlich schon alles gesagt ist, noch fast ein ganzes Buch vor dir, sodass noch viele Möglichkeiten bestehen, dich von dem, auf was die Worte hinweisen, erreichen zu lassen, wenn du nur willst.

Vielleicht mag manches zunächst verrückt auf dich wirken und dich spüren lassen, dass du innerlich widersprichst. Dann liegt es auf der Hand, dass einer von uns beiden verrückter sein muss als der andere. Entweder bin es ich oder du bist es.

Das Schöne an einem Buch ist ohnehin, dass man es jederzeit zuklappen kann. Papier ist geduldig. Eine Ansammlung von Blättern ist nichts Gefährliches, vor dem du Angst haben oder über das du dich aufregen müsstest. Das Schlimmste, was passieren kann, ist, dass du mit dem Lesen etwas zeitlichen Aufwand hast. Dir steht es also in jedem Moment frei, das Buch einfach beiseitezulegen und so weiterzumachen wie bisher. Dein einziger Nachteil wäre ein unnötigerweise gekauftes Buch.

Zurück zum Thema. Ein Gleichnis:
Stelle dir vor, du sitzt in einer Badewanne und wünschst dir sehnlich eine wunderschöne, vollständig geglättete, einheitliche Wasseroberfläche. Vergleichen wir diese mit der Erkenntnis der Einfachheit des Lebens.

Durch deine unaufhörlichen (Gedanken-)Bewegungen kommt diese allerdings nie ganz zustande und das stört dich. Nun hast du zwei Möglichkeiten. Entweder, du versuchst, die vielen kleinen Wellen glattzustreichen, wofür du zwangsweise weitere (Gedanken-)Bewegungen aufwenden musst. Dadurch würdest du die Wellen ironischerweise umso größer machen, je mehr du dich anstrengtest, das genaue Gegenteil zu erreichen. Oder du hältst kurz inne und siehst die simpel-geniale Lösung, schlicht gar nichts zu tun und in absoluter Stille einfach nur genüsslich dabei zuzuschauen, wie sich das Wasser ganz von selbst glättet.

Noch ein Gleichnis:
Bei allem Verständnis für die Panik der Fliege, die ins Spinnennetz geflogen ist: Die größte Chance, beispielsweise durch einen glücklichen Windhauch wieder befreit zu werden, läge für sie darin, schon im Moment der ersten Berührung mit dem Netz absolut cool zu bleiben und sich keinen Millimeter zu bewegen, da sie schon die kleinste Bewegung mehr und mehr darin verwickeln würde.

Da du jetzt weißt, dass es nichts gibt, was du wirklich ernst nehmen musst, ist es nun übrigens auch nicht mehr wirklich wichtig, ob du weiterliest oder nicht. Dies war ohnehin die einzige Information in diesem Buch. Du wirst hier schlicht nichts Neues oder Wichtiges mehr erfahren. Musst du aber auch nicht. Es wäre daher wahrlich nicht besser oder schlechter, wenn du dir jetzt stattdessen zum Beispiel ein Käsebrot machen oder nackt und wild schreiend in einen Gebirgsbach springen würdest. Es ist völlig egal. Mit Bonusbewusstsein ist dir tiefgreifend bewusst, dass dein Wille frei ist. Solltest du jedoch trotzdem Lust darauf haben, weiterzulesen und auch sonst gerade nichts Besseres zu tun haben, lade ich dich natürlich herzlich gerne dazu ein, mit mir die Essenz davon, dass eigentlich schon alles gesagt ist, noch tiefer und aus verschiedenen Blickwinkeln zu erforschen.

Behalte dann einfach im Hinterkopf, dass Worte an sich stets arm an Seele sind. Gelingt dir das, erkennst du ihre dienende Aufgabe: darauf hinzuweisen, dass wahrer Reichtum ausschließlich zwischen ihnen wohnt.

Sollte sich in dir langsam, aber sicher so etwas wie ein friedliches Durchatmen oder in deinen Augen vielleicht sogar so etwas wie ein freches, freudig-strahlendes, unverschämt-aufgeregtes, revolutionäres Funkeln ausbreiten, darfst und sollst du das in vollen Zügen zulassen und es genießen.

Wenn nicht, erinnere dich einfach noch einmal kurz daran, dass dies ein Urlaubsbuch ist. Du darfst es dir also erlauben, dich ruhig (und) locker zu machen, denn es gibt für dich tatsächlich keine Pflicht mehr, die noch zu tun wäre. Alles, worum du dich ab jetzt nur noch kümmern musst, ist, die Show zu genießen. Wäre alles

Bisherige ein Konzert gewesen, käme schon jetzt die Zugabe. Und trotzdem: hereinspaziert. Mach's dir gemütlich und 'ne Pulle auf oder auch nicht … egal.

Welcome …

… Trommelwirbel …

… der Trommelwirbel geht weiter …

… und weiter …

… er geht auch jetzt noch …

… weiter …

… Schlagzeugsolo …

… Hoppla, jetzt ist mir der Trommelstock aus der Hand gefallen …

(Regie: »Bitte feuert den Drummer und *fangt endlich an*!«)

… okay … *räusper …

Welcome to …

1 Einleitung, nicht wahr?

Was'n Intro, oder? Harter Tobak oder völlig ein- oder gar *er*leuchtend? Bist du noch an Bord oder schon ausgestiegen? Oder bist du enttäuscht, da du dir irgendetwas sehnlich erhofft hast und in diesem Buch auch nur wieder das gleiche alte spirituelle Gesülze in Grün zu lesen bekommst?

Wie auch immer du dich gerade fühlst, mach dir keinen Stress deswegen, denn – du ahnst es schon – Permanent Vacation bedeutet die schiere Abwesenheit von Stress. Und was du auch ahnen könntest: Ich möchte dich immer mal wieder (eigentlich die ganze Zeit) dazu bringen, deine Innenwelt aufmerksam zu erforschen, denn natürlich liegt ausschließlich in dir der Schlüssel zu Bonusbewusstsein. Indem du dir deine Gedanken- und Gefühlswelt bewusst machst, löst du dich von ihr und erkennst, dass du frei bist. Und frei zu sein bedeutet, zu verstehen, dass du schlicht nichts dazu benötigst. Nicht einmal ein Buch.

Zunächst liegt mir etwas am Herzen, das beim Lesen und im Leben essenziell ist und weswegen es überhaupt erst einen Sinn ergibt, ein solches Buch zu schreiben. Es ist die bittersüße Wahrheit, dass wir uns nach wie vor nicht in Götter verwandeln, sondern Menschen bleiben werden. Und Menschsein bedeutet immer auch ein Mindestmaß an Leid. Das heißt: Selbst ein vermeintlich zur Gänze erleuchteter Heiliger erfährt irgendwann während seines irdischen Lebens immer mal wieder wenigstens den leisesten Hauch von Unklarheit, und sei es nur eine Millisekunde leichtester Desorientierung.

Mögen wir uns diesen Zahn also direkt ziehen und verstehen, dass auch vermeintlich von Gott höchstpersönlich wachgeküsste Erdenbewohner wie Buddha oder Jesus »nur« Menschen waren, die sicherlich auch jeden Morgen kacken mussten oder sich manchmal tierisch über Kleinigkeiten aufgeregt haben. Dadurch holen wir unsere sogenannten Meister von dem künstlichen Thron, auf den wir sie so gerne stellen, direkt herunter und verorten sie dort, wo sie hingehören: auf Augenhöhe.

So göttlich sie also wirken mögen, wir brauchen keine Angst davor zuhaben, damit gottes-, hoheits- oder sonst wie lästerlich zu sein, denn sie selbst wissen das schon lange und schmunzeln ohnehin bereits die ganze Zeit mitfühlend über uns, die wir zu ihnen aufschauen. Und so schauen sie trotz allen Aufschauens niemals herab, sondern stets an und damit durch. Sie haben diese Pille auch einmal geschluckt und verinnerlicht, dass es nicht darum geht, vom Mensch zum Gott zu werden, sondern zu erkennen, dass Menschsein bereits göttlich ist.

Es ist also so, als ob wir alle, inklusive derjenigen, die wir unsere Meister nennen, immer auch zumindest ein kleines bisschen Ruß aus der Hölle an unseren Füßen kleben haben, solange wir leben. Selbst wenn wir glauben, den Himmel auf Erden gefunden zu haben.

Denn wenn wir einmal erforschen, was es mit dem Himmel genau auf sich hat, werden wir merken, dass die Hölle, so ungeliebt sie manchem Himmelsstürmer auch erscheinen mag, dabei vielleicht eine nicht minder wichtige Rolle spielt.

Andersherum ist es außerdem so, dass ein vermeintlich komplett zu Tode Betrübter irgendwann schmerzlich zugeben muss, dass auch er noch irgendwo wenigstens ein Fünkchen himmlischen Hoffnungsschimmer über dem Kopf schweben hat, das ihn geradeso noch am Leben hält. Auch dann, wenn er glaubt, die Hölle auf Erden zu durchwandern. Denn wenn er einmal erforscht, was es mit der Hölle genau auf sich hat, wird er merken, dass er dem Himmel, so ungeliebt er ihm auch erscheinen mag, vielleicht näher ist, als er glaubt.

Dieses Buch könnte als eine Art Gebrauchsanweisung für unser menschliches System, bestehend aus Körper, Geist und Seele, verstanden werden. Wem das jedoch zu hochgestochen klingt, kann es genausogut einfach um des Lesens willen lesen, ohne etwas Bestimmtes damit bezwecken zu wollen.

In jedem Fall empfehle ich dir, dir beim Lesen stets darüber im Klaren zu sein, dass die Worte selbst jenes, was sie meinen, niemals ausdrücken können. Das Einzige, was sie tun können, ist, dich zu inspirieren, sodass du das, was sie meinen, in dir selbst erfahren kannst. Immer wieder.

Ähnlich wie einen Gitarristen ein Buch über Gitarre spielen oder die Worte seines Lehrers auch niemals zu einem aussagekräftigen Spieler machen, solange er keine Gitarre in die Hand nimmt und es am eigenen Leibe erfährt.

Die Erfahrung selbst ist immer alles. Wissen kann nützlich sein, ist aber letztlich nichts. Das eine ist graue Theorie, die von buntem Erleben berichtet. Das andere ist das bunte Erleben selbst.

Du erkennst die Tragik von Worten, wenn du dir klarmachst, dass sie nicht anders können, als aus dem Verstand zu kommen, es jedoch unser Bestreben ist, über ihn hinaus zu gehen. Beispielsweise kann ich inneren Frieden nicht in dich hineinschreiben. Ich kann ihn dir nur *be*schreiben. Nehme Worte daher einfach nicht so ernst, denn genau darum geht's. Es wäre also nicht sehr wirkungsvoll, diese Zeilen zu lesen, um etwas zu verstehen. Günstiger wäre es, eine offene und einladende Haltung einzunehmen, sodass sich während des Lesens etwas, das jenseits aller Worte wohnt, in dir erfahren kann.

Und diese Erfahrung tritt, wie schon angedeutet, nicht umso wahrscheinlicher ein, je mehr Bücher du liest. Unter Umständen reicht nur eines oder vielleicht brauchst du auch keines. Wenn du aus einer zu bedürftigen Haltung heraus liest, verschwendest du leider deine Zeit, wenngleich alles gesammelte Wissen nicht weiter schädlich sein muss. Dann würdest du glauben, dass irgendein geschriebenes Wort wichtiger sein könnte als dein echtes Leben. Dieses Phänomen passiert recht häufig, weil wir es aus der Schule gewohnt sind, Bücher zu lesen, um danach zu wissen, was drin steht. Das ist zwar etwas sehr Schönes für unseren Verstand, doch sind wir nicht dazu da, um unseren Verstand zu befriedigen, sondern uns. Vergiss nicht: Dies ist kein Schulbuch, sondern das genaue Gegenteil: ein Buch für permanente Ferien. Es geht nicht ums Lesen, sondern um die Essenz des Lebens in dir, die das Lesen (und alle anderen Tätigkeiten) erst ermöglicht. Das Lesen selbst ist Bonus.

Ein Gitarrist, der das tut, was funktioniert, und das sein lässt, was nicht funktioniert, braucht nicht einmal Bücher oder Unterricht, um Wirkung in seinem Spiel zu erzeugen. Woher er dann wissen kann, worauf es ankommt? Er weiß es nicht. Was er jedoch weiß ist, dass er gar nichts wissen *muss*, um alles zu wissen, was es braucht. Der Rest ist Feeling.

Sehe dieses Buch daher lediglich als ein kleines Stützrädchen, das zwar für dich da sein kann, wenn du es zu brauchen glaubst, jedoch auch irgendwann nicht mehr nötig sein wird.

Unserem Verstand die absolute Realität mit Worten erklären zu wollen ist ohnehin ein ähnlich lachhaft-hoffnungsloses Unterfangen, wie zu versuchen, ein Raubtier durch

Hinwerfen von Fleischstücken zum Vegetarier zu machen. Ich tu's trotzdem. Einfach, weil es mir Freude macht und ich gerade tatsächlich nichts Besseres zu tun habe.

Erscheint dir manches noch verwirrend oder erfährst du mehr und mehr Klarheit? Solltest du unklar sein, passiert bei dir gerade etwas, das an dieser Stelle gerne passiert: Du denkst über das Nicht-Denken nach. Und schon beißt sich der Fuchs wieder in den Schwanz.

Doch so ist die Natur unseres Intellektes. Der ewige jetzige Moment ist für ihn schlicht un(be)greifbar. Es ist sein blinder Fleck, sein toter Winkel. Und deswegen wird er so lange wieder und wieder daran verzweifeln müssen, bis er endlich das Handtuch wirft und loslässt. Bis dahin mag er dir unter Umständen noch viele Argumente vorschlagen, warum man dies oder jenes nicht so oder so sehen kann. Doch sind diese Arroganz des Denkens und die damit einhergehende Achterbahnfahrt der Gefühle stets gute Zeichen. Denn sie sind oftmals der chaotische Sturm vor der seligen Ruhe. Und so können sie Vorbote sein für die baldige Auferstehung deines wahren Selbst.

Die Chance dazu besteht jederzeit. Auch jetzt. Ganz unabhängig davon, wie lange, schnell oder weit du gelesen hast.

Verabschiede dich daher von dem althergebrachten Glauben, dass es erst gilt, wenn du das Buch artig zu Ende gelesen hast. Mal ehrlich: Das wäre ohnehin viel zu anstrengend für einen wahren Urlaub, nicht wahr? Tatsächlich kommt es ausschließlich auf die Qualität deines Tuns oder Lassens an. Die Quantität hat keine

Bedeutung. Fünf Minuten intensives Lesen sind für dieses Buch somit viel sinnvoller als eine halbe Stunde oberflächliches Überfliegen. Ähnlich, wie siebenundzwanzig Jahre intensives Leben für so manchen offenbar auch sinnvoller waren als für manch anderen, der achtzig Jahre lang auf den Tod gewartet hat. Doch um Intensität in unser Leben zu bringen, muss es nicht unbedingt so turbulent und dramatisch hergehen wie bei Jim Morrison, Janis Joplin, Kurt Cobain und Co. Schnell zu leben bedeutet also nicht zwangsläufig, jung zu sterben. Es ist vielmehr so, dass wir das, wonach wir suchen, bereits längst gefunden haben, es unter Umständen nur noch nicht richtig gemerkt haben. Wird es uns jedoch umfassend bewusst, steht dem Ultimativen nichts mehr im Wege: den Rest unserer irdischen Tage im Angesicht des Todes zu leben. Und wir werden sehen, dass es uns dann nicht mehr ganz so wichtig ist, wie viele Tage das noch sind.

Es geht darum, hellwach und tiefenentspannt gleichzeitig zu sein. Ebenso, wie ein Golfer mit kleinstem Aufwand die größte Eleganz und Wucht in einen Schlag bekommt, wenn er höchste Konzentration mit äußerster Hingabe vereint. Das schaffst du mühelos, wenn du verinnerlichst, dass es niemals etwas Bedeutungsvolleres geben kann als das, was jetzt passiert. Selbst und gerade dann, wenn du den Müll runterbringst. Lebe also nicht halblebig, wenn du ein ganzes Leben willst. Das bedeutet, sich der Scheidung des leidigen Entweder-oder-Spiels zu entledigen und Einheit zu erfahren. Anders ausgedrückt: sich zu *ent*scheiden.

Selbstverständlich kannst du immer tun oder sein lassen, was du willst. Doch du tust gut daran, dass, wenn du schon etwas tust oder sein lässt, es aus vollem Herzen zu tun oder aus vollem Herzen sein zu lassen. Ansonsten werden Zweifel dich spalten und du wirst nur zur Hälfte am Leben sein.

Wenn du dich also dazu *ent*scheidest, diesen Text zu lesen – lies ihn nicht, gib dich ihm hin. Verliere dich darin, wenn du dich finden willst. Wertschätze den Akt des Lesens und bleibe im Erkennen der immer gleichen Essenz hinter den verschiedenen Worten. Genieße es, dich stets aufs Neue mit Haut und Haar von ihnen verschlingen zu lassen. Liefere dich ihnen ganz aus. Sei das vom Geschriebenen Gemeinte. Und dafür, enttarne den Skeptiker in dir als reine mentale Fata Morgana.

Lies dafür in Ruhe und ohne Hast. Lies, wann immer du es willst, und nicht, wenn du denkst, dass du es solltest. Plage dich nicht. Es eilt nicht, denn es eilt nie. Unaufmerksam oder angestrengt zu sein ist immer ungünstig, denn so hältst du dich möglicherweise unnötig lange mit unangenehmen Gefühlen auf. Und wäre es nicht schade, in einem Urlaub von unangenehmen Gefühlen gestört zu werden?

Vielleicht möchtest du aber auch unbedingt möglichst dringend jenes erreichen, wonach dein Gemüt so sehnsüchtig dürstet, und findest sehr wohl, dass es eilt. Vielleicht glaubst du, ein Sonderfall zu sein, da es dir zur Zeit wirklich schlecht geht und du glaubst, dringend spirituelle Hilfe zu benötigen. Vielleicht bist du jetzt im Moment auch schon leicht oder stark genervt, beunruhigt oder gelangweilt, weil ich für deine Begriffe zu lange herumsäusele und mich wiederhole, bevor es endlich richtig losgeht.

Lass mich dich in diesem Fall darauf hinweisen, dass es gar nicht mehr richtig losgehen wird, weil es schon lange richtig losgegangen ist. Du hast es aufgrund deines Wunsches, endlich richtig loszulegen, nur verpasst. Etwas bedrucktes Papier hat offensichtlich schon ausgereicht, um dich, wenn auch nur ein bisschen, aus der Fassung zu bringen. Damit bist du in die Falle deines ungeduldigen Verstandes getappt. Doch in dem Moment, in dem du erkennst, dass du in diese Falle getappt bist, wirst du dir dessen bewusst. Und damit passiert das Wunder: Du kommst aus dem tügerischen Schlaf deiner Gedanken- und Emotionenschleifen zurück in die heitere Wachheit des jetzigen Momentes und nichts ist verloren. Denn zu erkennen, was es nicht ist, ist genauso gut, wie zu erkennen, was es ist. Erkenntnis ist stets frei von Bedingungen.

Also, wie gesagt: Bleib wach. Es geht nicht darum, zu beginnen oder aufzuhören, sondern sich von den nervösen Stimmen im Kopf abzunabeln und im jetzigen Moment voll und ganz da zu sein. Für das Erblühen deines wahren Wesens brauchst du im Wesentlichen nichts als nackte Anwesenheit. Das ist der Kern des Seins, ohne mentale Schichten. Nimm daher auch die Unterteilung des Textes in Kapitel oder in gerade und *kursive Schrift (das sind konkrete Übungen, Hinweise und für sich ste-*

hende Texte) nicht ganz so ernst. Würdest du das tun, würdest du glauben, dass es das eine und das andere gäbe. Dann würdest du davon ausgehen, dass Dinge Anfänge und Enden hätten, also tatsächlich aufgeteilt sein könnten. Doch würdest du es dir damit komplizierter machen, als es ist. Tatsächlich ist es so, dass alles gar nicht anders kann, als die eine gleiche Essenz in sich zu tragen. Sieh daher auch die Kapitel eher als verschiedene Wege, die alle spielerisch nach Rom führen können. Und kein Weg ist besser als der andere. Bleibe nicht an einzelnen Worten oder Abschnitten hängen, sondern lasse alles, was dir begegnet, wachsam und mühelos zugleich durch dein Bewusstsein hindurchfliegen.

Mach es dir dazu auch gerne gemütlich. Dein Gemüt wird's dir danken. Relaxe und bereite dir je nach Jahreszeit beispielsweise ein kühles und delikates Erfrischungsgetränk oder einen erlesenen, gar exquisiten Tee. Oder eben nicht. Ganz wie du willst, denn dein Wille ist frei. Und lass dich vom Titel und den kleinen Palmen ruhig immer mal wieder an dieses herrliche Urlaubsgefühl erinnern, das wir alle auf die eine oder andere Art tief in uns tragen. Mache ein regelrechtes Happening der Ruhe, des Friedens und der Gepflegtheit aus deinen Lese- und Lebzeiten. Möge dir die Heiligkeit dieser Zeiten, die keine sind, bewusst sein und bleiben, denn sie sind schlicht alles, was du hast. Und darin ist der Schatz schon verborgen.

Da die Erkenntnis in der Tiefe verborgen ist und nicht an der Oberfläche liegt, tust du gut daran, immer mal wieder innezuhalten. Vielleicht machst du das intuitiv sowieso schon. Nicht so sehr, um über das Gelesene nachzudenken, sondern eher, um das, worauf es sich bezieht, tief in dir lokalisieren zu können.

Und mache dir nicht die Mühe, es verstehen zu wollen. Es *ist* schon die Lösung, in Frieden damit zu kommen, dass es schlicht unmöglich ist, es intellektuell zu verstehen. Dann wirst du dich dort erfahren können, wo du wirklich bist: jenseits deines Inellektes. Dann erspürst du die Einheit hinter der komplizierten Maske der Bedeutungen. Dann hörst du auf, etwas erreichen zu wollen, machst dich locker und lässt dich erreichen. Dann erkennst du: Das einzige Problem liegt immer nur darin, dass es alles in Wirklichkeit sehr, sehr viel einfacher ist, als du es dir selbst meistens machst. Du bist dem, worum es geht, also schon um einiges näher, als du glaubst, wenn du verinnerlichst, dass es keine Notwendigkeit zu lesen gibt und gleichzeitig keine Notwendigkeit gibt, damit aufzuhören. So verwandelt sich das Lesen oder Nicht-Lesen auf wundersame Weise von einer Dringlichkeit in einen Bonus.

Es hilft, immer wieder darauf zu achten, wie es dir gerade geht. Frage dich: Wie viel Ungeduld und Verwirrung ist in mir? Wie viel Klarheit ist in mir? In sich hineinzuspüren und sich seiner Empfindungen bewusst zu werden ist echte Bewusstseinserweiterung. Und die Referenz dabei ist ausschließlich der Grad an erfahrenem Frieden in dir. Sonst nichts. Auf diese Referenz kannst du dich immer und überall verlassen. Sie zeigt dir an, wie sehr du der Illusion vom Ernst des Lebens gerade anheimgefallen bist. Und sie ist absolut unbestechlich.

Ärgere dich also nicht, wenn du das Gefühl hast, dass du *es* schon mal hattest, jedoch das Gefühl hast, *es* wieder verloren zu haben. Wer etwas verliert, kann es auch wiederfinden. Für deinen Verstand mag es unsinnig klingen, aber paradoxerweise eröffnet sich dir der Zugang zur Magie des ewigen jetzigen Momentes mit größerer Wahrscheinlichkeit, wenn du die Möglichkeit, immer mal wieder rauszufliegen, von vornherein akzeptierst und in das große Ganze integrierst.

Vertraue dafür einfach darauf, dass sich der liebe Gott schon etwas dabei gedacht hat, dich als Mensch auf die Erde zu bringen. Wärst du schon perfekt, wobei ich eine immerwährende und absolute Angstfreiheit meine, hätte es keinen Grund für dich gegeben, auf die Erde zu kommen. Dieser Grund hat mit gewissen dir innewohnenden Aufgaben und Erfahrungen zu tun, die immer auch verbunden sind mit den Schattenseiten der Existenz. Solange wir Menschen sind, geht es schlicht nicht anders. Sind wir dann irgendwann ganz im Licht, werden wir keine Menschen mehr sein (müssen). Aber das sehen wir ja dann, wenn es so weit ist.

Auf deine Gefühle bezogen bedeutet das, es in Ordnung zu finden, immer mal wieder irgendwo in der Grauzone zwischen Verwirrung und Klarheit, Angst und Liebe umherzuschiffen. So geht es uns allen. Dies zu leugnen wäre nicht weise, da du dann unbewusst davon ausgehen würdest, dass es möglich wäre, Perfektion zu erlangen. Dem ist aber nicht so. Solange wir leben, wird es immer mal wieder heller und dunkler auf unserer Reise sein. Allerdings ist es uns möglich, die Gnade zu erfahren, wie es ist, wenn es uns nichts mehr ausmacht, ob es hell oder dunkel ist. Dann sind wir über das Wetter in uns hinausgegangen.

Ausgehend von dieser gesunden Basis kannst du dich durch die Macht deiner Aufmerksamkeit dann immer wieder aufs Neue in den Genuss von erlebter Präsenz bringen. So wird der Himmel nach und nach immer klarer, dein Gemüt immer leichter und du erfährst deinen Willen mehr und mehr als das, was er immer ist: frei.

Der Gitarrist, der mittlerweile verstanden hat, dass er gar nicht zwingend Bücher oder Unterricht braucht, wenn er seinem Gitarrenspiel Bedeutung verleihen will, muss auch dann erst einmal anfangen zu üben. Allerdings gibt es Gitarristen, die sehr wenig üben müssen, um sehr viel Wirkung in ihrem Spiel zu erzeugen. Ihnen ist auf tiefgreifende Weise und in einer soliden Beständigkeit die Wahrheit bewusst, dass der Weg selbst tatsächlich schon das Ziel ist. Sie spielen nicht, um besser oder perfekt zu werden. Sie spielen auch nicht, um reich oder berühmt zu werden. Sie denken nicht ans Aufgeben und genauso wenig ans Nicht-Aufgeben, da sie schlicht und ergreifend an gar nichts Bestimmtes denken. Und wenn doch, ist es ihnen egal.

Ihr Gitarrenspiel wird auf diese Weise geführt und damit schlicht und ergreifend. Und so ist ihnen auf natürliche Weise der edelste aller Gründe bewusst, aus dem jemals Gitarre gespielt werden kann: um Gitarre zu spielen.

2 Urlaub, nicht wahr?

Lass uns während unserer Bootstour auf dem Fluss der Zeit nun auf eine kleine Fantasiereise gehen:

Stell dir vor, du befindest dich mit deinem besten Kumpel auf einer Südseeinsel, in einem Sonnenstuhl sitzend, umringt von leicht bekleideten Mädchen – die weiblichen Leser stellen sich ihre beste Freundin und eine Horde muskulöser, mit Öl eingeschmierter Surfer-Schönlinge vor –, die dir bei Bedarf erlesene kulinarische Erfrischungen kredenzen und sich kaum einigen können, wer dir einmal in der Stunde eine liebevolle Nackenmassage geben darf. Da fährt ein Boot mit überdurchschnittlich großem, imposant verziertem Schiffsrad vorbei und dein Kumpel sagt: »Hey, guck mal, das Steuer.«

In diesem Moment fällt dir deine Steuererklärung ein, die längst überfällig ist, und das verdirbt dir deine Laune gehörig. Den gesamten restlichen Urlaub empfindest du ab diesem Moment nur noch als mittelmäßig, weil dich der Gedanke an die Steuererklärung immer wieder schmerzlich daran erinnert, dass der Urlaubstraum bald aus sein wird.

Zum Glück neigt sich euer Urlaub irgendwann tatsächlich dem Ende zu. So musst du diese Qualen nicht länger erleiden und kannst es bald endlich hinter dich bringen.

Daheim angekommen machst du dich natürlich direkt dran. Doch das gestaltet sich nicht so einfach, denn deine Kinder quengeln in einer Tour und dein Partner stört im-

mer wieder deine Konzentration, indem er sich unaufhör-
lich mit einem monotonen und nervenaufreibenden Ton
über ein Sandkorn beschwert, das er im Auge hat. Da er-
innerst du dich auf einmal an den Sandstrand in dem herr-
lichen Urlaub mit deinem besten Kumpel oder deiner besten
Freundin und den vielen leichtbekleideten Mädchen be-
ziehungsweise den mit Öl eingeschmierten Surfer-Schönlin-
gen, die dir bei Bedarf erlesene kulinarische Erfrischungen
kredenzten und sich kaum einigen konnten, wer dir einmal
in der Stunde … Okay, du kennst den Rest. Jedenfalls wirst
du deswegen plötzlich ganz sentimental. Und als du gerade
dabei bist, dich in diesem Tagtraum zu verlieren, plärrt dir
eines deiner Kinder so dermaßen laut ins Ohr, dass du einen
riesigen Schrecken bekommst. Rasend vor Wut springst du
auf, verlässt den Raum, wirfst mit aller Kraft die Tür zu
und bringst, begleitet von allerlei kreativen Bekundungen
deiner Wut, deinen Unmut lautstark zum Ausdruck. Da-
raufhin packt dein Partner den Koffer, den du ihm mal
gekauft hast, verlässt das Haus und fährt mit quietschenden
Reifen davon.

Das Ende

Was ist hier schiefgelaufen? Es kamen dir beim Erleben
der Geschichte offensichtlich immer mal wieder Gedanken, die du absolut ernst genommen hast und dir damit
des Rahmens, in dem sie dir kamen und vergingen, nicht
mehr bewusst warst: deinem reinen Dasein selbst. Somit war es dir unmöglich geworden, sie als Trugbild zu
entlarven. Du wurdest zum Sklaven der Umstände und

warst ein Getriebener deiner Emotionen. Du hast dich in deine Gedanken verwickelt wie die zappelnde Fliege in das Spinnennetz. Deine Gedanken müssten in etwa die folgenden gewesen sein:

— *Ich muss die Steuererklärung noch machen (am Strand). Ich will die Steuererklärung machen (am Schreibtisch).*
— *Der Urlaub mit meinem besten Kumpel/meiner besten Freundin war so schön (während des Tagtraumes).*
— *Mein Partner und meine Kinder geben keine Ruhe (wütend herumschreiend).*

Hättest du all diese Gedanken schon rechtzeitig als die Illusion, die sie sind, erkannt, hätte dein Bewusstsein automatisch bei der Wahrheit, also in der ewigen Gegenwart, bleiben können. Alles, was passierte, hättest du somit als Bonus zu deiner Existenz wahrnehmen können und die Geschichte hätte vielleicht auch folgendermaßen ausgehen können. Wir setzen noch mal da an, wo dein bester Kumpel/deine beste Freundin dich unwissentlich an deine Steuererklärung erinnert. Und bitte:

»Hey, guck mal, das Steuer«, sagt dein Freund/deine Freundin.

In diesem Moment fällt dir deine Steuererklärung ein, die längst überfällig ist. Daraufhin erkennst du, dass du sie auf der Südseeinsel, auf der du dich gerade befindest, sowieso nicht machen kannst. Du weißt zwar, dass du hoffnungslos zu spät dran bist, weißt aber auch, dass du noch genügend Geld auf dem Konto hast, um eine etwaige Mahngebühr ohne Probleme zahlen zu können. Sowieso spürst du die hintergündige Gewissheit, dass selbst wenn dem nicht so wäre, dieser Lebensumstand, den manche Menschen als ein »Problem« bezeichnen würden, in Wirklichkeit keines ist. Diese Erkenntnisse lassen dich im Frieden mit dem echten Leben bleiben und du kannst die Vorzüge deines Urlaubs mit deinem besten Kumpel/deiner besten Freundin weiterhin in vollen Zügen genießen.

Daheim angekommen machst du dich dann direkt ran, da gerade nichts dagegenspricht und du dein Geld trotz allem Bonusbewusstsein lieber für schönere Dinge als eine Mahngebühr ausgeben möchtest. Außerdem bist du selbstverständlich ein pflichtbewusster Steuerzahler. Doch gestaltet sich das gar nicht so einfach, da deine Kinder in einer Tour herumquengeln und dein Partner immer wieder deine Konzentration stört, indem er sich unaufhörlich mit einem monotonen, wirklich nervenaufreibenden Ton über ein Sandkorn beschwert, das er im Auge hat.

Auf einmal erinnerst du dich an den Sandstrand in dem herrlichen Urlaub mit deinem besten Kumpel/deiner besten Freundin und den vielen leichtbekleideten Mädchen/mit Öl eingeschmierten Surfer-Schönlingen, die dir bei Bedarf erlesene kulinarische Erfrischungen kredenzten und sich kaum ... Genau, du weißt schon. Daraufhin musst du trotz des Genörgels um dich herum innerlich selig grinsen, weil es so schön war. Als du gerade dabei bist, dich genüsslich in diesem Tagtraum zu verlieren, plärrt dir dein jüngstes Kind so dermaßen laut ins Ohr, dass du einen riesigen Schrecken bekommst. Da wird dir klar, dass das mit der Steuererklärung in diesem Moment einfach keinen Sinn macht und du erkennst, was die Situation wirklich benötigt. Also tröstest du deine Kinder und spielst mit ihnen ein lustiges Spiel. Sie beruhigen und freuen sich. Selbst dir macht es Spaß, obwohl es »nur« ein Kinderspiel ist. Dein Partner beschwert sich zwar immer noch über das Sandkorn im Auge und wird immer wütender, doch macht dir das irgendwie nichts aus. Vielmehr erkennst du, dass er gerade gar nicht anders kann, als wütend zu sein. Dieses Erkennen löst Mitgefühl in dir aus, also gehst du zu ihm und beruhigst ihn, so gut es geht. Deine Kinder können sich solange problemlos selbst beschäftigen und merken gar nicht, dass du nicht mehr mitspielst. Dein Partner lässt sich gut beruhigen, weil er deine positive Ausstrahlung spürt. Die gibt's mit Bonusbewusstsein neben dem freien Willen nämlich noch gratis dazu. Und so bekommt er das Korn nun ganz leicht heraus. Ihr bringt die Kinder, die vom vielen Schreien und Spielen ganz müde sind, ins Bett und habt sogar mal wieder so richtig geilen, liebevollen Sex. Am nächsten Morgen, während deine Kinder im Kindergarten und dein Partner auf der Arbeit ist, machst du genüsslich, gepflegt und in aller Ruhe die Steuererklärung fertig.

Das Ende

Du siehst: Deine Gedanken waren in beiden Versionen der Geschichte gleich, nämlich wie gesagt:

- *Ich muss die Steuererklärung noch machen (am Strand).*
- *Ich will die Steuererklärung machen (am Schreibtisch).*
- *Der Urlaub mit meinem besten Kumpel/meiner besten Freundin war so schön (während des Tagtraumes).*
- *Mein Partner und meine Kinder geben keine Ruhe (wütend herumschreiend).*

Warum ist in der zweiten Version also alles rundgelaufen und in der ersten nicht? Am Inhalt der Gedanken selbst kann es nicht liegen, denn diese waren ja jeweils gleich. Tatsächlich können wir sowieso niemals wirklich steuern, welche Gedanken wir denken. Versuche beispielsweise mal jetzt nicht an einen rosaroten Elefanten zu denken und du siehst, wie schnell du die Kontrolle darüber, was du denkst, verlieren kannst. Darum können wir uns auch so sehr anstrengen, wie wir wollen, um »nicht«, »positiv« oder sonst wie zu denken. Wenn wir durch einen Kommentar oder ein Ereignis einen für uns negativen Gedanken aufgezwungen bekommen, können wir einfach nichts dagegen tun. Unsere Gedanken sind und bleiben also einfach immer die, die sie sind. Das ist allerdings nicht schlimm, denn für das, um was es geht, ist es völlig egal, was wir denken.

Der Schlüssel ist nicht die Existenz oder der Inhalt von Gedanken, sondern die Frage, ob wir wach genug sind, um uns ihrer als Trugbild bewusst zu sein, wenn sie aufkommen, oder sie für die Wahrheit halten.

Entweder wir bleiben präsent und halten das Bewusstsein aufrecht, dass sie nur graue, nicht ernst zu nehmende Theorien sind und die bunte Praxis des echten Lebens nichts mit ihnen zu tun hat.

Oder wir glauben ihre Geschichten. Dann können wir nicht anders, als ihre Sklaven zu werden und verschlafen das, was wirklich ist. Lassen wir uns von unseren Gedanken auf diese Weise verführen, verstricken wir uns zwangsläufig in Bewertungen, weil wir durch die Identifikation mit ihnen unbewusst unser Selbstwertgefühl davon abhängig machen, was sie uns erzählen.

Wir glauben dann, etwas zu sein, was wir nicht sind und vergessen unsere schlichte Natürlichkeit. Ebenfalls vergessen wir, dass unser Wille frei ist, und damit den Frieden unseres Gemüts. Wir verlieren uns in Märchen. Und da wir niemals wirklich steuern können, was wir denken, geben wir die Macht über unser Befinden damit aus unseren Händen in die Hände der Welt. Wir werden zum Spielball irdischer Umstände.

Wenn du dich nun an die erste Version der Geschichte erinnerst, kannst du feststellen, dass genau das immer wieder passiert ist. Das »du« in dieser Version war schlicht nicht aufmerksam genug, um seine Gedankenwelt als Trugbild zu entlarven und wurde deswegen immer wieder von ihr gezwungen, die Welt aufzuspalten und in »gut« oder »schlecht«, »wichtig oder »unwichtig« einzuteilen. Es musste die Dinge und Situationen bewerten und hat sich verzettelt. Tatsächlich müssten die Gedanken also in etwa so ausgesehen haben:

— *Ich sollte die Steuererklärung jetzt machen, weil das wichtig ist (am Strand).*
— *Ich muss die Steuererklärung jetzt machen, komme, was da wolle (am Schreibtisch).*
— *Der Urlaub mit meinem besten Kumpel/meiner besten Freundin war so schön. Jetzt ist es aber nicht mehr so schön (während des Tagtraumes).*
— *Mein Partner und meine Kinder geben keine Ruhe und machen das sicher mit Absicht (wütend herumschreiend).*

In der zweiten Version der Geschichte konntest du es jedoch sein lassen, deinen Gedanken einen bewertenden und damit emotionsaufgeladenen Zusatz zu geben. Stattdessen hast du sie einfach genau so hingenommen, wie sie waren. Das war dir möglich, weil du wach genug geblieben bist, um sie rechtzeitig als das zu erkennen, was sie sind: eine Illusion. So konntet du dich von ihnen entkoppeln und sie daran hindern, dir zu wichtig zu erscheinen. Du warst dir darüber bewusst, dass du nicht der bist, der denkt, sondern derjenige, der sich bewusst ist, dass jetzt gerade Gedanken kommen und gehen. Du hast es alles von außen betrachtet. So konntest du präsent bleiben und alles, was passierte, als reinen Bonus zur Freude deines Daseins selbst wahrnehmen. Damit bist du im Erkennen deines freien Willens geblieben, wodurch die Dinge förmlich dazu gezwungen wurden, im Einklang mit dir zu geschehen. Und plötzlich lief alles auf wundersame Weise wie geschmiert.

Ein Gleichnis:
Stell dir vor, du bist ein kleines Kaninchen, das schon immer einen Hut trug. Der Hut ist dein Verstand. An dem Hut ist ein Stock befestigt, an dessen Ende eine Schnur hinunterhängt, an deren Ende wiederum eine Karotte befestigt ist. Die Karotte ist der jetzige Moment, also die Realität. Du erkennst, dass du nun tun und lassen kann, was du willst. Solange du glaubst, den Hut unbedingt tragen zu müssen, wirst du die Karotte niemals bekommen. Du wirst immer dieses eine entscheidende Stück von ihr entfernt bleiben. Bewegst du dich, bewegt sie sich. Das ist so, weil du, wenn du deinen Verstand als einen untrennbaren Teil von dir ansiehst, niemals die Realität erfahren kannst. Es geht schlicht nicht. Es muss aber auch nicht gehen, denn dein Verstand ist gar nicht dafür da, um irgendetwas mit der Realität zu tun zu haben. Er ist eigentlich nur dein kleines nützliches Helferlein für praktische Angelegenheiten, mehr nicht. Derjenige, der allerdings sehr wohl etwas mit der Realität zu tun hat, bist du. Sobald dir das klar wird, macht es »klick« und du als das Häschen kommst zur lebensverändernden Erkenntnis, dass du deinen Hut jederzeit auch einfach abnehmen kannst. Das eröffnet dir die revolutionäre Freiheit, dich von ihm zu lösen, zur Karotte zu hoppeln und sie in vollen Zügen zu genießen. Und wenn du deinen Hut dann erst einmal aus Karottenperspektive siehst, wird dir plötzlich bewusst, dass schlicht

nichts dagegen spricht, die Schnur durchzuschneiden, den Stock zu entfernen und den Hut von nun an auf der Basis von wahrer Freiwilligkeit zu benutzen oder auch nicht. Das ist die Entkopplung von deinem Verstand. Das ist deine Erlösung.

Es ist jedoch Obacht geboten: Schleicht sich nun leise und unbemerkt das Vorurteil ein, dass der Verstand per se etwas Schlechtes oder Gefährliches sei, gilt es zu erkennen, dass dies natürlich nichts anderes als ein weiterer ernst genommener Gedanke ist, der deinem Verstand entspringt. Dann läufst du Gefahr, dich im Teufelskreis zu drehen. Das könnte aus einem althergebrachten New-Age-Glauben kommen, der besagt, dass Nicht-Denken besser ist als Denken. Die Supermarktkassiererin allerdings, die von uns als Hobbyerleuchtete unser Geld will, findet es wahrscheinlich weniger lustig, wenn wir ihr sagen, dass Bezahlen gerade nicht möglich sei, da wir gerade erleuchtet wären, und um das zu bleiben, leider gerade das Denken sein lassen müssten. Ebenso erginge es wohl den Menschen in der Schlange hinter uns.

Gedanken sind also nicht schlecht oder gefährlich, sondern sehr nützlich und hilfreich, solange wir ihnen nur nicht ganz glauben und uns dadurch von ihnen dazu bringen lassen, uns in Bewertungen zu verstricken.

Sobald wir das schaffen, müssen wir die Wirklichkeit nicht mehr zwanghaft verzerren. Dann merken wir, dass es in unserem Leben schlicht keine Konflikte, Probleme und Dramen mehr geben *kann*. Denn ohne Bewertungen gibt es automatisch auch keine Erwartungen mehr. Und ohne Erwartungen, beispielsweise jene an das Leben, uns eine bessere Zukunft zu bescheren, bleibt einfach nichts mehr übrig außer das vollständige Einverständnis mit dem reinen Dasein selbst. Natürlich spricht nichts gegen eine bessere Zukunft, doch wird diese paradoxerweise dann erst in voller Pracht erblühen können, wenn wir uns klar machen, dass es keine Zukunft gibt. Dann verstehen wir: Wer vom Leben viel erwartet, wartet auf das Leben. Wer nicht mehr wartet, lebt.

Sobald wir also davon ablassen, die Dinge immer gleich zu kommentieren und sie stattdessen erst einmal neutral hinnehmen, wenn sie uns begegnen, eröffnen wir unserem Leben überhaupt erst die Chance, sich auf wundersame Weise ganz wie von selbst in jene Richtung zu entwickeln, von der unser Verstand zwar keinen blassen Schimmer hat, unsere Seele jedoch schon lange weiß.

Der Vorführeffekt ist ein anschauliches Beispiel für die Limitierungen, die wir uns durch Erwartungen auferlegen. Wenn wir einen Moment, in dem jemand bei etwas zuschaut, unbewusst als wichtiger einstufen als einen Moment, in dem wir alleine sind, schrauben wir unsere Erwartungen automatisch in astronomische Höhen. Die Wahrscheinlichkeit, dass das zu Zeigende gelingt, sinkt damit rapide. Wir verlieren uns dann in der Vorstellung, etwas beweisen zu müssen und können das zu Tuende nicht mehr aus dem edelsten Grund tun, aus dem etwas getan werden kann: um des Tuns willen. Unsere Aufmerksamkeit ist dann auf die Hoffnung auf Gelingen gerichtet, anstatt bei der Sache selbst. So entfernen wir uns von der neutralen und unbestechlichen Einfachheit des ewigen Augenblicks und werden vom Leben durch ein Scheitern unumgänglich und leidvoll wieder in die Wahrheit zurückgezogen. Das zwickt dann zwar kurz, ist aber etwas sehr Heilsames. Im kleinen Ausmaß nennen wir das ein »Problem«, in einem größeren eine »Krise«.

Stufen wir die Dinge ein, sehen wir die Welt nicht mehr, wie sie ist. Denn tatsächlich gibt es keine Stufen, sondern nur einen einzigen grenzenlosen Fluss. Bewerten und gewichten wir etwas, ist es so, als sähen wir es durch eine von unseren ernst genommenen Gedanken getönte Brille, ohne es zu merken. Und diese verfälschte Sicht hat zwangsläufig auch immer etwas mit der Idee von Vergangenheit und Zukunft zu tun. Damit machen wir es uns komplizierter, als es ist und kommen vom Hundertsten ins Tausendste. Tragen wir eine solche Brille, können wir nicht anders, als jedem, dem wir begegnen, weismachen zu wollen, dass die Sicht durch unsere Brille die ultimative ist, wenn auch nur in unserem Kopf.

Im besten Falle treffen wir auf jemanden, der keine Brille trägt. Dann gibt es zwar keinen Streit, doch sind wir trotzdem nicht zufrieden, weil uns ein Mensch ohne Brille unsere festgefahrene Sicht der Dinge niemals bestätigen wird.

Treffen wir auf jemanden mit einer Brille anderer Tönung, ist die Wahrscheinlichkeit für Streit und Dramen sehr groß, weil natürlich beide Recht haben wollen mit ihren unterschiedlichen Vorstellungen, wie die Welt ihrer Meinung nach aussieht.

Und selbst, wenn wir auf jemanden treffen, der eine Brille in genau gleicher Tönung hat wie wir, ist das nicht die Lösung. Zu Beginn werden wir uns trotz Brille zwar sicher blendend miteinander verstehen, da wir zufällig an die gleiche Illusion glauben. Allerdings bleibt es nur eine Illusion, was wir früher oder später daran merken werden, dass das Leben jedem von uns auf seine Art schmerzvoll klarmachen wird, dass wir an eine Täuschung glauben. Und es ist immer erst einmal enttäuschend, wenn die Täuschung von uns genommen wird.

Je stärker unsere Identifikation mit unseren Gedanken, desto ernster nehmen wir die Dinge, desto getönter ist unsere Brille, desto stärker sind unsere Bewertungen, desto mehr Emotionen sind im Spiel und desto größer ist im Nachhinein das Elend, bevor uns die sogenannte Krise gnädigerweise wieder an die brillen- und zeitlose Wahrheit erinnert. Der freie Wille gerät ebenfalls in Vergessenheit, da wir seine unbegrenzten und sensationellen Möglichkeiten als Brillenträger radikal beschneiden. Läuft es dann einmal nicht so wie erwartet (was zwangsläufig irgendwann der Fall ist), werden wir von Angst, Wut, Neid oder Hass gequält, bis wir einsehen, dass wir gegen Gott keine Chance haben. Anstatt also weiterhin in der naiven Vorstellung zu leben, dass sich das Universum aus Mitleid mit uns irgendwann schon noch unserem Willen fügen wird, tun wir gut daran, all diese Einschränkungen einfach gleich sein und etwas Demut walten zu lassen.

In Wirklichkeit sind wir dem Universum nämlich herzlich, also von ganzem Herzen egal. Es muss immerhin einfach alles regeln, was es auch nur gibt und kann sich unmöglich mit Lappalien wie unseren schreienden Kindern, unserer Steuererklärung oder dem, was wir unsere Depressionen nennen, aufhalten. Es ist an dieser Stelle radikal und unbestechlich. Und wir können ihm dankbar dafür sein.

Haben wir diese Pille erst einmal geschluckt, werden wir nicht mehr anders können, als dem großen Ganzen mit dem nun erkannten Geschenk unserer ureigenen Individualität auf authentische und natürliche Weise zu dienen. Dann sind wir wie Wasser, das so gechillt ist, dass ihm auf eine erquickende und befreiende Weise alles egal ist und es ganz selbstverständlich und graziös wie ein Tänzer um jedwede Hindernisse herumfließt, ohne auch nur mit der Wimper zu zucken. Wasser hat Disziplin und Fleiß eingetauscht gegen Urvertrauen und Hingabe. Und so fließt es, von höheren Mächten geführt, genau dorthin, wo es hinfließen soll. Gegen irgendetwas anzukämpfen, ist ihm ohnehin viel zu anstrengend. Wasser macht immer Urlaub. Solange es fließen kann, ist es ihm gleichgültig, wohin, denn für das Wasser ist jede Möglichkeit gleich gültig.

3   Leid

Leiden sein lassen

Es ist im Grunde sehr simpel: Wir sind immer entweder Leidende, wobei die Intensität unseres Leids variiert, oder wir sind es nicht.

Immer dann, wenn wir uns gegen etwas wehren, erzeugen wir Leid. Das, wogegen wir uns wehren, ist immer eine Form von Schmerz. Entweder er ist körperlicher oder psychischer Natur. Durch Widerstand jedweder Art setzen wir uns unbewusst eine Brille auf und versuchen vergeblich, in der Illusion von Vergangenheit und Zukunft Zuflucht zu finden. Wenn wir uns allerdings besinnen und bei allem Schmerz präsent bleiben, nehmen wir das an, was ist. Egal was es ist. Radikal. In diesem Bewusstsein ist es uns unmöglich, neues Leid zu erzeugen.

Es gibt nur diese beiden Geisteszustände und sie schließen sich gegenseitig aus. Gleichzeitig können sie nicht vorkommen, doch können sie jederzeit hin- und herwechseln. Das geschieht auch bei den meisten. Die meisten von uns sind daher mehr oder weniger im Urlaub und machen daher Temporary Vacation.

Körperlich leiden

Lass uns einmal erforschen, was es mit körperlichen Schmerzen genau auf sich hat. Die Fähigkeit unseres Körpers, Schmerzen zu empfinden, kann ohne Frage die Hölle auf Erden sein. Sobald wir auch nur einmal annähernd erlebt haben, wie quälend und zermürbend sie sein können, würden wir sie selbst unserem schlimmsten Feind nicht mehr wünschen. Schmerzen können jeden noch so friedlichen Menschen dazu bringen, Gott und die Welt zu verfluchen und ernsthaft am Sinn der Existenz zu zweifeln.

Doch so qualvoll Schmerzen auch sein können, so dankbar dürfen wir dieser Fähigkeit unseres Körpers ebenso sein. Stellen wir uns nur einmal vor, wir hätten kein Schmerzempfinden und würden aus Versehen immer wieder auf eine heiße Herdplatte fassen. Das Leben wäre dann zwar nicht schmerzhaft, doch ohne Hände auch relativ unpraktisch.

Das Gleiche gilt für körperliche Empfindungen wie Durst, Hunger, Übelkeit, Schwitzen, Frieren oder wenn man dringend aufs Klo muss. Das alles ist zwar nicht unbedingt sehr schön, sorgt aber dafür, dass unser Körper funktioniert und möglichst lange am Leben bleibt.

Es gibt auch Menschen, die Schmerzen sogar regelrecht suchen oder zumindest freiwillig in Kauf nehmen. Manche lassen sich beispielsweise hocherfreut mit Nadeln in die Haut stechen und bunte Farbe darunter spritzen. Manche laufen seelenruhig über Feuer oder liegen auf Nägelbrettern herum. Manche durchbohren alle möglichen ihrer Gliedmaßen, um allerlei Gegenstände daran zu hängen. Manche nehmen die Tortur auf sich, vierzig oder mehr Kilometer zu rennen, um danach völlig fertig, aber glückselig ins Ziel einzulaufen. Und manche lassen ihre Körper ganze neun Monate lang durch die Mangel drehen, um am Ende unter größter Pein voller Tapferkeit und Liebe ein neues Leben in die Welt zu bringen.

Wir sehen: Manche Schmerzen sind schlimm. Manche sind erduldet. Manche sind nützlich. Manche sind gewollt und manche regelrecht erwünscht. Es scheint also verschiedene Kategorien von Schmerz zu geben. Doch sieht der Schmerz selbst das genauso? Ist er wirklich manchmal einfach böse und manchmal lieb?

Wenn wir ihn fragen, kommt schnell seine ernüchternde Antwort: Ihm ist das alles völlig egal. Er macht sich keinen Kopf, denn er macht nur seinen Job und will ansonsten seine Ruhe. Böse, lieb oder sonst wie zu sein wäre ihm viel zu anstrengend. Er *ist* einfach.

Tatsächlich ist Schmerz nichts anderes als ein von der Schöpfung gut gemeinter, völlig vorwurfsloser Hinweis. Ein unverbindliches und kostenloses Angebot der Natur zur Heilung. Ein bis in den Tod loyaler Freund, der uns, solange er nicht erstickt oder gedämpft wird, höchst zuverlässig darauf aufmerksam macht, wenn an einer bestimmten Stelle ein Ungleichgewicht herrscht, das wieder austariert werden will.

Dank ihm bekommen wir erst die Chance, uns eines Ungleichgewichtes bewusst zu werden, auch wenn es sicherlich Angenehmeres gibt. Geheilt sind wir dann zwar noch nicht, doch besteht so überhaupt erst die Grundvoraussetzung für Heilung. Denn wer gar nicht weiß, dass etwas nicht stimmt, ist zwar schmerzfrei, doch ebenso völlig blind und damit auf dem direkten Wege ins Verderben.

Solange wir Menschen sind, werden wir immer wieder körperliche Schmerzen spüren müssen. Es geht nicht anders, denn es gibt sie nicht, die Perfektion eines gänzlich schmerzfreien Lebens. Das irdische Leben und körperliche Widrigkeiten gehen Hand in Hand, bis zum Schluss.

Läuft dir nun vielleicht ein kalter Schauer über den Rücken, weil du nun befürchtest, dass, wenn das stimmt, du bis an dein Lebensende dazu verdammt bist, zu leiden? Doch das müsste ja heißen, dass Leid dasdasselbe ist wie Schmerz. Und damit sind wir bei einer fundamentalen Frage angekommen.

Lass uns, um sie zu beantworten, noch einmal den Tätowierten, den Marathon- und Feuerläufer und die gebärende Mutter ins Gedächtnis rufen. Sie alle lassen uns erahnen, dass es eine mysteriöse Verbindung von Schmerz und Glück zu geben scheint. Machen wir uns klar: Keiner zwingt sie zu irgendetwas. Ihnen ist von vornherein bewusst, dass Schmerzen folgen werden. Sie wählen den Schmerz bewusst, denn das, was sie tun, tun sie freiwillig. Und damit zeigen sie, dass der freie Wille selbst von körperlichen Schmerzen nicht eingesperrt werden kann. Natürlich, denn sonst hieße er nicht so.

Was genau machen sie also anders? Was ist ihr Geheimnis?

Es ist das Wissen ihres Herzens um die Magie des immerwährenden jetzigen Augenblicks. Mehr nicht. Und diese Gewissheit sagt: Schmerzen sind *nicht* das Gleiche wie Leid. Es gibt da noch eine Instanz, die etwas dazu zu sagen hat. Es ist die Instanz, die gebietet, wie viel Leid ein Schmerz nach sich zieht. Die Instanz, die eigenmächtig entscheidet, ob Schmerzen ihr den freien Willen rauben oder sogar schenken. Die Instanz, die trotz widrigster Umstände dazu in der Lage ist, einen klaren Durchblick zu behalten. Die Instanz, die jederzeit fähig ist, für schlicht alles, was ihr begegnet, Verantwortung zu übernehmen. Die Instanz, die die Macht hat, gleichermaßen in das Leben und in den Tod zu vertrauen. Die Instanz, die kompromisslos jenes in Empfang nimmt, was ist. Diese Instanz bist du.

Was bei körperlichen Schmerzen und Beschwerden also tatsächlich wehtut, sind nicht die Schmerzen selbst. Es sind die Sorgen, die du dir machst, in der Annahme, dass du dein schmerzender Körper seist. Versuche daher, Schmerz für deine Selbsterkenntnis zu nutzen, wenn er auftaucht. Lasse dich von ihm aus dem Dornröschenschlaf deines Kopfkinos erwecken. Du musst nichts dafür tun, außer todesmutig und furchtlos in sein garstiges Gesicht zu schauen und dich auf nichts als die Purheit dieses Momentes zu besinnen. Erinnere dich – nur der Moment ist absolut real. Und daraus folgt: Selbst dein eigener Körper kann höchstens nur relativ real sein. Und damit ebenso der Schmerz, der von ihm ausgeht. Du bekommst nun eine leise Ahnung davon, dass selbst die Annahme, dein Körper zu sein, nichts weiter als ein ernst genommener Gedanke ist. Und aus dieser leisen Ahnung erwächst nach und nach die bahnbrechende innere Gewissheit, gar kein Körper zu sein, sondern nur für eine gewisse Zeit etwas, das dein Verstand eben so nennt, ausgeliehen zu haben. Damit passiert das Wunder und du löst den karmischen Bund mit ihm auf, worauf auch die Sorgen um ihn verschwinden, wenn er schmerzt.

Du wirst deswegen vielleicht nicht gleich in einen Zustand der Verzückung kommen, denn auch dann wird dein Körper wahrscheinlich immer noch schmerzen. Doch du kreierst in diesem Moment immerhin kein neues Leid mehr. Und das ist der alles entscheidende Twist. Der selbstermächtigende Austritt aus dem Teufelskreis. Du erhebst dich *über* deinen schmerzenden Körper und wirst nicht mehr *unter* ihm leiden müssen.

Würdest du übrigens deinen Körper selbst fragen, was er zu alledem meint, würde er wahrscheinlich ähnlich unaufgeregt wie der Schmerz antworten, denn er nimmt's, wie's kommt. Zu leiden wäre ihm ohnehin viel zu mühsam. Er stresst sich nicht. Er schmerzt entweder oder eben nicht, doch er macht kein Problem daraus, denn er ist Pragmatiker.

Sobald du tiefgreifend anerkennst, dass dein körperlicher Schmerz absolut nichts mit deiner wahrhaftigen, heiligen Essenz zu tun hat, ist es dir möglich, ihn mental nicht mehr zwanghaft als etwas Schlechtes zu bewerten, sondern ihn widerstandslos so anzunehmen, wie er ist. Auch wenn es zweifellos verdammt wehtun kann. Doch alles, was du damit tust, ist, aus der Not eine Tugend zu machen und dich vom Schmerz in die radikale Akzeptanz deines Daseins bringen zu lassen, anstatt vergeblich in der irrwitzigen Fantasie von Vergangenheit oder Zukunft Schutz zu suchen und dein Leid dadurch noch zu vergrößern. So bleibst du wach und durchwanderst den Schmerz bewusst. Du hältst ihn nicht mehr für deinen Feind, sondern erkennst ihn als den an, der er ist: dein Lehrer. Dein Meister. So hältst du deinen Verstand davon ab, dir zusätzlich dazu, dass es verdammt noch mal scheiße weh tut, auch noch eine dramatische Geschichte darüber zu erzählen und es dir damit unnötigerweise schlimmer zu machen, als es ohnehin schon ist. Sieh Schmerz daher, so weit es dir möglich ist, als nichts anderes als eine mal sanfte und mal brutale, doch stets dir wohlgesonnene Einladung in die Realität. Als Grundvoraussetzung für wahre Heilung gibt es keine günstigere Geisteshaltung als diese.

Durch sehr hohen Leidensdruck kann es sogar manchmal sein, dass Selbsterkenntnis ganz spontan geschieht. Wenn Leid in derartig unaushaltsame Sphären geschraubt wird, dass der Geist förmlich gezwungen wird, regelrecht von der Materie abzuplatzen, kann es passieren, dass sich alles Leid urplötzlich in Wohlgefallen auflöst.

Darauf möchte uns unter anderem auch die christliche Symbolik des ans Kreuz genagelten Körpers Jesu hinweisen, auch wenn sich der ein oder andere sicherlich schon einmal mindestens darüber gewundert hat, warum in einem Gotteshaus immer ein so brutales Bild hängt.

Doch will es uns nur Trost sein und bedeutet: Jede noch so schlimme Höllenqual kann in gleichem Maße auch die einzigartige Chance sein, einen Blick in den Himmel gewährt zu bekommen. Und jeder, dem er bereits gewährt wurde, wird bestätigen: Es kann nichts Wertvolleres geben in diesem Leben.

Dies bedeutet natürlich mitnichten, dass es erstrebenswert oder notwendig ist, wie Jesus, allen Schmerz der Welt auf sich zu laden. Erstens hat er das ja freundlicherweise bereits erledigt und zweitens müssen wir unsere modernen Möglichkeiten der Schmerzlinderung bei aller Naturbelassenheit keineswegs verteufeln. Denn was zu viel ist, ist zu viel. Solange wir sie weise einsetzen, dürfen wir diesen Möglichkeiten daher sehr dankbar sein und sie erhobenen Hauptes als eine monumentale menschliche Errungenschaft anerkennen.

Für die Erfahrung von Bonusbewusstsein sind starke Schmerzen ohnehin nicht zwingend erforderlich. Es genügt schon uneingeschränkte Aufmerksamkeit und Hingabe.

Für diejenigen, denen sie jedoch dennoch ungefragt begegnen, soll dies vielmehr aufzeigen, welche Chance sie bei aller Qual zugleich sind. Es ist die Chance, die ungeahnten Mächte zu erfahren, die sich tief im Mysterium unseres Bewusstseins verbergen. Denn je größer die Pein, desto größer gleichermaßen auch der Drang der Seele, sich selbst zu erkennen.

Den Körper achten
Auch wenn dein Körper nicht du selbst bist, ist er immerhin das Fahrzeug, das dir für dieses irdische Leben kostenlos zur Verfügung gestellt wurde. Schenke ihm deshalb auch etwas Pflege und Beachtung. Damit meine ich banal erscheinende Dinge wie regelmäßiges, einigermaßen gesundes, langsames und genüssliches Essen und Trinken, Regelmäßigkeit und Ruhe beim Gang auf die Toilette sowie eine wohlige körperliche Verfassung durch genügend Schlaf und etwas Bewegung. Das ist immerhin Daily Business und es war nicht immer selbstverständlich, dass die Bedingungen es in weiten Teilen der Erde erlaubten, all dies jederzeit und ohne größere Schwierigkeiten zu verrichten. Und gerade weil es selbstverständlich geworden ist, verfallen wir oft umso leichter dem Glauben, das eine sei wichtiger als das andere.
Doch das, was du dir einverleibst, wird zu deinem Leibe. Er ist, was er isst. Und das hat wiederum Einfluss auf deinen gesamten Apparat inklusive Geist und Seele. Was genau gesundes Essen ist, ist nicht abhängig davon, was dir kurzfristig gut schmeckt oder gerade Mode ist, sondern es ist das, was dafür sorgt,

dass du dich langfristig fit und energetisch fühlst. Glaube daher nicht, dass etwas gesund für deinen Körper ist, weil es dir jemand gesagt hat oder du es irgendwo gelesen hast, sondern erfahre es am eigenen Leibe, indem du darauf achtest, wie es ihm geht, wenn du es zu ihm nimmst. Erst dann weißt du wirklich, wie gesund oder schädlich es für dein ganz individuelles Modell ist.

Auf diese Weise kannst du dir auch umständliche Diäten und anstrengende Ernährungspläne sparen. Manche Menschen sind mental so fixiert auf eine so-genannte gesunde Ernährung, dass sie eine regelrechte Religion daraus machen und oft unnötig lange von einem zermürbenden schlechten Gewissen geplagt werden, wenn sie merken, dass sie heimlich einfach mal wieder nach einem saftigen Stück Pizza gieren. Damit verwickeln sie sich nur in die künstlichen Er-satzversuche ihres Verstandes, die Intuition für das, was ihren Körper fit und gesund bleiben lässt, zu ersetzen. Und das verursacht Stress, der dann wie-derum den Körper vergiftet.

Die höchste Gnade ist ohnehin, über die Ebene des Körpers hinauszugehen. Wer das vermag, wird auch kein schlechtes Gewissen mehr haben, wenn er sich ab und an mal eine fettige Pizza reinhaut. Er wird mit allgemein steigender Wahrnehmung ohnehin merken, dass das Verlangen danach ganz von alleine nachlassen wird.

Psychisch leiden

Wenn das Gemüt schmerzt, hat das viele Namen: Unbewusstheit, Verrücktheit, Wahnsinn, die Hölle, der Teufel, das Ego, Depression … Die entsprechenden Empfindungen sind: Angst, Wut, Zorn, Hass, Neid, Gier, Eifersucht, Stolz, Einsamkeit, Nervosität, Langeweile, Trägheit, Unzufriedenheit, Unbehagen, Sehnsucht …

Alle diese verschiedenen Bezeichnungen variieren je nach Intensität und Perspektive. Beispielsweise sprechen wir bei einem geringeren Leidensgrad eher von »Unbehagen« und einen schwereren Grad nennen wir eher »Depression«. Einen Mörder würde ein religiöser Mensch vielleicht als »gottlos« beschreiben, ein Atheist dagegen als »wahnsinnig« oder »böse«. Doch ist es essenziell, zu verinnerlichen, dass im Wesentlichen alles den gleichen Ursprung hat. Auf diese Weise verhindern wir, dass unser Verstand die Welt künstlich auftrennt und es komplizierter macht, als es eigentlich ist. Vergiss nicht: Worte sind immer nur ein Instrument, um auf jenes hinzuweisen, was sie meinen. Mehr nicht.

Ebenso wie alles körperliche Leid der fundamentalen Identifikation mit dem, was unser Verstand »Körper« nennt, entspringt, ist auch alles psychische Leid darin begründet, dass wir die Stimmen in unserem Kopf wichtiger nehmen als den ewigen Raum, in dem sie auftauchen und in den sie auch wieder entschwinden: den jetzigen Augenblick. Was wir dadurch erschaffen, ist Angst. Sie allein ist die Basis aller leidenden Gemüter.

Und auch wenn wir glauben, dass es viele verschiedene Ängste gibt – tatsächlich gehen alle auf nur eine einzige zurück. Es ist die ultimative Angst: die Angst vor dem Tod.

Diese kommt folgendermaßen zustande: Wenn wir unsere Gedanken ernst nehmen, haben wir tatsächlich das Gefühl, sie zu sein. Damit verwechseln wir etwas, das wir nicht sind, mit uns selbst. Das klingt zunächst einmal nicht weiter tragisch, doch da die Inhalte unserer Gedanken immer vergänglich, also sterblich sind, schwingt in diesem gekoppelten Bewusstsein hintergründig immer auch die Urangst mit, selbst ebenfalls sterblich zu sein. Beispielsweise glauben wir, wir seien unser Kontostand oder unser Körper und können folglich gar nicht anders, als hinter jeder Ecke die potenzielle Gefahr zu vermuten, dass das, was wir zu sein glauben, zunichtegemacht werden könnte. So machen wir uns zu Sklaven der Vergänglichkeit.

Tritt der Fall dann tatsächlich ein, dass etwas, mit dem wir uns selbst verwechselt hatten, vergeht (und das wird früher oder später unweigerlich so sein), ist es jedes Mal eine zwar zunächst enttäuschende, doch letztlich heilsame Erfahrung, die uns wieder ein kleines Stückchen mehr in die Wahrheit bringt.

So realisiert beispielsweise ein ehemals Wohlhabender, der sein ganzes Leben lang stets unterschwellig befürchtet hat, kein Geld mehr auf dem Konto zu haben, dass er wider Erwarten immer noch am Leben ist, nachdem sein Geschäft völlig Pleite gegangen ist. Damit hat er sich von seinem bis dahin unbewusst festgefahrenen Glauben *»Ich darf niemals Pleite gehen«* endlich gelöst. Das Leben half ihm in diesem Fall netterweise mit dem, was wir eine Krise nennen, etwas auf die Sprünge.

Danach ist er ein Stückchen weiser und in der Lage, nicht nur seine Arbeit, sondern sein gesamtes Leben mehr zu genießen. Denn auch wenn er glaubt, dass das Leben in Arbeit und Freizeit unterteilt werden könne: In Wirklichkeit ist sein Leben einfach immer jetzt. Er könnte nun beispielsweise ein neues Geschäft gründen, diesmal jedoch mit mehr Leichtigkeit. Wo sein erstes Geschäft für ihn noch eine Notwendigkeit dargestellt hat, könnte er sein neues nun mehr und mehr als das wahrnehmen, was es ist: reiner Bonus zur Existenz selbst. Sein Selbstgefühl ist nun unabhängig(er) von seinem Kontostand. Die Wahrscheinlichkeit, dass sein neues Geschäft besser läuft als sein altes, ist recht hoch, da er es nun mit mehr Präsenz und damit mehr aus dem natürlich-menschlichen Urzustand betreiben könnte: bedingungsloser Daseinsfreude.

Diese Daseinsfreude ist immer da. Sonst wäre sie nicht bedingungslos. Und du allein entscheidest, wie intensiv du sie spürst. Spätestens jedoch an dem Tag, an dem dein Körper stirbt, widerfährt sie dir in vollem Umfang. Es ist die ultimative Enttäuschung. Der Moment, in dem alle Täuschung von dir genommen wird. Was übrig bleibt, ist nichts. Nichts als die Wahrheit. Die ganze Wahrheit.

Dämmert dir so langsam, worauf das hinausläuft? Kommt dein Verstand allmählich in Erklärungsnot? Könnte es sein, dass sich etwas in dir meldet, das größer und heiliger ist als dein Kopf dir immer erzählen will? Etwas, das dir leise flüstert, dass du tatsächlich gar nichts bist, das sterblich ist? Ahnst du, dass es in der Wirklichkeit keinen einzigen triftigen Grund für die Angst vor dem Tod geben *kann*? So ist es.

Was hält uns also davon ab, unsere Brille einfach abzunehmen und, einsseiend mit dem Universum und widerstandslos wie Wasser, elegant durchs Leben zu gleiten und nie wieder Probleme zu haben? Das klingt ja alles ganz nett, aber ist es wirklich so einfach?

Um eine Brille abnehmen zu können, muss sich der Brillenträger erst einmal eingestehen, dass er überhaupt eine Brille trägt. Wenn du schonmal eine Lese- oder Sonnenbrille auf der Nase hattest und währenddessen selbige gesucht hast, kennst du dieses Dilemma. Ohne die Erkenntnis, dass du sie trägst, kannst du sie niemals abnehmen. Selbst das banale Erkennen einer im wörtlichen Sinne gemeinten Brille auf deiner Nase ist daher nichts anderes als wahrhaftige Bewusstseinserweiterung. Ganz ohne Drogen. Wie sollte es auch anders sein? Dem Brillenträger ist hinterher mehr bewusst als vorher. Es ist der magische Moment, in dem er vom Suchenden zum Findenden wird. Um also die Frage zu beantworten, ob es wirklich so einfach ist, unsere Brille abzunehmen: für den, der weiß, dass er sie trägt könnte es nichts Einfacheres geben. Für den, der nicht weiß, dass er sie trägt, ist es schlicht unmöglich.

Dazu eine kleine persönliche Anekdote:
Ich war einmal bei einem Mann, der mit seinen Fähigkeiten meine Körperhaltung optimiert hat. Bevor er mit der Behandlung begann, hat er mich gefragt, wie ich die Qualität meiner Haltung einstufen würde. Ich sagte, dass ich mich heute total entspannt und aufrecht fühle, da ich tatsächlich dieser Meinung war. Dann behandelte er meinen Körper und erinnerte mich danach, während ich mich circa drei Meter groß und wie Butter fühlte, mit verschmitztem Grinsen an unsere Unterhaltung vor der Behandlung und wir mussten beide laut lachen, weil ohne Worte klar war, dass mein Körper zuvor alles andere als entspannt und aufrecht gewesen war. Allerdings fiel mir auf, dass sich meine neue Haltung hoffnungslos überzogen anfühlte. Nachdem ich ihm das gesagt hatte, meinte er nur, dass ich mir keinen Kopf zu machen brauche, denn diese Haltung sei ganz natürlich. Es wirke nur übertrieben auf mich, weil es noch total ungewohnt sei.

Was war passiert? Ich hatte mich so sehr an meinen Zustand von vor der Behandlung gewöhnt, dass ich wirklich glaubte, mein persönliches Best-of schon erreicht zu haben. Der objektive Blick dafür, wo ich im

Spektrum der Möglichkeiten lag, war mir völlig abhanden gekommen. Vielmehr war ich so sehr mit der Mittelmäßigkeit verwachsen, dass ich sogar begonnen hatte, mich auf eine traurige Art heimelig darin zu fühlen und es als bequem und komfortabel zu betrachten. Einfach weil es mir vertraut war und ich, wenn ich ehrlich war, nichts davon hatte wissen wollen, was sich im Reich des Unbekannten verbirgt.

Stelle dir nun vor, wie schwer bis unmöglich es ist, jemandem, der sein Leben lang mit einer tiefschwarz getönten Brille herumgelaufen ist und sein Weltbild entsprechend aufgebaut hat, verständlich zu machen, dass alles, was er sieht, Bullshit und die Realität eine ganz andere ist. Selbst wenn du ihm mit den tollsten Worten beschreiben würdest, dass die Realität sehr viel schöner sei, als es ihm seine Brille vorgaukelt, würde er verständlicherweise eine Heidenangst bekommen. Denn seine liebgewonnene Sicht der Welt, die ihm sein Leben lang wenigstens so etwas wie ein Gefühl von Sicherheit, Orientierung und Identität vermittelt hat, würde massiv erschüttert werden. Deshalb würde er vermutlich alles rigoros abstreiten und sich die tollsten Argumente einfallen lassen, um seine Überzeugungen zu untermauern. Würdest du nicht lockerlassen, würde er wahrscheinlich irgendwann aus der Situation fliehen, da er tief im Inneren schmerzlich spürt, dass an seiner Version der Wahrheit doch etwas faul ist, er es sich aber noch nicht eingestehen kann. Menschen in diesem Zustand sind wie ein nasses Stück Seife. Man kriegt sie nicht zu fassen. Immer haben sie eine neue Ausrede parat. Sie sind verzweifelt auf der Suche nach dem Paradies und fühlen sich ziemlich unparadiesisch dabei.

Das, was uns davon abhält, unsere Brille zu erkennen und sie dann einfach abzunehmen, ist also unsere riesengroße, allem zugrunde liegende Angst vor dem Tod. Der Tod unserer krankhaft »lieb«gewonnenen Identität.

Emotionen vs. Gefühle

Emotionen sind die bewegte Reaktion unseres Gemütes und unseres Körpers auf das Tragen einer Brille. Das Wort *Emotion* entstammt dem lateinischen *emovere,* was so viel heißt wie *herausbewegen, emporwühlen.* Wir können sie uns also wie eine Lokomotive vorstellen, die ihre Fahrt in der ewigen Ruhe unseres Wesenskerns beginnt und sich von dort aus schneller und schneller bis an die Oberfläche emporwühlt. Das Motiv dieser Lokomotive, sich überhaupt zu bewegen, ist immer die Angst vor ihrem Tod. Und so versucht sie verzweifelt, der Ewigkeit zu entkommen und fährt letztlich im Kreis.

Emotionen sind stets verknüpft mit der Idee von Vergangenheit und Zukunft. All das macht es ihnen unmöglich, jemals wirklich pur zu sein. Wenn auch meist nur unterschwellig, bedeuten sie also immer auch ein zumindest latentes Unbehagen, denn Unbehagen ist unerlässlich, wenn wir mit unserem Verstand gekoppelt sind. Zudem wird durch eine Emotion unser Körper aufgescheucht und hat dabei keine Wahl, da er nicht wissen kann, ob gerade echte Gefahr für ihn besteht oder der zum Körper gehörende Geist sich diese – wie meistens – nur einbildet. Und so zeigen sich beispielsweise Phänomene wie Herzklopfen, Schweißausbrüche, ein zugeschnürter Hals oder Gänsehaut.

Vielleicht erinnerst du dich nun aber auch an so manch schöne Emotion wie Freude, Lust, Verliebtheit und Begeisterung und bezweifelst, dass diese jemals mit Unbehagen in Verbindung stehen könnten.

Dann vergegenwärtige dir: Ob schön oder unschön auf den ersten Blick – alle Emotionen entspringen immer einer Brille. Das bedeutet, dass wir auch schöne Empfindungen von etwas abhängig machen, das wir nicht sind. Und da wir das, was wir nicht sind, niemals zur Gänze kontrollieren können, sind wir in diesem Bewusstsein gezwungen, unterschwellig ständig zu befürchten, dass es zu Schaden kommen könnte. In die Suppe einer vermeintlich puren Freude, Lust, Verliebtheit oder Begeisterung mischt sich unbemerkt also auch immer eine kleine bittere Brise der Urangst vor dem Tod. Was jetzt noch Freud, ist bald schon Leid. Im Reich der Emotionen trägt das Gute das Potenzial für das Schlechte bereits in sich. Beide Seiten bedingen sich gegenseitig. Somit hat eine emotionale Suppe, so sehr sie auch munden mag, bei genauerem Hinschmecken immer auch einen fahlen Beigeschmack. Darum liegen vermeintliche Liebe und Hass auch oft nah beieinander.

Beispielsweise kann sich der Wiedersehensfreude beim Treffen mit unserem Partner ebenso etwas Unbehagen beimischen, weil auf das Wiedersehen auch wieder ein Abschied folgen wird. Der Genuss der Freude wird also, je nach Tönungsgrad unserer Brille, unbewusst leichter oder stärker beeinträchtigt. Und so setzt manchmal während der für viele vermeintlich schönsten Zeit des Jahres, dem Urlaub, nach und nach schleichend eine hintergründige Schwermut ein, weil dieser auch wieder enden wird. Zumindest ist es das, was wir glauben. Es kann auch sein, dass du dir bisher ganz sicher warst, keine Brille zu tragen, da du noch nie ein Problem mit derartig äußeren Veränderungen gehabt hast. Doch genügt in diesem Fall unter Umständen eine weltweite Pandemie, die dich das erste Mal in deinem Leben monatelang alleine in dein Wohnzimmer einsperrt, um dir aufzuzeigen, dass du zwar kein Problem mit Veränderung hast, jedoch ohne umso mehr.

Sobald wir die Süße des Lebens an zeitliche und räumliche Bedingungen jeglicher Art koppeln, wird sie gezwungenermaßen schon wieder verbittert. Und um dieser Bitterkeit zu entgehen, suchen wir unbewusst oft umso dringlicher die Süße wo und wann anders als dort und dann, wo und wann wir bereits sind: Hier und jetzt. Was wir damit erschaffen, ist nichts als noch mehr Bitterkeit. Solange wir uns von all unseren Identifikationen nicht (er)lösen, wird sich daran nichts ändern. Da bringt es auch nichts, wenn wir in den Social-Media-Kanälen oder in unseren Büchern noch so viel darüber lesen, im

Hier und Jetzt zu leben. Erst wenn wir uns mit tiefster und oftmals zunächst schmerzlicher Ehrlichkeit eingestehen, dass wir in dem Glauben leben, jemanden oder etwas anderes als uns selbst für unser Seelenheil zu brauchen, kann unser Bewusstsein wirklich erweitert werden. Dann müssen wir all die Weisheiten auch nicht mehr unbedingt so oft nachlesen oder verschicken, denn dann verwandeln sie sich von einer Notwendigkeit in einen ganz netten Bonus unserer eigenen Weisheit.

Weisheit bedeutet für manch einen vielleicht noch, einen langen weißen Rauschebart zu tragen und zu schweben, anstatt zu gehen. Doch tatsächlich ist Weisheit nichts anderes, als jenes nachhaltig und bewusst spüren zu können, was sich hinter unseren Emotionen verbirgt. Das sind die wahrhaftigen Gefühle. Sie sind nicht von dieser Welt und haben deswegen auch keinerlei körperliche Entsprechung. Sie befinden sich jenseits jedweder Todesangst und jenseits jedweder Zeit- und Raumvorstellung. Sie entspringen schlicht der ewig präsenten Nulllinie des Moments und ihre Suppe schmeckt einfach immer göttlich. Ihre Purheit ist wahrlich unbeschreiblich, doch hat unser Verstand ihnen dennoch einst die Namen »Ausgeglichenheit«, »Gleichmut«, »Dankbarkeit«, »Liebe« oder »innerer Frieden« gegeben. Sie haben eine tiefe innere Ruhe als ihr Kennzeichen und machen sie unvergleichbar mit der oberflächlichen Aufgescheuchtheit der Emotionen.

Und das Schönste ist: Sie sind nichts, was wir jemals aktiv herbeiführen könnten, also können wir uns locker machen. Wir nehmen sie ganz von alleine wahr, wenn wir all unsere Emotionen vollständig durchfühlt haben. Dann bekommen wir einen Blick darauf gewährt, was sich dahinter verbirgt.

Dahinter zu blicken ist eine Art Befriedigung, ähnlich wie der Moment, in dem man es geschafft hat, einen hoffnungslos verknoteten Kabelsalat zu entwirren, um nicht zu sagen: zu entwickeln. Denn wahre Entwicklung ist die Befreiung von Verwicklung. Das heißt: Der Kern der Sache ist bereits da. Er muss nur noch von einem Wust gesponnener Gedanken befreit werden.

Es ist ein ähnlich herrliches Gefühl, wie wenn sich ein Furz, der schon das ganze Leben lang verklemmt war, endlich löst und so jegliche Spannung neutralisiert wird.

Inmitten dieser Erlösung kann dann auch all das, was wir zuvor noch als Emotionen betitelt haben, inklusive deren körperlichen Entsprechungen wie Herzklopfen und Gänsehaut, auf natürlichste, freieste und selbstverständlichste Weise wieder stattfinden. Der Unterschied ist nur, dass die Basis dieser Empfindungen dann eine über jeden Zweifel erhabene, hintergründige Klarheit und Tiefe ist, wo zuvor oftmals nur Chaos und Verwirrung herrschten.

Schauen wir uns zur Veranschaulichung doch noch einmal die erste Version der Geschichte von dir auf der sonnigen Südseeinsel und deine Gedanken und Emotionen dazu an.

Nachdem sich der Gedanke »Steuererklärung« in dir auftat, wurdest du von einer starken emotionalen Reaktion übermannt und konntest deinen gesamten restlichen Urlaub nicht mehr genießen. Alles, was ab diesem Moment gezählt hat, war der Gedanke an die Steuererklärung. Er hat dich in der Idee von Zukunft verhaftet und dir dadurch Lebensenergie geraubt. Damit hast du dir eine bewertende Brille fest auf deine Nase gesetzt, ohne es mitzubekommen. Sie hatte wahrscheinlich eine Tönung der Art:

Ich sollte unbedingt die Steuererklärung machen, denn es ist sehr wichtig, rechtzeitig die Steuererklärung zu machen. Viel wichtiger als andere Dinge. Wenn ich nicht meine Steuererklärung mache, passiert etwas, das mir nicht gefällt. Das wäre sehr schlimm, also muss ich ... bla bla bla.

Vielleicht hat dir dein Vater schon als Kind immer wieder gesagt, dass es aus irgendwelchen Gründen lebenswichtig sei, immer rechtzeitig seine Steuererklärung zu machen. So oder so ähnlich könnte dieser Glauben immer mehr und mehr ein fester Bestandteil deiner subjektiven Sicht der Welt geworden sein. Er verwuchs also langsam, aber sicher mit deiner wahren Natur, sodass es dir mit der Zeit unmöglich wurde, dich noch daran zu erinnern, wer du wirklich bist. Dein Kumpel oder deine Freundin hätte also so oft sagen können, wie er oder sie wollte, dass du es lockerer sehen sollst. Es hätte nicht funktioniert.

Deine Brille saß einfach zu fest und hat dich zu einem Getriebenen gemacht.

Der gleiche Glaubenssatz könnte auch für deine Sturheit und aufbrausende Reaktion gegen Ende der Geschichte gesorgt haben. Ein anderer könnte sein, dass du glaubtest, dass der Mensch, mit dem du zusammen wohnst, *dein* Partner und die Kinder, mit denen du zusammen wohnst, *deine* Kinder seien. Du könntest dich auf diese Weise zwanghaft verantwortlich für sie und dich deshalb klein und schlecht fühlen, wenn du es nicht schaffst, sie bei guter Laune zu halten.

Es bliebe noch die Wehmut, die du verspürt hast, als du dich an deinen Urlaub erinnertest. Dahinter könnten ernst genomme Gedanken stecken wie:

Nur in Urlauben ist das Leben wirklich schön. Schade, dass ich die Zeit nicht zurückdrehen kann. Steuererklärungen zu machen ist zwar sehr wichtig, doch trotzdem auch immer eine Plage.

Egal, was es genau war, das Prinzip war und ist immer das Gleiche: Du kannst den jetzigen Moment nicht akzeptieren, ohne dass dich eine deiner Brillen zu einem emotional aufgeladenen »Ja, aber...« treibt. Du verpasst ihn somit und damit dein Leben.

Die Herkunft der Brillen

Ahnst du, dass das Dilemma immer das Gleiche ist? Wir können die nackte und simple Wahrheit meist schlicht nicht ertragen, weil sie uns eine Heidenangst macht. Wo und wie hat das alles angefangen?

Es ist auf zeitlicher und räumlicher Ebene tatsächlich unmöglich, den Ursprung dieser Mutter aller Probleme auszumachen. Es ist aber auch nicht so wichtig. Fakt ist, dass es Brillen schon sehr lange gibt und dass sie, ohne dass die Brillenträger es bemerkt hätten, über Generationen und Generationen weitergegeben wurden.

Konkret: Unsere Eltern hatten schon Brillen auf, weil sie diese von ihren Eltern übernommen haben. Die hatten wiederum Brillen auf, weil sie ihre von ihren Eltern übernommen haben, usw. Ohne sich ihrer Brille bewusst zu sein, gaben unsere Eltern ihre Sicht der Welt an uns weiter, da sie glaubten, es sei die Realität.

Du siehst: Selbst wenn du schon realisiert haben solltest, dass manches, was deine Eltern dir mit auf den Weg gegeben haben, sich als nicht sehr förderlich für dein Wohlergehen entpuppt hat, ist es in Wirklichkeit unmöglich, sie dafür zu beschuldigen, denn sie *wussten* es nicht besser. Mit anderen Worten: Ihr Be*wusst*sein war an seine Grenzen gekommen. So wie sie wirst auch du sicherlich schon Dinge getan haben, von deren Richtigkeit du im Moment des Tuns vollkommen überzeugt warst, auf die du im Nachhinein jedoch nicht mehr sehr stolz warst. Doch hast du dir nichts vorzuwerfen, wenn du dir klarmachst, dass du gemäß deinem jeweiligen Bewusstseinszustand immer dein Bestes gegeben hast. Und das tun wir alle, immer. Auch jetzt gerade tun wir unter Umständen etwas, das sich später einmal als nicht sehr hilfreich für uns und unser Umfeld herausstellen könnte. Sollte dem so sein, wird uns das aber auch erst dann bewusst werden.

Und das Schöne daran ist: Genau so ist das Spiel des Lebens auch vorhergesehen. Anders geht es schlicht nicht, denn sonst wäre das Leben ja sterbenslangweilig. In Wirklichkeit kann daher niemals jemand an irgendetwas schuld sein. Jeder, der für etwas beschuldigt werden könnte, bekommt gerade nur nicht mit, dass er ein Sklave seiner Brille ist. Und jeder, der selbst beschuldigt, ebenfalls. Es gibt keine Ausnahmen. Die Logik der Schöpfung funktioniert schlicht und ergreifend ohne das Prinzip von Schuld und Unschuld. Sie funktioniert lediglich mit dem Prinzip von Bewusstheit und Unbewusstheit. In Anbetracht dessen, was mache Erdenbewohner so treiben und getrieben haben, mag das zugegebenermaßen schwer zu ertragen sein. Es ist trotzdem die Wahrheit. Und so kann uns bewusst werden, welch Balsam *Ent*schuldigungen für unsere Seele bedeuten. Sie sind nichts als das Uns-der-Schuld-entledigen und damit ein sanftes Zurückkommen in die Realität.

Wir kommen der Wahrheit also ein großes Stück näher, wenn wir erkennen, dass Schuld nichts als ein kollektives Trugbild unseres Verstandes ist und sie nicht mehr ernst nehmen, wenn sie uns begegnet. Gelingt uns das, werden wir förmlich dazu gezwungen, uns selbst und anderen zu vergeben. Und wir werden merken, dass Vergebung in erster Instanz nicht unbedingt unserem Gegenüber guttut, sondern im Grunde ausschließlich uns selbst.

Feinde zu Freunden machen
Denke einmal an das größte Arschloch, das du kennst. Sollte deine Wahl hierbei spontan auf mindestens eines deiner Elternteile fallen, dann sei es so. Vielleicht merkst du nun, wie es schon beginnt, sich ungemütlich in dir anzufühlen. Vergegenwärtige dir nun, dass dieses ungemütliche Befinden dieses Arschloch jetzt gerade jedoch herzlich wenig interessiert. Es kann es unmöglich interessieren, da es gar nicht weiß, welches Kino gerade in deinem Kopf läuft. Mache dir also bewusst: Alles, was du tust, ist, dein eigenes System zu stressen. Und damit hast du dir ein fettes Eigentor geschossen. Denn selbst, wenn du jemandem die Pest an den Hals wünschst, und selbst, wenn derjenige dies augenscheinlich unbedingt verdient hätte: Der, der tatsächlich verpestet wird, bist ausschließlich du.
Versuche daher nun, dich in Mitgefühl zu üben, indem du dich in dieses Arschloch hineinfühlst und erkennst, dass es aufgrund einer schlimmen Kindheit oder aus anderen Gründen in Wirklichkeit gar kein

Arschloch ist, sondern eine arme Sau. Der betreffende Mensch führt sich deswegen sicherlich nicht weniger wie ein Arschloch auf, doch weißt du dennoch, dass es eigentlich eine arme Sau ist. Dein Bewusstsein wurde erweitert. Wenn du dann noch erkennen kannst, dass auch du noch vor einigen Sekunden selbst ein Arschloch warst, weil du – wenn auch nur in Gedanken – jemanden als Arschloch bezeichnet hast, wird dir klar, dass auch du gerade nur eine arme Sau bist. Es scheint also gar keinen Unterschied zwischen dir und dem Arschloch zu geben, weil ihr beide arme Säue seid. Und schon kann das Wunder geschehen: Du erkennst dich im anderen und erlangst die Fähigkeit zu wahrer Vergebung. Dann gibt es keinen Grund mehr für dich, solche Kraftausdrücke zu verwenden, außer du verwendest sie scherzhaft.

Unsere Eltern sind natürlich nur einer von vielen Faktoren, die dazu führen, dass wir Brillenträger werden, wenn auch meistens der ausschlaggebendste. Außer dem, was sie unsere Erziehung nannten, durchliefen oder durchlaufen die meisten von uns das sogenannte Bildungssystem und bekommen in der prägendsten Zeit unseres Lebens Unterricht von Lehrern, von denen viele selbst Brillenträger sind. Den Rest erledigen das soziale Umfeld und die Medien. Aus der Summe dieser Faktoren entstehen in der Regel eine ganze Reihe an Glaubenssätzen, die wir nichtsahnend inhalieren und todernst nehmen. Zum Beispiel:

– Ich sollte …
es zu etwas bringen, mehr in meine Rentenkasse einzahlen, spiritueller sein, immer erreichbar sein, mehr Sport treiben, besser aussehen, mich finden, heiraten, viel wissen, gesünder essen, viel lernen, abnehmen, zunehmen, das Masterstudium machen, nicht mit »Fremden« reden, meine Familie mehr lieb haben, mich mehr anstrengen, immer gut gelaunt sein, x-mal am Tag/in der Woche/im Monat/im Jahr Sex haben, ein Eigenheim kaufen, nicht immer erreichbar sein, weniger rauchen …

– Ich muss …
hart arbeiten, morgens früh raus, mich nach meinem Partner richten, einmal am Tag meditieren, erfolgreich werden, alles geben, immer positiv denken, Yoga lernen, meine Schuld(en) begleichen …

– Ich brauche …
morgens mein Frühstücksei, abends meine Serie, am Wochenende meine Drogen, einen Partner, keinen Partner, mehr Geld, Hilfe, keine Hilfe, meine Ruhe, keine Ruhe, meine Antidepressiva, x-mal im Jahr einen Urlaub …

– Wenn ich erst einmal …
berühmt bin, Millionär bin, eine Villa und einen Ford Mustang habe, abstinent bin, erleuchtet bin, erfolgreich bin, Single bin, Rentner bin, meinen Traumpartner gefunden habe, diesen Job habe, diesen Kurs gemacht habe, glücklich bin …, werde ich ganz sicher so richtig glücklich sein.

– Ich bin ein…
Star, Großstadtmensch, Rebell, Spießer, Millionär, Veganer, Dorfmensch, Langweiler, Strahlemann, Künstler, Beziehungsmensch, Spaßvogel, spiritueller Mensch, Einzelgänger, Pechvogel, Lehrer, Schüler, Bauchmensch, Kopfmensch, Herzmensch, Fußmensch, Handmensch, Nasenmensch, Ohrmensch …

– Ich kann nicht …
kündigen, faul sein, fleißig sein, schwach sein, stark sein, gefühlvoll sein, taff sein, ehrlich sein, lügen, Entscheidungen treffen, nein sagen, ja sagen, alleine sein, in Gesellschaft sein, loslassen, dranbleiben …

– Ohne mein(e/n)…
Auto, Erfolg, Social Media Following, Meinung, Glückskonzept, Ernährungsplan, Freundeskreis, Karriere, Philosophie, Spiritualität, Frau/Mann, Kinder, Heimat, Familie … bin ich nichts.

– Echte Jungs weinen nicht.

– Ein gutes Mädchen ist ein artiges Mädchen.

– Das Leben ist kein Wunschkonzert.

– Ein Indianer kennt keinen Schmerz.

– Was denken die anderen von mir?

Wie verankert Brillen in unserer Gesellschaft sind, können wir beispielsweise daran sehen, dass es selbstverständlich geworden ist, ein Kind zu fragen, was es einmal werden will. Das klingt zwar zunächst recht harmlos. Je nachdem, wie ernst der Fragende die Gedanken nimmt, aus denen seine Worte geformt werden, kann beim Kind jedoch unbewusst der Gedanke gepflanzt werden, dass es offenbar erst einmal etwas werden sollte, bevor es etwas ist. Selbst wenn es deutlich spürt, dass es bereits jetzt schon etwas ist, wird es lernen zu glauben, dass dies offenbar nicht genug ist. Und schon ist sie geboren und beginnt über dem Köpfchen des Kindes zu schweben: die zwar noch kleine, aber schon dunkle Wolke, die wir den Ernst des Lebens nennen.

Wenn wir uns jedoch klarmachen, dass es einem Kind von Natur aus völlig egal ist, was einmal in zehn oder zwanzig Jahren ist und dass wir ihm diese Frage meist nur stellen, weil unsere Brillen uns ständig einreden, dass die Zukunft wichtiger sei als die Gegenwart, erkennen wir, wie sinnlos sie ist. Was für ein Kind zählt, ist nur der jetzige Moment, also beispielsweise das Spiel, das es gerade spielt und von dem es unter Umständen noch nicht einmal weiß, dass es »Spiel« genannt wird.

Lassen wir uns davon inspirieren, erkennen wir, dass Kinder unsere wahren spirituellen Meister sind. Meister, die uns sogenannte Erwachsene ständig dazu einladen, das ganze Eltern- und Erziehungsding mal nicht ganz so ernst zu nehmen und stattdessen mit ihnen eine Partie »Was auch immer« auf der Spielwiese des Lebens zu spielen.

Oft jedoch bleiben wir verängstigt und blind für diese Arglosigkeit. Die gänzlich brillenlose Heiligkeit, die ein Kind von Natur aus an sich hat, ist für uns Brillenträger meist dermaßen unaushaltbar heilig, dass wir uns gezwungen sehen, es lieber ebenfalls ins Unheil zu stürzen, anstatt von ihm zu lernen. Diesen Sturz ins Unheil nennen wir dann zwar Liebe, doch ist es eigentlich ein Akt der puren Selbstgefälligkeit.

Und so greifen wir mit der unserem wertenden Verstand entsprungenen Idee von Bestrafung und Belohnung in den bereits vollkommenen inneren Raum des Kindes ein und verbiegen es heillos in der Annahme, dass es der Herrgott noch nicht gut genug auf die Welt gebracht hat.

So kann es sich unmöglich seiner Selbst bewusst bleiben. Ich wähle an dieser Stelle absichtlich das Wort »bleiben« und nicht »werden«, da man etwas, das man ohnehin bereits ist, unmöglich werden kann. Selbstbewusstsein ist also nichts, das wir uns jemals aneignen könnten, sondern lediglich etwas, an das wir uns erinnern, nachdem wir für eine Weile vergessen haben, dass es niemals weg war.

Ist ein Kind in dieses Vergessen geraten und wird nun langsam älter, sucht es seine Erfüllung gezwungermaßen irgendwo in der Welt und den Menschen darin. Eine Wahl hat es theoretisch natürlich immer, doch praktisch ist es sich dessen in diesem Zustand nicht bewusst, denn ohne Erinnerung an sich selbst ist das Äußere alles, was ihm bleibt. Und so hofft es, durch etwas Äußeres wenigstens irgendwann einmal gut genug, also glücklich zu werden. Da es jedoch ständig an einem Ort und Zeitpunkt nach sich selbst sucht, den es nicht gibt, kann es sich unmöglich selbst gefallen. Also versucht es mit aller Kraft, gefälligst anderen zu gefallen. Doch wird es immer wieder zu spüren bekommen, dass dieser Weg einer endlosen Treppe gleicht, und es muss letztlich scheitern. Der Versuch, seinen Schmerz in der Welt zu lindern, wird zum Weltschmerz. Die Suche nach sich selbst verkommt zu einem einzigen verzweifelten und haltlosen Straucheln. Es ist ein heilloses Spiel, das niemals gewonnen werden kann.

So kann es sein, dass erwachsen gewordene Kinder daran leiden, einen Partner zu haben. Nach der Scheidung leiden sie daran, keinen Partner mehr zu haben. Sie leiden daran, Kinder zu haben. Sind diese dann aus dem Haus, leiden sie daran, keine Kinder mehr zu haben. Und jene, die keine Kinder bekommen können, leiden eben daran. Manche leiden daran, viel zu haben. Wenn alles weg ist, leiden sie daran, wenig zu haben. Viele leiden an ihrer Arbeit und nach der Kündigung an ihrer Arbeitslosigkeit. Manche leiden daran, berühmt zu sein. Manche daran, noch nicht oder nicht mehr berühmt zu sein. Manche fühlen sich ausgebrannt, manche gelangweilt.

Manche leiden daran, Männer zu sein. Manche daran, Frauen zu sein. Manche daran, schön zu sein und es nicht für immer sein zu können. Manche daran, das zu sein, was zuzeit als hässlich erachtet wird.

Mit dieser oberflächlichen Sichtweise ist es ufer- und hoffnungslos, Frieden zu finden. Wenn sich das Kind als Erwachsener allerdings irgendwann einmal daran erinnert, wie es sich einst gefühlt hat, bevor es den Glauben, nicht gut genug zu sein, ernst genommen hat, könnte ihm ein gewaltiges Licht aufgehen.

Ist uns dieses Licht einmal aufgegangen und wir bleiben wach genug, um die Hände vom Lichtschalter zu lassen, verstehen wir tief greifend, dass sogenannte Kinder und sogenannte Erwachsene lediglich mentale Bezeichnungen und in Wirklichkeit ein und dasselbe sind.

Dann erkennen wir, dass alles, was es braucht, bereits längst da ist. Und so können wir unsere ständigen Zwangshandlungen nach und nach einfach sein lassen, ins Vertrauen gehen, entspannen und staunen, was passiert. Ich erinnere an das eingangs beschriebene Badewannengleichnis. Dann merken wir, dass es schon ausreicht, schlicht an*wesen*d zu sein. So wird der Raum unaufdringlich mit Präsenz gefüllt, wodurch auf mühelose Art ein sehr angenehmes Ambiente entsteht, worin alle Wesen wunderbar gedeihen können.

Wahrhaftige Eltern lassen im Optimalfall also schon beim Akt der Zeugung, während der Schwangerschaft und bei der Geburt davon ab, sich künstlich über oder unter ein Kind zu stellen und halten dieses Bewusstsein auch nachhaltig aufrecht. Auch dann, wenn es sich seine Windeln wahrscheinlich nicht selbst wechseln kann. Bei ihnen wird es nicht anders gewesen sein und das wissen sie.

Für die praktischen Dinge des alltäglichen Lebens, wie beispielsweise Windeln wechseln, besteht also auch für wahrhaftige Eltern noch so etwas wie eine Hierarchie. Doch im Herzen spüren sie die Gewissheit, dass dies lediglich für die Oberfläche des gesamten Spiels gilt. Das ist auch jene Ebene, auf der von einem sogenannten *eigenen* Kind gesprochen wird.

In der Tiefe jedoch schwingt stets die allumfassende Gewissheit mit, dass ein Kind in seiner Essenz nichts anderes ist als eine alterslose, von Beginn an völlig unabhängige und absolut gleichwertige Seele.

Und so sind sich wahrhaftige Eltern darüber bewusst, dass das Körperchen eines Kindes zwar durch ihre eigene Körperlichkeit in die irdische Welt kommt, sie auf die ureigene Individualität seiner Seele jedoch keinerlei Anspruch erheben können. Wenn es darum geht, was das Beste für ihr Kind ist, vertrauen sie also einfach seiner Seele mehr als ihren eigenen Gedankenmustern.

Mit anderen Worten: Sie mischen sich nicht in sein seelisches Business ein und zollen ihm dadurch wahren Respekt. Sie wissen, dass ein Kind bereits selbst weiß, wer es ist. Und so erkennen sie, wie sinnlos der mühsame Versuch wäre, es ihm mit den kläglichen Mitteln ihres Verstandes zu erklären. Sie lassen es damit innerlich los und werden frei. Und so wird es das Kind. Auf eine magische Weise erwächst daraus nach und nach eine völlig ungezwungene Atmosphäre und das gemeinsame Leben wird immer angenehmer. Alle profitieren davon. Es ist mühelos gelebte, bedingungslose Liebe. Ein Leben auf echter Augenhöhe.

Greifen wir also gar nicht mehr erst in den heiligen inneren Raum von Kinderseelen ein, lassen Kinder das Ernstnehmen einfach gleich bleiben und surfen stattdessen weiterhin genauso heiter auf der ewigen Nulllinie des puren Daseins durchs Leben, wie sie das eigentlich sowieso vorgehabt hätten. In ihrer Essenz sind Kinder tatsächlich nichts anderes als hauchzarte Blumen, die gemacht sind, um sich selbstständig zu erheben. Anstatt geschüttelt, bedrängt und angefasst zu werden, brauchen sie lediglich eine unaufdringliche und freundliche Atmosphäre als Licht und vielleicht manchmal ein paar wohldosierte Hinweise für die praktischen Angelegenheiten des Lebens als Wasser, um im Einklang mit sich und der Welt spielend erblühen zu können. Mehr ist nicht vonnöten.

Kindererziehung ist wie ein Hundert-Meter-Lauf. Wer den Start verpennt, kann's eigentlich gleich bleiben lassen, denn wie gesagt: Die Kunst des Bleiben-Lassens ist es, worum es im Urlaub geht. Und mit bleiben lassen ist an dieser Stelle nicht gemeint, beispielsweise das gute alte Gejammer an der Supermarktkasse einfach zu ignorieren und »liebevoll« wegzugrinsen, während die Emotionen hinter der Fassade hochkochen.

Mit bleiben lassen ist vielmehr gemeint, jedes nervöse, beschämende und wütende Chaos in uns schon direkt bleiben lassen zu können, bevor es überhaupt ein solches ist. Gelingt uns das, erwächst aus dieser Gelassenheit ohne nachzudenken eine Handlung, die aus der Souveränität wahrer Liebe hervorgeht und damit automatisch optimal für die Situation ist. Handlung, die völlig gegenwärtig ist und einfach geschieht, weil sie einer über jeden Zweifel erhabenen, inneren Gewissheit entspringt.

Wer sich übrigens gerade über sich selbst ärgert, weil er glaubt, es schon längst vermasselt zu haben, sei beruhigt. Das Schöne ist, dass die Kraft dieser Erkenntnisse wie ein Schwamm über alle Schatten der Vergangenheit wischt. Ganz egal, was sich früher einmal ereignet hat. Ganz egal, wie lange es her ist, und ganz egal, wie tief die Wunden zu sein scheinen. Da nur der jetzige Moment existiert, kann es unmöglich für irgendetwas zu spät sein. Alles, was bleibt, ist stets die selige Gegenwart. Und damit ist alles gut.

Die Kinder mögen dann für eine Weile zwar immer noch einige Glaubenssätze mit sich herumtragen, doch werden diese nach und nach ganz von selbst verblassen und sich schließlich vollends in Wohlgefallen auflösen, sobald die neue Ausstrahlung der Eltern sanft zu wirken beginnt. Andersherum ist dies selbstverständlich auch möglich.

Es ist also immer noch so, als ob wir in eine Welt geboren wurden, in der uns eine Horde Blinder so gut sie konnten versucht haben, zu erklären, wie Farben aussehen. Wir konnten daher gar nicht anders, als auch erst einmal blind zu werden. Doch wir haben die Wahl, ob wir blind *bleiben* wollen oder nicht. Wir haben die Wahl, etwas als gottverlassenes Schicksal oder als Einladung in die Wachheit des echten Lebens anzusehen. Wir haben die Wahl, zu erkennen, dass wir nicht die Sklaven der Umstände und dazu verdammt sind, vollends in unserem Elend dahinzusiechen. Wir haben die Wahl, wieder Sehende werden. Zu jeder Zeit. Denn jede Zeit ist immer jetzt.

Du hast in diesem Kapitel nun einiges erfahren. Du hast dich mit dem Unterschied von Schmerzen und Leiden beschäftigt. Du weißt, dass die allermeisten von uns noch Brillen tragen, und auch, welchen Ursprung diese haben. Du hast gelernt, was Emotionen von wahrhaftigen Gefühlen unterscheidet und nachvollzogen, wie sich unsere Brillen auf die Gesellschaft und Kinder auswirken. Du bist um einiges schlauer geworden.

Doch drängt sich vielleicht die Frage auf: Wollen wir im Urlaub schlauer werden oder glücklicher? Stimmt. Wissen können wir viel. Zum Beispiel, dass es nicht darum geht, etwas zu wissen.

Lass uns mit unserem Boot der Aufmerksamkeit also nun dorthin paddeln, wo es wirklich interessant wird: ins Erfahren. Dazu ist allerdings eine bestimmte, kleine Sache erforderlich, um die du nicht herumkommen wirst. Du ahnst es sowieso schon. Du wusstest, dass es kommen würde. Erinnere dich: Es gibt auf unserer Bootsreise nur den Weg nach vorn. Alles Wissen und Verstehen hilft dir nun nicht mehr.

Um ein Sehender zu werden, ist es erforderlich, todesmutig in die tiefsten und verborgensten Abgründe deiner noch tieferen und verborgeneren Ängste hinabzusteigen. Sie sind das Einzige, was dich noch davon abhält, deine Brille einfach abzunehmen. Sie sind die letzte Bastion, die dich noch von dir selbst trennt.

Das Leben ist ein Videospiel und du bist gerade dabei, den letzten Level zu betreten. Hast du ihn durchwandert, wartet er auf dich: der Endgegner des gesamten Spiels. Der Oberboss überhaupt. Der Unaussprechliche. Siehst du den dunklen Schlund, der sich vor dir auftut? Ganz genau, da gilt es nun hineinzuspringen. Es gibt kein Zurück mehr. Der große Showdown ist jetzt gekommen. Wann auch sonst?

Bereit? Nein? Okay, los geht's … Und HOPP!

4 Etwas Sympathie

Die Geschichte vom Grips und der Seele

*E*s waren einmal der Grips und die Seele. Die beiden waren beste Kumpels und machten einfach alles miteinander. Sie waren ein tolles Team und erlebten viele Abenteuer zusammen. Die Seele mochte den Grips sehr und war immer wieder fasziniert davon, was der so alles wusste. So genoss sie es, immer wieder seinen Erzählungen zu lauschen, wenn er aus seiner Bibliothek vorlas.

Er war ein recht redseliger Geselle und schien über einen unerschöpflichen Fundus an allerlei Erzählungen zu verfügen. Auch er war sehr froh darüber, dass die Seele seine beste Freundin war, denn in ihr hatte er eine tolle Zuhörerin für all seine Geschichten gefunden. Es war für ihn ohnehin einfach schön, sie um sich zu haben.

Eines Tages bemerkte der Grips ein kleines Eichhörnchen, das wohl neu im Wald war. Er hätte es gern begrüßt, doch war es wohl recht schüchtern und dazu sehr schnell, sodass er es nie zu fassen bekam. Doch er machte sich nichts weiter draus.

Allerdings bemerkte er mit der Zeit, dass er, immer wenn er nicht bei seiner Freundin, der Seele war, etwas traurig wurde. Es war, als konnte er nicht ohne sie sein. Davon umgetrieben, nahm er eines Tages all seinen Mut zusammen und berichtete der Seele davon. Er fragte sie, ob es ihr gleich ergehe.

Darauf antwortete ihm die Seele, dass ihr das zwar sehr schmeichele, sie aber, wenn sie ehrlich sei, sagen müsse, dass sie einfach immer glücklich sei, weil das Leben doch so schön sei.

Das nahm der Grips so hin, wurde dadurch aber noch trauriger und traf sich deswegen nicht mehr so oft mit der Seele.

Dass die Seele ihn nicht für ihr Glück brauchte so wie er sie, ärgerte den Grips mehr und mehr, sodass er neidisch auf sie wurde und sich bald gar nicht mehr mit ihr traf. So verbrachte er seine Zeit fortan alleine in seinem Haus, indem er jeden Tag ein neues Buch las. Wenn er allerdings ehrlich war, war das lange nicht so schön, als wenn er jemandem vorlas.

Eines bitterkalten, regnerischen Abends klingelte es plötzlich an der Tür des Gripses. Es war das kleine Eichhörnchen, das pitschnass war, denn es war vor dem großen Regen nicht mehr nach Hause gekommen. Es war ganz schüchtern, doch bat es den Grips um Obdach für eine Nacht.

Da tat es ihm leid und er gewährte dem Eichhörnchen für eine Nacht Unterschlupf in seinem Hause. Dieses war ihm sehr dankbar und genoss die Wärme des Ofens und die Gesellschaft des Gripses. Dieser zeigte dem Eichhörnchen seine große Buchsammlung und las ihm so einiges Interessantes daraus vor. Nachdem er nun lange Zeit alleine gewesen war, freute ihn das sehr, denn auch das Eichhörnchen war ein toller Zuhörer und fand die vielen Geschichten, die der Grips zu erzählen hatte, ganz großartig.

Am nächsten Morgen war der große Regen vorbei und die Natur leuchtete in den goldenen Strahlen der Morgensonne. Da wurde der Grips wieder etwas traurig, da er wusste, dass sein neuer Freund, das Eichhörnchen, sicher bald wieder zu sich nach Hause gehen würde. Und als hätte das Eichhörnchen das gespürt, sagte es zum Grips, dass es seine Gesellschaft sehr genossen habe und dass seine Familie zurzeit verreist sei. Und so fragte es ihn, ob es nicht noch einen Tag und eine Nacht bleiben könne, sodass der Grips ihm noch mehr interessante Geschichten erzählen könne. Da freute er sich sehr und gewährte dem Eichhörnchen noch einen Tag und eine Nacht in seinem Hause.

Und es verging Tag um Tag und es passierte, dass der Grips und das Eichhörnchen die besten Freunde wurden und das Eichhörnchen beim Grips wohnte. Für ihn bedeutete dies zwar etwas mehr Arbeit, da das Eichhörnchen auch ein bisschen faul war und immer einen großen Appetit hatte, doch war das kein Problem für ihn, da er es schätzte, einen neuen besten Freund gefunden zu haben.

Nach einigen Wochen trauter Zweisamkeit fragte er das Eichhörnchen, ob es denn schon etwas von seiner verreisten Familie gehört habe. Da sagte es, dass seine Familie ihm geschrieben habe, dass es dort, wo sie gerade sind, so schön sei, dass sie noch etwas länger blieben. Für das Eichhörnchen sei das aber nicht schlimm, da es ja jetzt den Grips als besten Freund habe.

Das freute den Grips ehrlich gesagt ein bisschen, weil er wusste, dass er so noch länger nette Gesellschaft haben würde. So verging Woche um Woche.

Eines Abends saßen die beiden wieder vor dem Ofen und der Grips las dem Eichhörnchen eine Geschichte aus einem seiner Bücher vor. Doch an diesem Abend war es irgendwie nicht so aufmerksam wie sonst. Also fragte der Grips es, wo ihm der Schuh drücke.

Da wurde das Eichhörnchen ganz traurig und weinte und gestand dem Grips, dass es nicht die Wahrheit gesagt habe. Der war betroffen. Dem Eichhörnchen fiel es nicht leicht, doch erzählte es dem Grips, dass es ihn angelogen habe und seine Familie gar nicht verreist sei. In Wirklichkeit sei nämlich seit ein paar Wochen die Luft in der Natur so schlimm verpestet, dass all jene, die sich zu lange darin aufhielten, qualvoll ersticken müssten und dass es seiner Familie genauso ergangen sei. Wer allerdings in seinem Hause bleibe, dem geschehe nichts.

Das Eichhörnchen weinte bitterlich und schluchzte, dass es niemanden mehr habe auf der Welt außer den Grips.

Da flossen auch bei ihm jämmerlich die Tränen und er umarmte das Eichhörnchen und tröstete es. Als sich beide wieder beruhigt hatten, erklärte ihm das Eichhörnchen noch, dass kaum jemand von der verpesteten Luft wisse, damit keine Panik ausgelöst würde. Diejenigen, die zu lange in der Natur seien, würden leider ohnehin daran sterben, weil die Verpestung mittlerweile wirklich schlimm sei. Da staunte der Grips und fragte, woher es denn dann das Eichhörnchen wisse. Das erklärte, dass ihm ein anderes Eichhörnchen davon erzählt habe, dessen Vater ein Wissenschaftler sei und die nötigen Geräte besitze, um die Verpestung der Luft zu messen.

Das alles zu hören, war nicht leicht für den Grips, denn

mit so etwas hatte er nie im Leben gerechnet. Gleichzeitig war er aber froh, zufällig das Eichhörnchen getroffen zu haben, das ihm mit diesen wichtigen Informationen das Leben gerettet hatte.

Und so blieb den beiden Freunden nichts anderes übrig, als sich die Zeit im Hause des Gripses so schön wie möglich zu machen. Auch das Eichhörnchen schien sichtlich erleichtert, dass die Wahrheit nun ausgesprochen war.

So zogen die Jahre ins Land. Den beiden wurde zum Glück nicht langweilig, denn die Geschichten des Gripses schienen unerschöpflich. Und da er stets auf alles vorbereitet war, weil er Sicherheit schätzte, hatte er zum Glück auch einen riesigen Essensvorrat für viele, viele Jahre im Keller. Mit der Zeit merkte er allerdings, dass das Eichhörnchen während seiner Lesestunden nicht mehr ganz so aufmerksam zuhörte wie früher. Außerdem half es immer weniger im Haushalt und aß meistens den Großteil der Leckereien, die der Grips täglich zubereitete. Es war mittlerweile sogar ganz dick geworden.

Eines schönen Tages wurde der Grips auf einmal ganz wehmütig, da er die Natur sehr vermisste. Als das Eichhörnchen gerade zu Abend aß, schlich er zur Tür und nahm ohne Nachzudenken die Klinke in die Hand, weil ihn die wunderschöne Sommersonne förmlich hinauszog.

»Haaaaalt!«, schrie da das Eichhörnchen empört und jagte dem Grips einen riesigen Schrecken ein. Daraufhin schimpfe es böse mit ihm und fragte ihn, ob er denn vergessen habe, dass die Luft verpestet sei und ob er sie beide umbringen wolle. Er würde sowieso kein Leben mehr da

draußen finden, da die Natur, so schön sie auch immer noch wirke, wegen der mittlerweile hochgiftigen Luft völlig unbelebt sei.

Da kam der Grips zur Besinnung und entschuldigte sich aufrichtig beim Eichhörnchen. Dieses winkte ab, während es gierig den letzten Rest des Essens verschlang.

An diesem Tag schrieb sich der Grips hinter die Ohren, dass er so einen unüberlegten Fehler nie wieder begehen würde. Und er nahm sich fest vor, nie wieder auch nur daran zu denken, hinaus in die Natur zu gehen.

So zogen weitere Jahre ins Land. Mittlerweile war der Grips ganz dünn und hager geworden, da er dem Eichhörnchen immer mehr hinterherräumen musste und es mittlerweile fast das ganze Essen, das der Grips nach wie vor täglich mit viel Aufwandt zubereitete, alleine aß.

Und weil es mittlerweile noch dicker geworden war, hatte es immer weniger Lust, dem Grips im Haushalt zu helfen. Stattdessen kommandierte es ihn nur noch forsch herum. Auch kam es so, dass es mit der Zeit immer weniger Abende gab, an denen er dem Eichhörnchen seine Geschichten erzählen durfte. Und wenn dies doch einmal geschah, war es kaum mehr interessiert daran. Es unterbrach ihn dann oft und sagte, dass es zu müde sei, um weiter zuzuhören und dass seine Geschichten langsam langweilten.

Eines Abends, als das Eichhörnchen eingeschlafen war, nachdem es dem Grips fast das ganze Essen weggefressen hatte und er hungrig auf seinem Stuhl saß, wurde er plötzlich sehr, sehr unglücklich. Da ging er in sein Zimmer, verkroch sich in sein Bettchen und weinte bitterlich. Das

Eichhörnchen wachte davon auf und lachte nur über den Grips. Es sagte zu ihm, dass er ein Weichei sei und dass er, anstatt zu weinen, ihm lieber etwas kochen solle, da es Hunger habe.

In diesem Moment der tiefsten Traurigkeit, als er nicht mehr ein noch aus wusste, fiel dem Grips seine alte Kindheitsfreundin, die Seele, ein. Er hatte sie gänzlich vergessen gehabt. Doch erinnerte er sich nun wieder an sie und das löste in ihm ein so unglaubliches, unbeschreibliches Gefühl aus, dass selbst er es nicht in Worte hätte fassen können. Seine Tränen der Traurigkeit verwandelten sich in diesem Moment in Freudentränen und er spürte, ohne dass er wusste warum, was er zu tun hatte. Und so schloss er sich einfach in seinem Zimmer ein und verbrachte darin alleine den Abend.

Das fette Eichhörnchen wurde daraufhin fuchsteufelswild, schrie herum und schlug unaufhörlich gegen die Tür. Das machte dem Grips natürlich gehörig Angst, doch war das Gefühl, dass die Erinnerung an seine alte Freundin ausgelöst hatte, stärker als seine Angst. Das Eichhörnchen wurde immer wütender und wütender und fing an, das gesamte Haus zu verwüsten. Es schlug alles Hab und Gut kaputt und verbrannte sogar seine liebgewonnene Büchersammlung in einem großen lodernden Feuer. Furchteinflößendes Geschrei und wahnwitziges Gelächter schallten durch das ganze Haus, während das Eichhörnchen es in einem Rausch der Bosheit völlig zerstörte.

 Während dieses Unheils zog sich der Grips nur seine Decke über den Kopf und wartete.

Irgendwann wurde es schlagartig leiser im Haus. Das Getöse hörte auf, das markerschütternde Gelächter verstummte. Offensichtlich war das Eichhörnchen müde geworden. Und so konnte auch der Grips endlich schlafen.

In dieser Nacht schlief er so friedlich und fest, wie seit vielen, vielen Jahren nicht mehr. Am nächsten Morgen wachte er ebenso friedlich auf. Geweckt wurde er von den ersten Sonnenstrahlen des neuen Tages, die durch das Fenster zart auf sein Gesicht fielen.

Er stand auf und blieb noch eine Weile an der verschlossenen Tür stehen, um zu lauschen, ob das Eichhörnchen wach war. Nachdem einige Minuten nichts zu hören war, öffnete er vorsichtig die Tür und ging ins Wohnzimmer. Was er dort sah, war eine Schneise der Verwüstung. All sein Hab und Gut lag in Trümmern und Scherben herum und in der Mitte des Raumes war ein riesiger Aschehaufen von einem Feuer, mit dem das Eichhörnchen all seine Bücher verbrannt hatte. Vom Eichhörnchen selbst fehlte jede Spur.

Plötzlich fiel ihm auf, dass die Haustür das erste Mal seit vielen Jahren offenstand. Ohne darüber nachzudenken und wie ferngesteuert lief er hinaus und vernahm das erste Mal wieder eine leise Sommerbrise auf seiner Haut. Das Gras kitzelte an seinen Füßen und er hörte die Vögel zwitschern und auch alle anderen Tiere des Waldes. In diesem Moment war er so glücklich wie noch nie zuvor in seinem Leben. Sein ganzes Haus und alle seine Bücher waren zerstört, doch machte ihm das überhaupt nichts aus.

Noch einmal lief er zurück in sein Wohnzimmer und ließ seinen Blick schweifen. Er traute seinen Augen zunächst nicht, als er mitten im riesigen Aschehaufen zwei kleine

Hufeisen fand. Eine kleine Besonderheit des Eichhörnchens war es nämlich gewesen, dass es Hufe statt Pfoten hatte. Warum das so war, das wusste selbst der Grips nicht. Er nahm die bloßen Hufeisen aus der Asche und ihm wurde klar, dass sich das Eichhörnchen im Feuer selbst verbrannt haben musste.

Daraufhin ließ er diese furchtbare Verwüstung einfach hinter sich und lief los. Er lief und lief und konnte es kaum fassen, wie schön alles war. Die Farben strahlten und die Düfte schmeichelten seiner Nase. Es gab nichts, was er in diesem Moment vermisste. Während er so durch die Wälder und Felder streifte, war es für ihn, als sei er gerade gestern hier gewesen. Da kam er irgendwann an einen Hügel, von dem er wusste, dass seine alte Freundin, die Seele, dort früher gewohnt hatte. Nun war er auf einmal ganz aufgeregt und hoffte sehr, irgendein Anzeichen von ihr hinter dem Hügel entdecken zu können. Langsam und zaghaft schaute er über die Kante und konnte es kaum glauben. Die Seele saß, wie sie das immer schon getan hatte, in ihrem Liegestuhl in der Sonne, las gerade eine Zeitschrift und amüsierte sich köstlich.

Schnell rannte er zu ihr und fiel ihr in die Arme. Die beiden herzten sich und der Grips fragte die Seele, wie es ihr gehe. Sie sagte, dass sie sich wie immer pudelwohl fühle. Dass sie sich nur gewundert habe, wo ihr Kumpel, der Grips, auf einmal abgeblieben sei.

Da winkte er nur kurz ab und sagte: »Ach, nicht so wichtig.«

Und so kam wieder zusammen, was zusammengehörte. Und zum ersten Mal im Leben des Gripses bedurfte es der

Worte bald nicht mehr. Es war nicht so, dass er nichts mehr zu erzählen gehabt hätte, jedoch bemerkte er, dass für diesen Moment alles gesagt war. Und so saßen die beiden alten Freunde während dieses magischen Abends einfach nur in seliger Stille beieinander und beobachteten gemeinsam einen wunderschönen Sonnenuntergang. Und als sie da so saßen und es schon dunkel wurde, raschelte es plötzlich leise im Gebüsch neben dem Grips. Wortlos schaute er hin.

Was er dort erblickte, war so schrecklich, dass selbst wenn es möglich wäre, es mit Worten zu beschreiben, es niemand wagen würde, diese jemals in den Mund zu nehmen. Blanke Panik ergriff den Grips. Es war das unversehrte, fette, kleine, gehufte und nun auch gehörnte Eichhörnchen, das ihn durchs Gebüsch mit aufgerissenen, blutunterlaufenen Augen und einer von schierem Wahnsinn und ewigem Unheil erfüllten Fratze unsagbar garstig und rotzfrech angrinste, während es seine beste Freundin, die Seele, in einem ungeheuerlichen Akt der Boshaftigkeit in sich einsog.

Eine Welle des nackten Entsetzens, der bodenlosen Verzweiflung und der schieren Machtlosigkeit fuhr ihm daraufhin in der markerschütterndsten aller Weisen durch alle Glieder seines geschundenen Leibes. Die Pein in diesem Augenblick war so unaushaltbar zermürbend für den Grips, dass er sich ihr kampflos auslieferte und daran sterben musste.

Das Ende

Das Ende? Wo das Wesentliche in uns doch unvergänglich ist? Stimmt. Weiter geht's …

Nach seinem bitterlichen Tode fand sich derjenige, der vor seinem Tod noch der Grips gewesen war, an einem Ort wieder, der dem, an dem er gestorben war, irgendwie ähnelte. Die Seele war da. Und auch der Hügel, auf dem die beiden Freunde saßen. Der Wald und die Tiere darin waren zu vernehmen und ja, auch der Sonnenuntergang am Horizont war da. Doch irgendwie hatte sich etwas Grundsätzliches verändert. Es war so, als würde er all dies nun erst wirklich sehen. Ganz so, als ob er die Dinge noch nie zuvor geschaut hatte. Nicht auf diese lebendige Weise, wie er es jetzt tat. Und so ahnte er, dass er die Welt bisher immer nur angeschaut hatte, wohingegen er sie nun regelrecht durchschauen konnte. Gerade so, als ob er davor nie mit ganzem Herzen hingesehen hatte. Und so strahlten die Farben am Himmel in einer Pracht, die jenseits all seiner Vorstellungen lagen. Die Geräusche des Waldes erklangen in einer solchen Klarheit, dass es ihm vorkam, als höre er sie zum ersten Mal in seinem Leben. Es lagen eine Erhabenheit und ein stiller Frieden in der Luft, sodass er hätte meinen können, ihn förmlich (be)greifen zu können. Begeistert von dieser Herrlichkeit schaute der Grips hinüber zur Seele. Ihre Augen lachten herzlich und zwinkerten ihm allwissend zu. Daraufhin wurde sein Blick ganz wie von alleine auf die andere Seite, ins Gebüsch geführt. Und da sah er das kleine, wiedererschlankte Eichhörnchen, wie es, so wie er selbst und die Seele auch, einfach nur dasaß und mit friedlich-schüchternem Blick durch die Blätter des Busches in die Schönheit des Sonnenuntergangs schaute.

Da rollten ihm Tränen der Freude über die Wangen und Dankbarkeit erfüllte sein Herz. Er hatte »es« nun begriffen.

Das Ende (der Geschichte)

Kurze Verschnaufpause …

Und die Moral von der Geschicht'?

Vielleicht: Der Teufel ist ein Eichhörnchen? Wie auch immer, irgendwie scheint es den Teufel jedenfalls zu geben. Denn wenn nicht, wäre ja schon alles paletti. Und, machen wir uns nichts vor, das ist es nicht. Nicht immer, oder doch?

Natürlich – es könnte durchaus sein, dass dir die Gnade tatsächlich bereits zuteilwird, ein Leben ohne jegliche Ängste zu führen und im Himmel auf Erden zu wandeln. Vermutest du, dass dem so ist, kannst du folgendermaßen überprüfen, ob es stimmt:

Frage dich einfach, ob du wirklich weißt, wer du bist. Solltest du merken, dass du Schwierigkeiten mit dieser Frage aller Fragen hast, zeigt dir dies auf, dass es noch etwas zu entdecken gibt. Mit Schwierigkeiten meine ich an dieser Stelle übrigens nicht die Unfähigkeit, es auszudrücken, denn kein Mensch der Welt kann mit Worten zur Gänze formulieren, wer er ist. Mit Schwierigkeiten meine ich eher, dass du nach längerem, ehrlichem Sinnieren schwierige innere Empfindungen in dir wahrnehmen kannst. Je feinfühliger du wirst, desto mehr wirst du merken: Je öfter, radikaler und mutiger du in*frage* stellst, wer du nach Meinung deines Verstandes bist, desto mehr Ver*antwort*ung übernimmt automatisch dein wahres Wesen. So wird dir mehr und mehr bewusst: Tief in dir wohnt eine sehr weise und umfassende Klarheit, die dir letzten Endes einfach alle deine Fragen beantwortet.

Wenn du also glaubst, bereits im Himmel auf Erden

zu sein, bist du's noch nicht. Erst wenn du es weißt, bist du es. Dann musst du an nichts mehr glauben. Keine weiteren Fragen.

Vielleicht bist du aber auch der Meinung, derartig große Ängste zu haben, dass du ein hoffnungsloser Sonderfall bist, dem nicht mehr geholfen werden kann. Dann erinnere dich bitte daran, dass du, wenn du es einmal betrachtest, wie es ist, im Moment nichts anderes tust, als für eine Weile ein paar bedruckte und ziemlich ungefährliche Blätter Papier anzuschauen.

Wollen wir also einfach einmal die Vermutung aufstellen, dass es ihn gibt, den Unaussprechlichen. Den Verwirrer. Den Durcheinanderwerfer. Den Entzweier. Den Verleumder. Den Teufel. Irgendetwas ist es jedenfalls, das uns immer wieder lockt und blitzschnell in Versuchung führt, sodass wir unserer Wahrhaftigkeit beraubt werden, ohne es zu merken. Etwas, das uns unterschwellig weismacht, dass wir besser dran sind, wenn wir uns von der Ganzheit unserer Seele abwenden und unsere Erfüllung stattdessen lieber in seinen Fängen suchen. Etwas, das uns heimtückisch in einen Abgrund des Dämmerschlafes stürzt und die mächtige Kraft der Angst benutzt, um uns möglichst für alle Zeiten an sich zu binden.

Vom nie enden wollenden Lärm unserer aufgescheuchten Gedanken und Emotionen völlig übertönt, scheint unsere Seele derweil ein Schattendasein zu führen und es wirkt so, als sei sie nicht mehr anwesend. Wie auch die Sonne hinter der Wolkendecke ist sie in Wirklichkeit natürlich immer da und verliert auch niemals etwas von ihrer Strahlkraft.

Diese Information bringt uns jedoch wenig, wenn wir gerade in den diabolischen Fängen des Zwielichts verstrickt sind.

Wie also, um alles in der Welt, können wir uns davon befreien? Wie können wir den Teufel besiegen?

Wie wäre es damit, einfach all unseren Ängsten zu begegnen? Immerhin sind sie ja seine ultimative Waffe. Wenn wir ganz bewusst immer nur noch genau die Dinge tun, die uns Angst machen, könnten wir es vielleicht schaffen, die Waffe des Teufels zu entschärfen. Wir könnten ihm dadurch zeigen, dass sie bei uns zumindest ein Stück weit wirkungslos ist, und ihm dann frech ins Gesicht grinsen. Irgendwann könnten wir so vielleicht all unsere Ängste überwunden haben, sodass der Teufel erkennen muss, dass wir stärker sind als er, sodass er sich letzten Endes geschlagen gibt. So könnten wir den Himmel vielleicht doch noch auf die Erde holen und ihn endlich feierlich beginnen – unseren permanenten Urlaub. Bis dahin könnten wir uns zu regelrechten Angstjägern entwickeln und es uns gönnen, uns von nun an immer genau dort hinzuwagen, wo es noch zwickt. Denn wo nichts mehr zwickt, ist ja schon alles komfortabel.

Und wenn wir dann erst einmal all unseren Ängsten begegnet sind, werden wir unsere Komfortzone auf das gesamte Universum ausgedehnt haben. Klingt das nicht erhaben? Oh ja, das tut es.

Wir könnten also die Unverschämtheit aufbringen, die Frage »Warum nicht?« schlicht nicht mehr zu beantworten. Unsere Brillen brillieren an dieser Stelle zwar stets mit einem scheinbar nie versiegenden Fundus an Antworten und Ausreden. Doch könnten wir sie jederzeit mit einem gepflegten »Leck mich!« in die Schranken weisen.

Und sollten wir Rückschläge auf diesem Weg erleben, könnten wir es uns erlauben, sie nicht als Bestätigung unserer Angst zu sehen, sondern stoisch bei unserer inneren Haltung bleiben und den Weg des Angstjägers tapfer weitergehen. Vielleicht könnten wir uns so eine Extrarunde durch die Hölle ersparen und irgendwann tatsächlich in den Himmel auf Erden eintreten.

So könnten wir beispielsweise:
- einen Bungeesprung machen, wenn wir Höhenangst haben
- fliegen, wenn wir Flugangst haben.
- auf ein möglichst großes Konzert gehen, wenn wir Angst vor großen Menschenansammlungen haben.
- eine Spinne auf die Hand nehmen, wenn wir Spinnenangst haben.
- zum Zahnarzt gehen, wenn wir vor ihm Angst haben.
- in eine öffentliche Sauna gehen, wenn wir uns für unseren Körper schämen.
- allein daheim bleiben, während alle unsere Kumpels auf der Party des Jahres sind, wenn wir Angst haben, etwas zu verpassen.
- mit all unseren Kumpels auf die Party des Jahres gehen, wenn wir Angst vor Menschen haben.

- weniger arbeiten, wenn wir Angst davor haben, »es nicht zu schaffen« oder »es zu nichts zu bringen«.
- Single bleiben, wenn wir Angst vor Einsamkeit haben.
- uns binden, wenn wir Angst haben, verletzt zu werden.
- etwas ändern, wenn wir Angst vor Veränderung haben.
- nichts ändern, wenn wir Angst vor Stagnation haben.
- uns umbringen, wenn wir Angst vor dem To…

Hoppla … hmm … oder nicht? Immerhin ist die Angst vor dem Tod ja die allem zugrunde liegende. Das wäre doch sicher praktisch, denn so hätten wir auf einen Streich gleich auch alle anderen Ängste los. Das wäre auch nicht so aufwändig wie diese langwierige Ängstejagd. Denn jetzt mal ehrlich: Es klingt ganz und gar nicht nach Urlaub, diese vielen Ängste ewig lang abzuklappern. Bis man da mal fertig ist …

Andererseits hätte Selbstmord zugegebenermaßen auch den kleinen Nachteil, dass wir unser Leben gar nicht mehr so richtig genießen können, wenn wir tot sind. Zumindest dieses nicht. Und ob wir unsere Probleme im nächsten dann wirklich komplett los sind, können wir auch nicht mit Sicherheit sagen. Wie unpraktisch.

Tja, und jetzt? Irgendwie scheinen wir in einer Zwickmühle zu sein.

Bringen wir sie zum Malen …

Showdown, Baby!

Ich möchte es nicht verheimlichen: Wir sind auf unserer Reise kurz vor der herausforderndsten aller Stromschnellen angekommen. Daher könnte es im Folgenden gut möglich sein, dass du in schwerwiegende Turbulenzen kommst. Ich empfehle dir daher, dein Boot beim Lesen durch größte Aufmerksamkeit und volle Hingabe so stabil wie möglich zu halten. Es wird kein Zuckerschlecken. Ich möchte ehrlich sein. Das Kommende gleicht einem Himmelfahrtskommando. Deine Überlebenschancen sind spärlich. Ich weiß, dass ich dir das zu Beginn unserer Reise so nicht gesagt habe. Aber dann wärst du bestimmt gar nicht erst mitgekommen. Verdamme mich, wenn du willst. Jetzt hilft es nichts mehr. Ich kann für nichts mehr garantieren. Doch auch wenn es paradox klingt: Solltest du das Tal vor dir tatsächlich irgendwie überleben, bist du übern Berg. Auf geht's!

Nach Hause kommen

Stelle dir dich selbst als ein Haus vor. Die Zimmer, aus denen du bestehst, darfst du in deiner Vorstellung nun mit all jenen Aspekten deines Lebens füllen, die für dich von Relevanz sind. Relevanz sowohl angenehmer als auch unangenehmer Art.

Das Wohnzimmer könnte beispielsweise für deine Familie stehen. Das Schlafzimmer für deinen Partner. Das Kinderzimmer für deine Kinder. Das Büro für deinen Job. Der Partyraum für deine Freunde. Der Hobbyraum für deine Heiligtümer. Die Küche und das Bad für deinen Körper. Weitere Zimmer könnten stehen für deinen Besitz, deine Werte, deine Philosophie, deine Spiritualität, deine Stärken, Fähigkeiten und Talente, deine Schwächen, Fehler und Unzulänglichkeiten, deine Erfolge und Misserfolge, all deine schönen und unschönen Erinnerungen und Erfahrungen, deine Pläne, Ziele, Visionen und Träume, deine Nationalität, deine Kultur, deine Ethnie, dein Geschlecht und dein Alter.

Du darfst aus so vielen Zimmern bestehen, wie du möchtest. Deiner Vorstellungskraft sind keine Grenzen gesetzt. Gehe in aller Ruhe und Achtsamkeit vor und bewege dein Bewusstsein von Zimmer zu Zimmer in dir. Es gibt keine Eile. Visualisiere und sinniere eine Weile bildhaft darüber. Nehme Raum für Raum wahr in dem Haus, das du bist. Wie sieht es darin aus? Wie fühlt es sich an? Wie riecht es? Was hörst du? Wer begegnet dir? Wie unterscheiden sich die Stimmungen in den verschiedenen Zimmern voneinander? Gibt es auch so etwas wie Unbehagen, das sich hier und da meldet? Scheinen einige Zimmer vielleicht etwas unordentlich oder schmutzig zu sein, wenn du genau nachschaust? Nimmst du, wenn du ganz ehrlich bist, die Tendenz wahr, manche Türen in dir lieber öffnen zu wollen als andere, weil manche Räume einfach sauberer, aufgeräumter, behaglicher und sicherer wirken? Vielleicht gibt es auch so manches Zimmer, dessen Türe du am liebsten gar nicht erst öffnen würdest, weil du weißt, dass es vor Dreck und Chaos regelrecht überquillt?

Spüre jetzt hinein. Nimm dir ruhig einige Zeit dafür.

Höchstwahrscheinlich wird es so sein, dass du nicht jede Tür in dir gleich gern öffnest, nicht wahr? Das ist okay, denn der Schmutz und die Unordnung, die manche Zimmer einfach ungemütlich machen, sind deine Ängste. Und kein Haus der Welt kann jemals absolut lupenrein sein.

Du als das bewusste und lebenswillige Haus hast dich jedoch nun dafür entschieden, einen allumfassenden Hausputz durchzuführen, denn du hast eine Mission – den Sieg über den Teufel. Du hast dich also zum tapferen Angstjäger auserkoren und machst es dir nun zur Aufgabe, möglichst all deine Ängste regelrecht wegzuwischen. Du weißt zwar, dass das erst einmal kein Urlaub sein wird, doch weißt du auch: Der wird kommen.

Und auch wenn du weißt, dass kein Haus der Welt jemals absolut lupenrein sein kann, ist dein Ziel dennoch, den Schmutz in dir wenigstens zu neunundneunzig Prozent zu beseitigen. Und wer weiß, vielleicht wischst du das letzte verbleibende Prozentchen dann ja auch noch weg. Das bist du dir einfach wert. Es war nun lange genug chaotisch und dreckig in dir. Immerhin bist du das Haus. Wäre es da nicht eine Schande, wenn du dich vor lauter Angst so manchem Teil von dir nicht mehr öffnen könntest?

Oh ja, das wäre es. Daher verlierst du keine Zeit und legst los. Du ziehst in den Kampf gegen den Teufel. Du weißt, dass es Angenehmeres gibt, doch weißt du ebenso, dass es nichts hilft. Immerhin hat ja mal jemand gesagt, dass nichts so heiß gegessen wird, wie es gekocht wurde. Wo sich dein altes Ich noch oft in einem relativ sauberen Raum bequem gemacht hat, um sich vor der unangenehmen Begegnung mit dem teuflischen Dreck zu drücken, wird sich ihm dein neues Ich jetzt mutig annehmen, auf dass es dem Schmutz ein für alle Mal an den Kragen gehe.

Und wie du Zimmer für Zimmer in dir fleißig schrubbst, fegst und ausmistest, merkst du, dass jeder Raum aufs Neue eine gehörige Portion Überwindung kostet. Doch merkst du ebenso, wie dein Gemüt immer dann, wenn du erst einmal angefangen hast, schon leichter wird und vielleicht sogar so etwas wie Zufriedenheit empfindet.

Doch es bleibt ein Auf und Ab. Immer wieder entdeckst du doch noch ein kleines Kämmerlein, das du ganz vergessen hast und das noch ziemlich verdreckt ist. Allerdings bleibst du tapfer, denn schließlich hast du Sauberkeit und Ordnung in dir mehr als verdient. Also weg mit dem Dreck! Eiserne Disziplin und stoisches Durchhaltevermögen kennzeichnen deinen Weg. Jeden Tag.

Und tatsächlich – nach jahrelangem inneren Wienern kommt der erhebende Tag, auf den du immer gewartet hast. Es ist der Tag, an dem sich deine Tapferkeit,

Mühe und Disziplin wahrlich auszahlen. Du hast jedes Zimmer in dir mehrfach kontrolliert. Es scheint also zu stimmen. Du kannst es noch gar nicht richtig fassen und traust dich kaum, es auszusprechen, doch lässt du nun los und erlaubst dir anzuerkennen: Du bist zu neunundneunzig Prozent aufgeräumt und sauber. Wow! Du hast es dir verdient. All die Mühe war es wert. Du kannst dir wahrlich sicher sein. Es ist vollbracht. Welch feierlicher Augenblick.

Und so findest du dich schließlich wieder als ein wunderschönes, lichtdurchflutetes und tatsächlich fast zur Gänze staubfreies Haus. Besser geht's nicht. Nach Jahren fleißigsten inneren Reinigens ist der Moment für die Belohnung gekommen. Denn wer sät, der auch erntet. Ist es nicht atemberaubend schön? Oh ja, das ist es. Du hast Blut, Schweiß und Tränen vergossen, doch hast du es endlich geschafft. Es ist offiziell: Der Teufel ist besiegt. Du bist angekommen bei dir selbst. Du hast dich all deinen Ängsten gestellt und bist nun ein freies Haus voller Licht, Liebe und Lebensfreude. Die Türen aller Zimmer sind geöffnet. Die Schatten der Vergangenheit sind nicht mehr. Das Leben als permanenter Urlaub kann in diesem Augenblick feierlich beginnen. Halleluja! Lobpreiset den Herrn!

Und so lebst du nun als dieses liebevolle und friedliche Haus, in das nun ebenso auch der liebe Gott persönlich einziehen könnte, und genießt einfach jede einzelne Sekunde in vollen Zügen. Dir wird die Gnade zuteil, das Glück selbst gepachtet zu haben. Welche Herrlichkeit. Ja, welche Pracht. Oh ja, welch Liebreiz doch dein frohlockendes Herz durchdringt. Ist es nicht die schiere Wonne, die das Leben ist? Ja, das ist es. Das … ist es. Wahrlich ist es das.

Die Sonne scheint durch die blitzblanken Fenster und alle deine Zimmerpflanzen sprießen nur so, regelrecht inspiriert von der ungezügelten Lebensfreude, die in der Luft liegt. Du stehst in einer Wolke der Glückseeligkeit, die wahrlich ihresgleichen sucht.

Sekunde um Sekunde. Minute um Minute. Stunde um Stunde. Tag um Tag. Woche um Woche. Monat um Monat. Jahr um Jahr. Und ja, es ist ein unaufhörliches Jubilieren. Ist es das nicht? Oh doch, das ist es. Mit der Zeit stellt sich zwar so etwas wie eine leichte Gewöhnung dieses zweifellos sagenhaften Zustandes ein, doch könnte dies mitnichten etwas an der schlichten Pracht und dem tiefen Frieden ändern, der wahrlich in dir wohnt. Oh nein, nicht einmal im Entferntesten könnte es das. Niemals mehr. Denn, wie sollte es das auch können?

Das wäre ja gar nicht möglich, weil sich, wie gesagt, keinerlei Schmutz mehr in dir befindet. Wagt es etwa jemand, das anzuzweifeln? Hat da etwa jemand was dagegen? Wie auch immer, der hat dann offensichtlich nicht richtig zugehört, denn es wurde ja nun oft genug klar und deutlich kommuniziert, dass es so ist. Und sowieso: Jedes einzelne Zimmer wurde akribisch gesäubert und mehrfach kontrolliert. Es kann also gar nicht sein. Und würde irgendjemand Dahergelaufenes behaupten, dass dem nicht so ist, wäre das nur ein armseliger Lügner. Was es nur für erbärmliche Gestalten gibt. Da müht man sich jahrelang ab, sodass man sich seinen lieben Frieden redlich verdient hat, und nichts wird einem gegönnt. Bemitleidenswert! Gott sei Dank musst du dich nicht mehr mit solchen Arschlöchern abgeben, nicht? Und scheiße, was müffelt hier eigentlich so? Pfui Teufel! Wie lange soll das denn noch gehen? Am Arsch sollen sie dich alle lecken. Es kann überhaupt nicht müffeln, denn du bist mit Abstand das sauberste Haus der Straße, verdammt noch mal!!!

Da öffnet sich am Himmel plötzlich die Wolkendecke und inmitten eines Meeres aus weißem Licht erscheint der Herrgott höchstpersönlich und spricht:

»Sag mal, bist du noch ganz sauber? Soll ich dir mal sagen, was an dir so stinkt?

Es ist der unaushaltbar widerliche Gestank der Leichen, die in deinem Keller liegen und dort verrotten. Schon seit Jahren tun sie das. Was glaubst denn du, warum du nie Besuch bekommst? Das Einzige, was bei dir frohlockt, ist Fäulnis und Verwesung. Deine Bude stinkt zehn Meter gegen den Wind. Schon die ganze Zeit. Es grenzt an ein Wunder, dass du das nicht gemerkt hast. Und ich sage dir all dies in dieser schmerzhaften Deutlichkeit nur aus einem einzigen Grund: weil ich dich bedingungslos liebe.«

Was sagt der denn da? Haha, das kann nicht sein. Außerdem: Welch Unerhörtheit, in einem solchen Ton mit dir zu sprechen, nicht?! Wenn der wüsste, wen er vor sich hat.

Voller Empörung und natürlich über jeden Zweifel erhaben, greifst du jetzt zu anderen Mitteln. Er hat es wohl nicht anders gewollt: Du kaufst dir nun Raumspray. Das wurde in der Werbung übrigens auch immer so gelobt. Du setzt dein bestes Lächeln auf und sprühst dich von oben bis unten damit ein.

Nach einiger Zeit allerdings ist auch dieses aufgebraucht und du kannst so langsam nicht mehr leugnen, dass du wirklich bestialisch stinkst. Langsam, aber sicher kommst du ins Grübeln. Was ist da faul an dir? Nicht wenig, wirst du zugeben müssen. Schimmel und Fäulnis kriechen nun aus dem Keller langsam an den Wänden hinauf und besetzen nach und nach schleichend einen Raum nach dem anderen. Du versuchst noch das eine oder andere, um dieses entsetzliche und widerwärtige Treiben an dir zu stoppen. Doch bleibt dir schließlich nichts anderes mehr übrig, als dir selbst bei jedem noch so widerwärtigen Detail deines langsamen und sicheren Verfalls machtlos zuzuschauen.

Da stehst du nun, als verrottendes, stinkendes Haus und weißt weder ein noch aus. Es ist die absolute Aussichtslosigkeit. Die schiere Scheußlichkeit. Die pure Verzweiflung. Die ultimative Zwickmühle.

Und wo du da so vor dich hin gammelst, aus nichts anderem mehr bestehst als einem unbezwingbaren Berg an Scheiße, und sich die Hoffnung in unerreichbaren Sphären zu befinden scheint, tut sich vor dir auf einmal ein gewaltiger Riss in der Erde auf. Und unter ohrenbetäubendem Getöse von gewaltigem Donner und grellem

Blitz fährt der Leibhaftige selber aus den unendlichen Abgründen der Verdammung empor und erscheint zu deinem blanken Entsetzen direkt vor dir aus einer Wolke von Schwefel, Asche und Feuer.

Und da passiert es …

Du gibst

die Hoffnung

auf.

Ganz.

Du gibst dich geschlagen und fällst einfach in dich zusammen. Das war's. Du, das Haus, bist nicht mehr.

Es ist vorbei.

Es ist vorbei. Und geht doch weiter. Nur dass alles anders ist. Und unerklärlicherweise gleichzeitig alles gleich. Alles, was da ist, ist unverfälschte Nichtheit. Doch wie geht das? Wie kann diese Nichtheit da sein, wenn doch nichts mehr da ist? Es scheint ein in sich unlösbares (Un-)Ding der Unmöglichkeit zu sein und ist doch möglich.

Denn das, was noch da ist, wenn alles weg ist, ist das Gewahrsein selbst, welches bezeugt, dass alles weg ist. Es ist die Wachheit an sich, die das Nichts als solches wahrnimmt. Es ist pures Bewusstsein, welches in der Gewissheit verharrt, dass jetzt alles vorbei ist. Und damit für immer. Also nie. Gleichzeitig. Es ist die ewig-lebendige Instanz inmitten des allumfassenden Todes. Diese Instanz bist du. Willkommen in der Unsterblichkeit. Willkommen bei dir.

Und so wird dir plötzlich sonnenklar, dass du in Wirklichkeit niemals ein Haus gewesen bist, sondern die ganze Zeit über nur in einem gewohnt hast. Und diese kleine, aber alles entscheidende Erweiterung in deiner Wahrnehmung ermöglicht dir die völlig überwältigende und absolut lebensverändernde Freiheit, einfach zur Haustüre hinauszugehen.

Hiermit öffnest du die Tür und gehst hinaus. Du findest dich wieder an einem Ort, wo auch nur der Versuch zu putzen oder aufzuräumen lächerlich erscheint. Dort, wo Schmutz und Dreck nichts Unerwünschtes mehr ist, weil er als die Grundlage allen Lebens begriffen und »Erde« genannt wird. Dort, wo sich alles von selbst ordnet, ohne dass nachgeholfen werden müsste. Dort, wo alles ist, wie es ist: in der Natur. In der Natur des Menschen.

Alle Konzepte, die dich zu definieren schienen, beweisen sich in diesem Moment als jene Trugbilder, die sie sind, und werden in einem Sog der Klärung feierlich von sich selbst verschluckt. Übrig bleibt schlicht nichts. Nichts, als völlig präsentes und pures Gewahrsein, welches dieses Verschlucken friedlich beobachtet.

Es ist das Wesentliche, das du – und jeder andere Mensch auf dieser Erde – immer schon warst und das du nach deinen sorglosen und magischen Kindertagen nur mit einem Haufen stinkender Ideen überfrachtet hast.

Und so wird dir klar, dass all das, was du als verschiedene Teilbereiche deiner selbst definiert hast, nur Vorstellungen und letztlich reine Illusionen deines Denkens sind. Zur Erinnerung, dein Verstand nennt sie folgendermaßen:

deine Familie, dein Partner, deine Kinder, dein Job, deine Freunde, deine Heiligtümer, dein Körper, dein Besitz, deine Werte, deine Philosophie, deine Spiritualität, deine Stärken, Fähigkeiten und Talente, deine Schwächen, Fehler und Unzulänglichkeiten, deine Erfolge und Misserfolge, all deine schönen und unschönen Erinnerungen und Erfahrungen, deine Pläne, Ziele, Visionen und Träume, deine Nationalität, deine Kultur, deine Ethnie, dein Geschlecht, dein Alter.

Oder mit anderen Worten, das wird dir jetzt klar: dein Himmel und deine Hölle.

Du merkst, dass du deinen Ängsten durch allerlei Aktivitäten noch so lange hättest nachjagen können. Solange du all deine Identitäten nicht als Illusion durchschaust und deine Brille der irdischen Welt abnimmst, wird sich die omnipräsente Todesangst immer wieder zeigen, wenn auch in verschiedene Kostüme gekleidet. Du öffnest hiermit also alle Pforten der Wahrnehmung und lässt das Phantom deiner Lebensgeschichte und deiner Person zur Gänze fahren. Du erfährst die größte Erleichterung, die es jemals geben kann: endlich wieder ein Niemand zu sein. Ein ewig frisches, jungfräuliches, unschuldiges und unbeschriebenes Blatt.

Du sprengst die Grenzen des Geistes und lässt alles los, weil du weißt, dass du nichts Wesentliches verlieren kannst. Du erkennst dich selbst als das Bewusstsein, dem klar ist, dass der Ernst des Lebens nur geträumt war. Du erfährst dich als jene Ganzheit, die weiß, dass sie die ganze Zeit nur geglaubt hat, ein verlorenes Fragment einer aufgeteilten Welt zu sein. Du erteilst dir selbst die radikale Erlaubnis, diesen einen lebensverändernden Schritt zurückzutreten und dieses irrwitzige Spiel als lediglich ein solches zu entlarven.

Das ist die Welt hinter der Welt. Das ist das Reich, das sich hinter der Fassade der Notwendigkeiten verbirgt. Es ist die Befreiung aus den Fesseln des Denkens. Es ist erlebter freier Wille. Es ist die erfahrene Verschmelzung mit der Heiligkeit. Die gefühlte Verbindung zur ewig-göttlichen Essenz.

Es ist das Gewahrsein, das jenseits von Raum und jenseits von Zeit zu Hause ist. Und der Zeitpunkt, in dem dir das klar wird, ist jetzt. In Ewigkeit.

Damit enttarnst du alle Ideen dessen, was du als dich, dein Leben, die Welt und die Dinge darin bezeichnet hast, und kommst in der Realität an.

Alle mentalen Konstruktionen verschmelzen damit zu einem Vakuum und bündeln sich in der puren Schau des Augenblicks. Im Moment müsste diese bestehen aus der visuellen Wahrnehmung dessen, was dein Verstand im Allgemeinen als Buch bezeichnen würde. Ernst nehmen brauchst du das jedoch nicht mehr. Du könntest auch einmal das, was dein Verstand als deinen Kopf bezeichnen würde, anheben und dich etwas umschauen. Das ist er, dein Spielfilm. Du verstehst, dass du die ganze Zeit etwas Aufgeteiltes mit der Ganzheit des Lebens verwechselt hattest. Dass du Endlichkeit für Ewigkeit gehalten hattest. Dass du nur geglaubt hast, in einem Albtraum von Vergänglichkeit und Materie gefangen zu sein.

Dir eröffnet sich damit eine völlig neue und ebenso alte Ebene der Wahrnehmung. Eigentlich ist sie nicht neu oder alt, denn sie ist einfach. Es ist die Ebene hinter dem Denken. In ihr erfährst du förmlich das, was dahintersteckt. Hinter allem. Du nimmst in ihr eine unendliche Tiefe wahr und weißt dennoch, dass du dem Leben auf den Grund gegangen bist. Es ist erhabenste Klarheit und lächerlichste Pragmatik zugleich.

Du trittst damit hinter deine Gedanken und schaust der Welt von diesem Platz der immerwährenden friedlichen

Stille aus einfach tiefenentspannt zu. Du kannst das in aller Widerstandslosigkeit tun, da du dir nun als der Hintergrund des Seins selbst bewusst bist. Du erkennst, dass alles Geschaute nur von deinem Denken interpretierte Trugbilder sind und nicht die Realität. Und so nimmst du dich nicht mehr als Zellhaufen in der Welt wahr, sondern als die Instanz, der klar ist, dass sie nur geglaubt hat, einer zu sein.

So bist du dir wahrlich gewiss, dass dir in Wirklichkeit nichts und niemand wirklich Schaden zufügen kann. Du bist alles und nichts. Du bist überall und nirgends. Du bist nichts Spezielles und alles Mögliche. Gleichzeitig. Dein Bewusstsein erfährt diesen alles auflösenden Sprung und sieht das irdische Leben als den Spielfilm, der es ist. Durch deinen Tod erblühst du zum Leben. Du sitzt in einem von Angst befreiten Kinosessel, der sich ein Stockwerk höher im Gebäude der Dimensionen befindet. Zu Hause.

Du klinkst dich damit in die Ewigkeit ein und nimmst dich selbst als das Unding wahr, das nie vergehen kann.

Du bist dir bewusst, was ich wirklich damit meine, wenn ich davon spreche, dass du schlicht nichts bis auf den ewigen jetzigen Moment, als den du dich nun selbst erkennst, ernst nehmen musst. Und damit erfährst du die Gnade, die Welt zu durchschauen. Du fühlst den Unterschied.

Und so bist du wahrlich unabhängig von den Sphären des Irdischen. Du bist gestorben, ohne zu sterben. Und damit so lebendig wie noch nie.

Und da du ohne zu sterben gestorben bist, merkst du, dass trotz alledem nichts dagegen spricht, nun spielerisch auch wieder in Häuser, Zimmer, Körper oder was auch immer, einzutreten und sie wieder zu verlassen. Denn die Dinge, aus denen dein Verstand deine Identität aufgebaut hatte, sind nach deinem todlosen Tod natürlich immer noch irgendwie da. Doch musst du sie jetzt nicht mehr ernst nehmen. Halte sie durch deine Wachheit einfach davon ab, wieder zu deiner Identität zu werden und sich an dich zu binden. Genieße die Show. Schau dir deinen Spielfilm an und bleibe dir beim Schauen bewusst, dass alles, was dir begegnet, nur die Mittel zum Zweck des Witzes vom irdischen Leben sind.

Sei dir gewahr, dass du nicht wirklich mitspielst in diesem Film, sondern in einem kosmischen Kinosessel sitzt und ihn dir anschaust. In dieser Erfahrung zu verharren ist Bonusbewusstsein. Dein Bewusstsein ist damit von der materiellen Welt gelöst. Und so bist du selbst erlöst, während dein Körper weiterhin in ihr wandelt. Du durchschaust den Wahnsinn des sogenannten alltäglichen Lebens nun vollends und bist fähig, dich innerlich mitfühlend und dankbar für dieses Wissen des Herzens schlappzulachen. Du erkennst, dass dieses Leben nur ein Traum ist, aus dem du jetzt erwacht bist.

Und so kannst du schlicht und ergreifend das tun, was das wahrhaftige Du schon immer tun wollte. Und du kannst das sein lassen, was das wahrhaftige Du schon immer sein lassen wollte. Einfach so. Ich nenne es Permanent Vacation. Was das ist? Egal. Jetzt. Wirklich. Für immer. Und immer wieder.

Ach ja, und was unsere Zwickmühle von vorhin betrifft, erkennst du nun, dass du dich gar nicht umbringen würdest, wenn du dich umbringen würdest, da du dich in Wirklichkeit nicht umbringen kannst. Umbringen würdest du lediglich deinen Körper, also könntest du es auch gleich bleiben lassen und stattdessen beispielsweise einen ausgedehnten Waldspaziergang unternehmen oder ein herrliches Sonnenbad genießen. Oder nicht. Dein Wille ist frei.

Frieden

Was soll ich noch sagen …? Bist du noch an Bord? Wenn ja, bedarf es der Worte jetzt nicht mehr …

Na ja, vielleicht eine letzte Kleinigkeit: Nur weil du *jetzt* gerade unter Umständen einen Moment des Erwachens hast, heißt das noch lange nicht, dass du deswegen nicht wieder in den irdischen Traum entschlafen kannst, der dir vorgaukelt, ein Haus voller Zimmer zu sein. Tatsächlich ist es sogar recht wahrscheinlich, dass das wieder passiert. Doch das ist überhaupt nicht schlimm, denn du kannst dir immer wieder 'nen Wecker stellen.

Und jetzt möge die genüssliche Stille deines puren Daseins die Worte feierlich ablösen.

Enjoy …

... oder Krieg?

Sollte dein Boot jedoch in 1000 Teile zerborsten sein und du dich etwas rat- und hilflos wiederfinden, wäre das nur allzu menschlich. Lass uns in diesem Fall noch einmal über denjenigen reden, in dessen Fänge alle Menschen dieser Erde wieder und wieder geraten: den Teufel.

Selbst wenn wir der festen Überzeugung sind, ihm ein Schnippchen geschlagen zu haben, kann er uns schon längst wieder in das gleiche alte albtraumhafte Entweder-oder-Spiel geführt haben. Indem er uns im Schlafe unserer Unbewusstheit heimlich eine Brille der Identität aufsetzt, zwingt er uns, die Welt aufzutrennen und zu unterteilen. Er lässt uns glauben, dass dieser Weg uns Erfüllung bringen wird, doch lässt er uns nur in trügerischer Sicherheit wähnen. Er ist der Meister der Doppelbödigkeit. Nicht ohne Grund nimmt er es immer wieder mit dem Schöpfer höchstpersönlich auf. Und so stürzt er uns letztlich in die Abgründe des abgrundtief Bösen und zeigt sich früher oder später immer als das gänzlich Schlechte, das Schreckliche, das Falsche, das äußerst Unerwünschte, also das ganz und gar Angstvolle und Ungeliebte in uns.

Er ist der ewige Widersacher vom lieben Gott. Und weißt du was? Das ist genau richtig so, denn jemand muss den Job ja machen.

Unter Umständen fragst du dich nun, wie man so verrückt sein kann, die Existenz des Teufels als richtig zu bezeichnen, und vermutest vielleicht, dass ich selbst nun von ihm besessen und zum Verräter geworden bin. Denn, wollten wir ihn nicht ursprünglich besiegen, um endlich göttlichen Frieden zu finden?

Ja, das wollten wir. Und wir haben gesehen, zu was es geführt hat: Er ist immer wieder zurückgekehrt. Tatsächlich war er nie weg. Er ist immer da. Sonst wäre er nicht der, der er ist. Und wenn wir das nicht wahrhaben wollen, wird er es uns spüren lassen. Je mehr wir ihn verteufeln, desto mehr müssen wir leiden. Je mehr wir ihn unterdrücken, desto mächtiger wird er. Das ist die Ironie des Schicksals.

Wie wäre es also damit, endlich zuzugeben, dass dieser ständige Kampf eine einzige riesige Sackgasse ist? Wie wäre es, wenn wir anstatt den Teufel zu bekämpfen einfach still werden und ihm nach all der Ablehnung der letzten Jahrtausende das Gehör schenken, das er verdient hat? Wie wäre es, wenn wir ihn einfach nicht mehr oder weniger ernst nähmen als den lieben Gott?

Alles, was er möchte, ist lediglich etwas Aufmerksamkeit, etwas Anerkennung und etwas Mitgefühl. Und seien wir ehrlich, irgendwie kommt uns das doch bekannt vor, nicht wahr? Irgendwie können wir nicht leugnen, dass wir dem Teufel manchmal gar nicht so unähnlich sind.

Meistens sprechen wir nur von dem, was wir als schön erachten, und verbannen den Rest. Wir verschließen die Luke zur Hölle und lassen den Teufel darin schmoren. Dabei bedarf es eigentlich nur eines Mindestmaßes an Einfühlungsvermögen, um zugeben zu können, wie scheiße sich das für ihn anfühlen muss. Ist es da noch ein Wunder, wie höllisch er sich manchmal aufführt und unseren Geist und Körper benutzt, um sein Wüten aus der Unterwelt unseres Bewusstseins auf die Erde zu bringen?

Machen wir uns nichts vor: Erst wenn wir neidlos anerkennen, dass niemals in diesem Leben auch nur der geringste Hauch einer Chance gegen die ungezügelte Macht der Hölle besteht und wir uns ihr demütig und wehrlos geschlagen geben, erst wenn wir die Eier haben, die abgrundtief schrecklichen und in höchstem Maße ungeliebten Abgründe in uns wahrhaftig zu bejahen und uns mit Haut und Haar von ihnen verschlingen zu lassen, erst wenn wir uns all unseren finstersten Dämonen in einem Akt der stillen Kapitulation hin- und unsere falschen Selbstbilder damit zur Gänze aufgeben, erst dann kann es uns wirklich gelingen, aus tiefstem Herzen zuzugeben, dass es der Teufel genauso verdient hat, zu existieren, wie auch der liebe Gott. Verdammt noch mal, und wie er das hat!

Dann können wir anerkennen, dass die Hölle dem Himmel gleichwertig ist. Dass es kein Licht ohne Schatten geben kann. Keinen Sommer ohne Winter. Keinen Tag ohne Nacht. Kein Yin ohne Yang. Kein Ding ohne Unding. Kein Leben ohne Tod. Niemals. Und so werden wir in Demut zugeben müssen, dass nicht mehr und nicht weniger als Gleichgewicht in uns herrschen muss, um leichten Fußes, frohen Mutes und offenen Herzens das Geheimnis des Entweder-oder-Spiels zu lüften.

Ist dieses Gleichgewicht erst einmal hergestellt, werden wir merken, dass wir im Kampf mit dem Oberboss des letzten Levels unseres Videospiels keine Kampftechnik und auch keine Atombomben gebraucht hätten. Keine Demonstrationen und keine Nachrichten. Nicht einmal fremde Hilfe oder eine schlaue Strategie. Und auch keine langwierige Ängstejagd.

Allein der Moment, in dem wir die Augen nicht mehr vor der Wahrheit verschließen, ist es, der den entscheidenden Unterschied macht. Der Moment, in dem wir uns in einem Akt der hingebungsvollen Auslieferung aus freiem Willen umdrehen und dem Teufel gaaaaanz ruhig und gaaaaanz tief in die Augen schauen, um schließlich Zeuge zu werden, wie all unsere Trugbilder im Feuer unserer Selbsterkenntnis in Flammen aufgehen. Das war's dann und dauert keine Zeit.

Und hey, wäre es nicht recht langweilig ohne den Teufel? Irgendwo hat doch jeder von uns seine schlechten, seine versauten, verkommenen, wilden und unverschämten, aber auch seine bedrückten, tieftraurigen und rasend wütenden Seiten. Na dann, keine falsche Bescheidenheit mehr. Hoch damit! Rock 'n' Roll! Die gute Nachricht ist: Alles, was ohnehin da ist, soll auch da sein dürfen. Egal was die anderen oder die Stimmen in deinem Kopf sagen.

Wer wirklich in den Himmel will, muss zwangsläufig durch die Hölle gehen. Es führt kein Weg daran vorbei. Doch steht es jedem frei zu entscheiden, wie lange der Ritt hindurch dauern soll. Wer sich immer wieder erschreckt und hadert, wird sich langsam hindurchquälen müssen und sich dabei immer wieder verbrennen. Wer sich jedoch nur dafür entscheidet, kann auch auf einer Rakete in Lichtgeschwindigkeit hindurchfliegen. Dann ist es nicht mehr als ein kleines Zwicken. Und wer sich weigert, die Hölle überhaupt erst zu betreten, landet perfiderweise mittendrin.

Doch irgendwo, am Ende ihres hintersten Winkels, wo nichts mehr außer schierer Verzweiflung zu finden ist, wird früher oder später jeder eine kleine Tür ausmachen. Sie ist kaum zu sehen, doch sie ist immer da und durch nur einen kurzen Moment der aufmerksamen Stille jederzeit mühelos zu finden. Es ist der unscheinbare Eingang zum Himmel.

Wenn du hindurchgehst, wirst du feststellen, dass Himmel und Hölle schon immer das Gleiche war: eine reine Idee. Dann wirst du ein Schauender, wie das Entzweite zum Ganzen wird. Wie die Verzweiflung in die Einheit hinein heilt. Wie der Himmel anfängt zu brennen und die Hölle zufriert. Wie beide Konzepte im

Namen der Wahrheit in sich zusammenfallen und alle Zweifel zu der tiefen Einsicht verschmelzen, dass schlicht nichts übrig bleibt. Nichts als Frieden. Jetzt.

Die Brücken zur Ewigkeit

Doch was bedeutet all das nun konkret? Was können wir nun damit anfangen, wenn es uns nicht gut geht?

Es ist nur verständlich, dass wir alle uns immer möglichst gut fühlen wollen. Dass wir einfach nur glücklich sein wollen. Dass wir ins Licht wollen und nicht in den Schatten. In die Bewusstheit und nicht in die Unbewusstheit. In die Liebe und nicht in die Angst. Dass wir die Hölle tunlichst vermeiden wollen und den Himmel gerne glorifizieren. Dass wir unseren Schmerz nicht haben wollen. Und so kann es unbemerkt passieren, dass wir inneren Frieden lieber haben als inneren Krieg. Selbst dann, wenn wir eine Lanze für die Ausgeglichenheit gebrochen haben. Und so kommt es vor, dass ein emotionsloser Zustand von so manchem als edler erachtet wird als eine Emotion. Diese Idee entsteht beispielsweise in der Annahme, sich auf diese Weise an das Idealbild eines in unendlichem Gleichmut schwelgenden, jahrzehntelang meditierenden tibetischen Mönchs anzunähern, das in so manchem Kopf herumflattert.

Doch werden alle, die es auf diese Tour versuchen, feststellen müssen, dass sie sich ihren inneren Frieden nur eingeredet und sich stattdessen vollends von der Wirklichkeit abgeschnitten haben.

Echter Frieden wohnt ausschließlich dort, wo das Bittere auf gleiche Weise da sein darf wie das Süße. Dort, wo ein mutiges So-sein-Lassen von beidem erfolgt. Nur in dieser uneingeschränkten Freiheit kann sich das empfindliche Gleichgewicht in uns austarieren, das wir benötigen, um den Drahtseilakt des Lebens erfolgreich zu meistern. Es ist der Schlüssel zur Welt hinter der Welt.

Genau umgekehrt wird also ein Schuh draus: Erst wer es seinen Ängsten widerstandslos gestattet, schlicht da zu sein, wird auf die Ebene dahinter kommen können. Der wird dem jetzigen Moment in Wahrhaftigkeit begegnen, anstatt nur so zu tun. Er wird volle Verantwortung übernehmen für all seine ureigenen Empfindungen und nach und nach davon ablassen können, die Außenwelt für sein Leid zu beschuldigen, wenn auch nur in seinem Kopf.

Er wird merken, dass es nur bedingt funktioniert, von bedingungsloser Liebe zu sprechen mit der Bedingung, dass dies immer nur etwas Himmlisches zu sein hat.

Be*ding*ungs*lose* Liebe ist nichts anderes als die innerliche Loslösung von allen Dingen. Und damit von der Zeit. Unbedingt. Es bedeutet, nichts mehr zu verdrängen und todesmutig einfach alles in den Raum seines Bewusstseins einzuladen, um durch diese vollständige Kapitulation ins Reich des ewig-seligen Niemandslandes zu gelangen.

Um es mit dem Bild der Lokomotive aus dem vorherigen Kapitel zu sagen: Echter Frieden kann nur dann einkehren, wenn wir unsere emotionalen Lokomotiven behutsam wieder nach Hause in unseren Wesenskern führen und dort in Würde auf ein Abstellgleis stellen, anstatt so zu tun, als gebe es sie nicht, während sie unter der Oberfläche unseres Bewusstseins eine völlig außer Kontrolle geratene Irrfahrt vollführen.

Ansonsten sind wir nicht sehr verschieden zu einem jammernden Kind an der Supermarktkasse, das seinen Lolli nicht bekommt. Dann spielen wir uns selbst und der Welt nur ein Kasperletheater vor, egal, wie edel wir über uns denken. Dann hängt der verklemmte Furz unseres Potenzials nur fest und schmerzt, anstatt seinen Duft in die Welt zu tragen.

Mögen wir uns also in unseren Schmerz hineinentspannen, emotional gepflegt einen fahren lassen und ja sagen zu unserer ureigenen Note. Diese mag zwar sicherlich nicht in allen Nasen Verzückung hervorrufen, doch steht es ja zum Glück jedem, dem das stinken sollte, frei, seine Nase dorthinzustecken, wo er das möchte. Alle Unklarheiten lösen sich so in Luft auf und alles ordnet sich wie von selbst.

Dieser Akt der hingebungsvollen Auslieferung an uns selbst ist ein überaus radikales, kamikazeartiges und deswegen unglaublich mutiges Infragestellen von allem, was wir jemals zu kennen glaubten. Ein scheinbar völlig geisteskranker, letzten Endes jedoch für unseren Geist absolut heilsamer Sprung in den Abgrund des Unbekannten.

Wagen wir den Sprung, sterben wir in die blanke Panik der Erwartungslosigkeit hinein und es geschieht ein erhebendes Heraustreten aus dem Gewohnten, das wir erst dann als die Limitierung erkennen können, die es war.

Nichts anderes macht übrigens auch ein meditierender Mönch. Jeden Tag. Selbstmord ist sein Hobby. Er hat erkannt, dass es nichts Besseres gibt, als den Löffel – und alles andere gleich mit – abzugeben. Und so beißt er lieber ins Gras als sich in den Arsch. Er weiß, dass niemand jemals über seinen Schatten springen kann. Doch ist ihm bewusst, dass derjenige, der direkt hineinspringt, erfahren darf, wie Schatten und Licht ihr Schauspiel auf der Leinwand des ewigen jetzigen Momentes gleichermaßen aufführen dürfen.

Was bleibt, ist nichts als die Stille des echten Lebens. In ihr ist alles, wie es ist. Niemand, der sie wahrnimmt, könnte jemals auf die Idee kommen, dem noch irgendetwas hinzufügen oder entziehen zu müssen.

Es ist also günstig, zu verinnerlichen, dass gerade unsere schlimmsten Ängste auf selbstverständlichste Weise zum Leben gehören und unersetzbare Zahnrädchen in der Uhr des inneren Friedens darstellen.

Man könnte sagen, dass sie die unentbehrlichen Brücken sind, die uns von der Welt des Irdischen in die Welt der Ewigkeit führen. Wer schummeln will, reißt diese Brücken ein, verrennt sich in Pseudoscheiß und verschwendet nur das, von dem er noch glaubt, dass es existiert: seine Zeit.

Um es einmal mit dem Wetter zu vergleichen: Wenn wir schlechtes Wetter in uns fühlen, gilt es, unser Bewusstsein zu erheben und uns in schierem Gottvertrauen todesmutig und ohne zu zögern mitten in das Meer an dunklen Wolken hineinstürzen, anstatt so zu tun, als ob sie uns nicht stören. Trauen wir uns das und durchwandern tatsächlich diesen beengenden Nebel, werden wir belohnt mit der unermesslichen Weite und lichtdurchfluteten Klarheit der Realität. Die Wolken sind auf der anderen Seite dann zwar immer noch da, doch ist es ihnen nicht mehr möglich, unser Gemüt zu verdunkeln, wenn wir sie durchwandert haben und von der anderen Seite aus betrachten. Die Idee eines sogenannten schlechten Wetters ist also nichts als ein großes Missverständnis. Permanent Vacation bedeutet, dort zu leben, wo die Sonne immer scheint: über dem Wetter.

Über dem Wetter erkennen wir, dass wir einfach nur der ewig-neutrale Raum sind, in dem unsere Gedanken und Emotionen frei und spannungslos kommen und gehen dürfen, wie das auch Wolken tun. So tariert sich alles ganz von selbst aus, wie sich auch die Sonnensysteme im Weltraum oder die Natur in den Urwäldern ohne Probleme, Mühe und Eile selbst austarieren.

Und dafür müssen wir nicht einmal unbedingt einen melodramatischen Seelenstriptease hinlegen, mit dem wir unsere Mitmenschen unter Umständen nur belästigen oder belustigen würden. Für unsere innere Annahme braucht es keine andere Person. Tatsächlich geht es ausschließlich alleine. Natürlich sollen Freunde füreinander da sein, sich gegenseitig helfen und unterstützen. Und sicherlich kann ein anderer auch sehr feinfühlig sein und uns vielleicht sogar einen Stups in die Richtung unseres Seelenweges geben. Und dennoch, selbst wenn Buddha persönlich unser privater Psychologe wäre – gehen müssen wir unseren Weg letztlich immer allein. Es empfiehlt sich für seine inneren Nachforschungen daher, sich einmal gepflegt eine Auszeit zu nehmen und eine Weile von jeglichen äußeren Einflüssen, wie etwa den Meinungen anderer, komplett abzuschotten. Denn im Trubel unserer Lebenssituationen kann es allzu oft sein, dass zwar alles in Ordnung scheint, wir unterschwellig dennoch traurig, wütend oder verwirrt sind und gerade einfach nicht wissen, woran es liegt. Besonders gut eignet sich für eine solche Zeit mit sich selbst übrigens die Natur, denn – man sollte es kaum glauben – wir sind natürlich.

Wenn wir nach und nach merken, dass wir unserem Wesenskern näher kommen, müssen wir dann auch nicht mehr unbedingt wochenlang auf einem Stein oder in der Abgeschiedenheit der Natur sitzen bleiben. Wer gemerkt hat, dass er dies aus tiefstem Herzen möchte, soll das selbstverständlich weiterhin tun. Allerdings ist es sicherlich für viele schön, zu verstehen, dass dies nur eine von unendlich vielen, völlig gleichwertigen Möglichkeiten ist.

Genauso gut ist es möglich, nun wieder das zu machen, was wir »sich voll ins Leben stürzen« nennen. Sogar jetzt erst richtig und vielleicht auf eine von unserem Verstand bisher für unmöglich gehaltene Weise. Auf eine unverschämtere

Weise, die wir bis jetzt immer nur als geheime und verbotene Träumerei abgetan hatten, nun jedoch langsam, aber sicher als den real Deal für uns erkennen. Denn je mehr uns bewusst ist, dass wir eigentlich diejenigen sind, die bereits gestorben sind und dem ganzen Treiben von draußen zuschauen, desto eher können wir unsere Komfortzone tatsächlich auf das gesamte Universum ausdehnen und bemerken, wie uns flüchtige äußere Lebensbedingungen immer weniger beeindrucken. Alles wird dann mehr und mehr zum Bonus der sowieso schon bestehenden Vollkommenheit der Existenz. Befreit von der Idee von Problemen können wir dann problemlos die Erfahrung machen, dass uns die Welt von Herzen egal ist. Das zu Tuende wird dann im Einklang mit der jeweiligen Situation einfach getan.

Dieser hemmungslose Zustand des schlichten Soseins kommt dem von kleinen Kindern sehr nahe. Daher sind die meisten Erwachsenen in Gesellschaft eines Babys auch ohne jede Chance, wenn es um gelebte Wahrhaftigkeit geht. Da können sie versuchen, was sie wollen. Das Baby steckt sie mühe- und arglos in die Tasche. Leisten tut es dafür nichts. Und deswegen funktioniert's. Babys haben diesen göttlichen Charme ganz von selbst, weil sie gerade erst der Ewigkeit entsprungen sind und so noch keinerlei Gelegenheit hatten, sich in die Irrungen und Wirrungen von ernst genommenen Gedanken zu verstricken. Babys machen Urlaub. Mögen wir uns also nicht nur wehmütig an Babys erfreuen und so tun, als sei unser Zug bereits abgefahren, sondern ebenso die Wahrhaftigkeit des Babys in uns selbst wiederentdecken.

Gelingt uns das und wir sind freudvoll, sind wir wahrhaftig freudvoll. Wenn wir ekstatisch sind, sind wir wahrhaftig ekstatisch. Wenn wir wütend sind, genießen wir die Wut regelrecht und erkennen sie als vor Lebenskraft strotzende Energie, die als Welle der Macht aus unseren Bäuchen in die Welt fährt. Wenn wir Hass hegen, richtet dieser sich nur noch gegen das, was nicht wahrhaftig ist, und verwandelt er sich daher automatisch in Mitgefühl, noch bevor er welcher ist. Und wenn wir traurig sind, laben wir uns genüsslich an unserer Traurigkeit und können das, den oder die zu Betrauernde loslassen, weil wir in der Tiefe spüren, dass jenes, was uns wirklich am Herzen liegt, niemals vergehen kann.

Erlauben wir all unseren Empfindungen, einfach da zu sein und lassen alle Widerstände los, bringen sie zum Fließen und erschaffen kein neues Leid mehr. Dann betrachten wir sie, wie ein Forscher ein wildes Tier in freier Wildbahn betrachtet und erkennen, dass wir sie lediglich haben, jedoch nicht sind. Das ist Heilung. Alles, was wir fühlen, ist dann hintergründig beseelt und nicht mehr in der Lage, irgendeinen Schaden anzurichten. Schaden wäre Trennung, doch kennt Seele nur Ganzheit. Seele ist gleichzeitig (und) Liebe. Und Liebe ist die Abwesenheit von Angst, also die Abwesenheit von Zeit.

So unangenehm manches also erst einmal erscheinen mag: Wollen wir die Balance auf der Nulllinie des Augenblicks halten, kommen wir um Ehrlichkeit in ihrer tiefsten, absolutesten, radikalsten, unerbittlichsten, alle Hosen runterlassendsten, schonungslosesten, so richtig ans Eingemachte gehenden, markerschütterndsten und daher lebensverändernsten Form nicht herum. Aber es lohnt sich. Immer wieder.

Selbstverständlichkeiten

Der kleine Grips hat uns gezeigt: Unser Verstand ist nicht dafür gemacht, sich auf eigene Faust durchzuschlagen. Versucht er es, wird er nur vom Teufel verführt und muss zwangsläufig früher oder später schmerzlich daran zerbrechen. So ist einfach seine Natur. So oft glaubt er, dass er alles aus eigener Kraft reißen könne, und geht mit dem Kopf durch die Wand. Doch ist es nichts als Leid und Elend, was er damit erschafft. Wenn er sich darauf zurückbesinnt, wo sein guter Platz ist, kann er erkennen, dass er in Wirklichkeit ein treuer Diener eines viel größeren Plans ist. Dann versteht er, dass er in dieser Rolle viel glücklicher wird, als wenn er meint, die Königin imitieren zu können. Bis dahin wartet diese eben ab. Sie wartet, bis es der Intellekt endlich gecheckt hat und seine Farce beendet. Geschieht das und er übergibt das Zepter tatsächlich an die Königin, fügt sich alles von selbst.

Dann kann der Spaß losgehen. Die Korken können knallen, die Musik kann lauter gedreht und die Schuhe können ausgezogen werden. Der Tanz des Lebens kann getanzt werden. Leichtigkeit sprüht aus allen Ecken und Bonusbewusstsein macht sich breit. Die wahre Chefin im Ring – die Seele – sitzt derweil auf Wolke sieben und beaufsichtigt mit allwissendem Blick und aus einem gesunden Abstand wohlwollend das Treiben der Welt. Ihr ihr treu ergebener, denkender Untertan erweist ihr bei Bedarf seine Dienste, gibt jedoch Ruhe, wenn Ruhe geboten ist.

Es geschehen wahre Wunder, wenn wir diesen Balanceakt aufrechterhalten können. Denn sobald wir den Kanal zu unserer Königin offengelegt haben, finden wir Zugang zu unserer wahren Genialität, deren Sekretär dann unser Denker ist. Damit stellt sich eine ganz neue Freiheit und Effizienz in unserem Denken ein. Denn durch den Wegfall zwanghafter Gedankenschleifen ist es uns jetzt möglich, die Dienste unseres Verstandes nur noch dann in Anspruch zu nehmen, wenn wir sie auch wirklich in Anspruch nehmen wollen. Die Entscheidung, zu denken, geschieht dann auf der Basis von Freiwilligkeit, wodurch unser Denkprozess scharfsinniger, fokussierter und inspirierter wird als je zuvor. Sobald wir wollen, können wir ihn also auch jederzeit wieder ruhen lassen und uns dem puren Genuss des schieren Seins hingeben.

Doch selbst bei aktivem Verstand bleibt uns hintergründig stets diese augenzwinkernde Zufriedenheit des universellen Nichts-ernst-Nehmens erhalten, denn die Seele regiert. Und so nehmen wir die Welt und das, was wir in ihr tun, auch während etwaigem regem Treiben, das so mancher womöglich als Stress betiteln würde, freudvoll als Bonus wahr. Bonus zur ohnehin schon vollkommenen Erhabenheit des präsenten Nicht-Tuns, den uns jedes spielende Kind auf der Stelle wortlos bestätigt. Bonusbewusstsein bedeutet, entkoppelt von äußeren Bedingungen Demut und Dankbarkeit empfinden zu können. Es ist die erlebte Selbstverständlichkeit dessen, dass es keine Selbstverständlichkeiten gibt.

Es ist entscheidend für uns als menschliche Wesen, anzuerkennen, im Unterschied zu den Tieren mit einem denkenden Verstand gesegnet zu sein. Wenn wir das nicht wirklich wertschätzen, bewegen wir uns auf dünnem Eis und drohen nur wieder, uns in genau das zu verwickeln, wovon wir uns eigentlich lösen wollen. Dann tappen wir wieder in die heimtückische Falle von Ungleichgewicht und Bewertung, gewähren ihm mehr Macht, als ihm guttut, und drohen, seine wahre Bestimmung als Diener zu vergessen.

Unser Intellekt ist wie ein Messer. Wenn wir schlampig im Umgang mit ihm sind, können wir uns fatal an seiner scharfen Klinge verletzen. Diese zerstückelt unser Leben dann in viele Einzelbestandteile und lässt alles beschwerlich, chaotisch und kompliziert erscheinen. Unser Bewusstsein für die Einheit der Welt schwindet mehr und mehr, sodass wir uns irgendwann als getrennt vom

Leben empfinden und alles viel bedrohlicher und angsteinflößender wirkt, als es in Wirklichkeit ist.

Wenn wir allerdings lernen, dieses Messer fachmännisch handzuhaben, ist es ein fantastisches kleines Werkzeug. Dann sind wir dazu imstande, in virtuoser Präzision aus dem Einfachen das Vielfache zu machen, ohne dabei die heilige Verbindung zur Ganzheit zu verlieren. Wir können damit analysieren, auseinandernehmen, wieder zusammensetzen, Zusammenhänge herstellen, planen, uns erinnern, aus Vergangenem lernen und Visionen für Kommendes kreieren.

Dann sind wir wie ein Baum: An der Basis bleiben wir eins, was uns als stabile Grundlage für vielschichtige Verästelungen an der Oberfläche dient. Im Hintergrund führt uns die Klarheit der Einfalt, während im Vordergrund das Spiel des Vielfältigen geschehen kann.

Auf diese Weise wird es uns auch mühelos möglich, all unser kreatives Potenzial in die materielle Welt zu kanalisieren. Reine, unsichtbare Inspiration manifestieren wir so als etwas für alle Menschen Sichtbares. Und um dieses Potenzial anzuzapfen, müssen wir nichts tun, außer in die Stille zu gehen. Machen wir die Stille zu unserem Freund, werden wir als Lohn inspiriert vom Geist Gottes. Unsere Köpfe werden davon regelrecht begeistert und unsere Leiber durchdrungen, ohne dass wir etwas dafür leisten müssen.

So entstehen unerklärlicherweise aus dem Nichts Künste wie Musik, Malerei, Poesie, Tanz, Schauspielerei und vieles, vieles mehr. Sie erwachsen aus dem Nichts, wie auch Zellen ohne Zutun eines denkenden Gehirns, das einen Bauplan dafür erstellt hätte, aus dem Nichts erwachsen und ein Baby entstehen lassen. Sie erfolgen aus dem Nichts, wie durch den Urknall auch das Universum aus dem Nichts in das Alles erfolgte.

Wahrhaftige Kunst entspringt immer der Magie des jetzigen Moments und kann daher gar nicht anders, als zeitlos zu sein. Wahrhaftige Bilder, aber auch Musik und andere Künste sagen somit tatsächlich unendlich viel mehr als tausend Worte, denn sie entspringen der Unendlichkeit. Selbst tausend Worte wahrhaftige Poesie sagen mehr als tausend Worte, wenn der Leser im Herzen weiß, dass die Worte selbst nur Mittel zum Zweck sind. Unser Verstand dient bei alledem lediglich als Ausführender unserer Inspiration. Doch wir brauchen ihn dennoch unbedingt, wenn wir das ganze Spiel spielen wollen. Ohne ihn könnten wir den Pinsel nicht führen, die Saite nicht zupfen, die Trommel nicht schlagen und die Tastatur nicht betätigen.

Wir müssen unseren lieben Verstand also nicht verteufeln. Es reicht, wenn wir ihm mit der ungezügelten Macht unseres Bewusstseins den Teufel austreiben. Und das bedeutet, das Kriegsbeil zu begraben und uns einzugestehen, dass selbst er gar kein so schlimmer Typ ist.

Dann könnten wir ihn zum Beispiel mal auf ein Bier einladen. Warum wir das tun sollten? Ach, warum nicht ... Etwas Sympathie für den Teufel hat noch niemandem geschadet. Im Gegenteil.

5 Wer hat Recht?

Recht haben wollen vs. Recht haben

Manchmal befinden wir uns in einem Dilemma. Einerseits wissen wir bereits, dass uns der Drang, Recht haben zu wollen, letzten Endes immer leiden lässt, andererseits wollen wir kein Fähnchen im Wind sein. Einerseits wollen wir andere Perspektiven nachvollziehen, andererseits lassen wir auch nicht alles mit uns machen. Und so wechseln wir hin und her zwischen erhobenem Zeigefinger und Minderwertigkeitsgefühlen und reden uns ein, dass es ein gesundes Mittelmaß schon richten wird, da wir mal gelesen haben, dass die Wahrheit etwas mit der Mitte zu tun hat. So glauben wir, mit diesem Kompromiss zufrieden zu werden, bis uns irgendwann schwant, dass das nicht funktioniert. Wir können auf diese Art unmöglich zufrieden werden, da wir uns in Wirklichkeit nur mit verschiedenen Gedanken identifizieren. Welche das sind, ist dabei völlig egal. Solange wir sie ernst nehmen, tragen wir eine Brille und werden von ihr gezwungen, in irgendeiner Weise Recht behalten zu wollen. Ob uns das bewusst ist oder nicht spielt dabei keine Rolle.

Schauen wir uns einmal an, was es wirklich bedeutet, Recht zu haben. Jemand, der Recht hat, gilt als jemand, der die Wahrheit sagt. Doch wie könnte jemand jemals die Wahrheit sagen, wo doch kein Wort der Welt die absolute Wahrheit abbilden kann? Erinnere dich: Die absolute Wahrheit ist ausschließlich in der wortlosen Stille des reinen Daseins verborgen.

Die Antwort muss daher sein: Niemand kann mit Worten allein die Wahrheit sagen. Und ein Mensch, dem das bewusst ist, während er spricht, spricht Wahrheit.

Das bedeutet: Hinter seinem gesprochenen Wort ist er stets mit dem raumlosen Raum der Zeitlosigkeit verbunden. Und so ist für ihn jedes Wort nur Bonus. Er weiß, dass sich das Wesentliche nicht in den Worten, sondern in den Pausen verbirgt. Dass es da etwas Größeres gibt als Inhalt. Etwas, das es dem Inhalt durch sein Dasein überhaupt erst gewährt, zu erscheinen und zu entschwinden. Und so haben seine Worte eine gesundende Schwingung, egal welche es sind. Ihm ist klar: Worte allein sind nur das Business des Verstandes, mehr nicht. Daher nimmt er sie nicht ernst, während er sich ihrer bedient. So ist er hintergründig stets in Kontakt mit seiner stillen und ewigen Existenz.

Sobald uns also tiefgreifend bewusst ist, dass wir auf der Ebene des Inhaltes – der Ebene des Verstandes – schlicht nicht Recht haben *können*, lösen wir uns automatisch von der Brille unseres Denkens und kommen in die selige Ebene jenseits allen irdischen Inhaltes. Wir erlangen Bonusbewusstsein und sehen die Dinge von außen.

Auch dann, so werden wir merken, macht es keinen Unterschied, welche Gedanken wir denken.

Wo wir jedoch sehr wohl einen Unterschied vernehmen, und es ist der alles entscheidende, ist in unserem Befinden. Denn wenn es uns nicht mehr so wichtig ist, welche Gedanken kommen und gehen, weil wir uns selbst nicht mehr in ihnen vermuten, nehmen wir zunehmend eine tiefe innere Ruhe wahr. Diese Ruhe kann nun unser ständiger Begleiter werden, was uns die mächtige Fähigkeit zu uneingeschränktem Wahrnehmungsvermögen beschert. Und das macht uns zu sehr aufmerksamen Zuhörern, denn wir werden nun kaum mehr von unserem eigenen Lärm im Kopf abgelenkt. So erkennen wir uns in anderen Menschen wieder und eröffnen uns damit erst die Möglichkeit, echtes Interesse aufzubringen. Eine klare innere Stille wird so zur weißen Leinwand für das Gesagte unseres Gegenübers.

Erfahren wir innere Ruhe, strahlen wir sie automatisch auch aus. Wir spüren, dass es die Basis allen Redens ist, durch aufmerksames Schweigen friedlich zu wirken. Wir haben die ständige Gewissheit: Besser als es jetzt sowieso schon ist kann es durch kein Wort der Welt mehr werden.

Doch *wenn* wir uns dazu entscheiden, zu reden, fußt unser gesprochenes Wort auf wahrer Freiwilligkeit. Einen Menschen in diesem Zustand könnte man als jemanden bezeichnen, der Recht hat. Jemand, der wahrhaftig Recht hat. Jemand, dem göttliches Recht zuteilwird.

Wenn wir uns dagegen nur einreden, im Recht zu sein, können wir nicht anders, als nur Recht haben zu wollen. Dann tragen wir eine Brille und bleiben auf der Ebene des Inhaltes hängen, ohne dass es uns bewusst sein könnte. Da wir in diesem Bewusstsein blind für die Magie der Pausen zwischen den Worten sind, sind alles, was uns bleibt, die Worte selbst. Und so nehmen wir sie todernst.

Da ein Brillenträger allergisch auf die friedliche Stille seines reinen Daseins ist, versucht er stets, ihr in irgendeiner Form zu entfliehen. Die Urangst vor dem Tod, die er unterschwellig ständig fühlt, zwingt ihn dazu. Er hält es nicht aus, in Frieden sein göttliches Daseinsrecht zu genießen. Er muss anderen beweisen, dass er Recht hat. Und das wirft ihn aus der Bahn und raubt ihm seine Natürlichkeit. Die daraus resultierende Ausstrahlung hat ein breites Spektrum wie beispielsweise:

aggressiv, beleidigt, wütend, sarkastisch, abwesend, arrogant, aufgekratzt, redselig, aufgesetzt, belehrend, unaufmerksam, nervös, apathisch, geknickt, fahrig, schüchtern ...

Die Redensarten »nicht aus sich herauskommen« und »sich selbst im Weg« oder »neben sich stehen« gehen ebenfalls auf die Geisteshaltung zurück, Recht behalten zu wollen.

Während jemand, der Recht haben will – ob mit Worten, Taten oder in Gedanken – also meist tut und macht und probiert, *ist* der wahrhaftig Rechthabende einfach nur – selbst im Tun.

Wie können wir also erkennen, welchem Zustand ein Mensch gerade näher ist?

Die Worte selbst werden wenig Ausschluss bringen. Was bleibt, ist das, was hinter den Worten wohnt: die berühmte Ausstrahlung.

Unser Messgerät für Ausstrahlungen ist das, was nicht unser Verstand ist. Es ist Seele. Herz. Intuition. Bauch. Nenne es, wie du willst. Es ist das, was nicht verstanden werden kann und dadurch für Verständigung sorgt. Das, was das Harte erweicht und das Starre zum Fließen bringt. Das, was das Komplizierte eint. Das, was jetzt ist und sonst nie. Das, was klar sieht. Das Unbeschreibliche. Wir selbst.

Schulen wir uns in der Handhabung dieses Messgerätes durch die Kunst des Seinlassens und reinen Wahrnehmens, können wir den Grad an Wahrhaftigkeit, die aus einem Menschen spricht, ob mit oder ohne Worte, immer treffsicherer ausmachen. Und irgendwann erkennen wir, aus welch edlem Grund wir andere Menschen überhaupt mustern: einzig und allein, um unsere eigene Wahrhaftigkeit zu erfahren.

Natürlich kann es manchmal so wirken, als habe jemand, der nur Recht haben will, wahrhaftig Recht. Beispielsweise wenn jemand vor Gericht »gewinnt« oder sich gegenüber einem anderen stärker fühlt, weil er seinesgleichen um sich geschart hat. Manche Menschen sind unter größter Anstrengung auch so »gute« Schauspieler, dass es sehr feine Antennen braucht, um sich von ihrem Schein nicht blenden zu lassen. Je stiller es jedoch in uns ist, desto feiner werden unsere Antennen, um Möchtegern-Wahrheit immer treffsicherer von Wahrheit zu unterscheiden.

Mit dem Herzen zuhören
Solltest du einmal unsicher sein, ob du oder der andere bei irgendeiner Angelegenheit dem wahrhaftigen Recht näher ist, tue Folgendes: Versuche, eure Interaktion von außen zu betrachten und stelle dir dabei einfach vor, dass du ein Alien bist und die Sprache, in der ihr sprecht, nicht verstehst. Was übrig bleibt, sind einfach nur Menschen, die mithilfe ihres Tonfalls, ihrer Mimik und ihrer Gestik etwas Bestimmtes ausstrahlen. Du kennst das vielleicht, wenn du schon einmal bei einer Diskussion zugehört hast, die in einer Sprache ablief, die du nicht verstanden hast.
Spüre so hinein und frage dich, ob die Art und Weise, in der gesprochen wird, angenehm oder unangenehm ist. Je angenehmer und vertrauter es sich anfühlt, dir selbst oder dem anderem zuzuhören, desto mehr sprichst du oder dein Gegenüber aus seiner Tiefe. Je unangenehmer es sich anfühlt, desto getönter ist die jeweilige Brille. Natürlich kann diese Angelegenheit sehr subtil sein. So kann es erscheinen, als wäre alles klar, doch wirst du tief in

dir dennoch ein unerklärliches Gefühl ausmachen können, das dir signalisiert, dass etwas nicht ganz koscher ist.

Es geht darum, eine möglichst objektive Haltung einzunehmen, denn wahre Liebe ist nichts anderes als wahre Objektivität. Eine Haltung, die einer bedingungslosen inneren Annahme dessen entspricht, was dir begegnet, ohne dafür und ohne dagegen zu sein. Das Einzige, was du dafür brauchst, ist ein hohes Maß an Aufmerksamkeit. Achte einfach darauf, ob du während eines Gesprächs gerade mehr Liebe oder mehr Angst fühlst. Je mehr Liebe es ist, desto näher bist du dem göttlichen Recht. Je mehr Angst es ist, desto mehr hältst du fest und willst nur Recht behalten. Du wirst sehen, dass du dir nach und nach der Zusammenhänge immer bewusster wirst. Und so wirst du den Drang, dein Gegenüber überzeugen zu wollen, irgendwann komplett loslassen können. Du genügst dir dann selbst und lässt alle Anstrengungen einfach bleiben. Dein Gegenüber wird's entweder spüren und von der Unbestechlichkeit deiner Liebe regelrecht gezwungen werden, seine Brille ebenfalls abzunehmen. Oder er lebt eben noch eine Weile mit ihr weiter.

Ohne Worte sprechen

Du kennst sicher das Phänomen, dass Menschen viel reden und dabei nichts sagen. Probiere einmal das Gegenteil aus, indem du einer oftmals als unangenehm empfundenen Stille, die du sonst vielleicht mit

Small Talk über das Wetter oder anderen Belanglosigkeiten kaschiert hast, mit friedvollem Schweigen Herr zu werden versuchst. Mache dir dazu klar, dass die Stille des Moments schon alles ist, was es braucht und dass grundsätzlich keinerlei Dringlichkeit besteht, dieser Vollkommenheit mit Worten etwas hinzuzufügen. Halte die Stille aus und erkenne, dass sie dein Freund ist. Sollte es dein Gegenüber dann irgendwann nicht mehr aushalten, könnte es sein, dass er losplappert. Dann kannst du natürlich auf ihn eingehen, wenn du es für unnötig hältst, dass er glaubt, dass du jetzt nicht mehr alle Tassen im Schrank hast. Doch wirst du nun eher aus deiner Tiefe heraus sprechen.

Du wirst sehen, dass du, wenn du das anwendest, in jeglichen Gesprächen das, was du sagst, immer öfter auch so meinen wirst. Dein Gesagtes wird auf diese Weise mehr und mehr Substanz bekommen. Lass deinen Bauch sprechen, nicht deinen Kopf. Es fühlt sich dann nicht mehr so an, als ob du selbst sprechen würdest, sondern als ob durch dich hindurch gesprochen würde. Das ist ein sehr urlaubsähnliches Gefühl. Lasse etwas Höheres das Ruder übernehmen und durch dich hindurchwirken. Entspanne und höre dir selbst beim Sprechen zu.

Brillentypen

Im Folgenden beschreibe ich einige gängige Spielarten des zwanghaften Recht-haben-Wollens. Verhaltensweisen, zu denen bebrillte Menschen unfreiwillig getrieben werden. Wenn du willst, kannst du beim Lesen nachforschen, ob du Menschen kennst, bei denen du die ein oder andere Form bereits erlebt hast. Dies kann eine hilfreiche Übung sein, denn so schulst du deinen Blick für den Grad an Wahrhaftigkeit. Sei dir dabei allerdings bewusst, dass dein Beweggrund ausschließlich die Enttarnung deiner eigenen Brillen sein sollte, wenn wahre Bewusstseinserweiterung dein Anliegen ist.

Achte daher darauf, mit wie viel Neutralität, also Mitgefühl du am Werke bist. Sonst könntest du nämlich leicht darin verfallen, dich ausschließlich an den Unzulänglichkeiten anderer zu ergötzen. Das macht auf eine ungesunde Weise zwar irgendwie Spaß und geht auch ziemlich leicht, doch bleibt deine eigene Unzulänglichkeit dann nur ein blinder Fleck.

Wenn du also ans Eingemachte gehen willst, wirst du nicht drum herumkommen, auch nachzuforschen, wie viel Anteil der folgenden Stereotypen jeweils in dir selbst noch aktiv sind. Du hast dabei immer die Wahl, den Text mit einer leugnenden oder einer offenen, und damit verletzlich erscheinenden Haltung zu lesen. Letzteres könnte zwar kurzzeitig etwas unangenehm werden, birgt aber ein gewaltiges Potenzial. Es ist das Potenzial der Erkenntnis, dass du niemals verletzt werden kannst.

Der ignorante Weg dagegen bleibt nett, bequem und komfortabel, stellt allerdings auch keinen echten Mehrwert für dich bereit. Dein Wille bleibt frei. Das Schöne am ehrlichen Weg ist jedoch in diesem Fall, dass du, solltest du deine Brillen hier und da wiedererkennen, es ja niemandem erzählen musst, wenn du nicht willst. Im jetzigen Moment gibt es nur dich, die Essenz hinter den geduldigen Worten, die du in deinen Händen hältst und die Stille. Sonst nichts.

Noch ein Hinweis: Das Folgende ist selbstverständlich nur ein kläglicher Versuch meines Verstandes, Menschen in ein Schulbladensystem zu pressen. In Wirklichkeit fließen alle Formen ständig ineinander und existieren in unzähligen Abstufungen. Behältst du das jedoch im Hinterkopf, könnten die folgenden Schubladen für eine Weile recht nützlich für dich sein.

Die Tyrann-Brille

Wer diese Brille trägt, wird von ihr dazu gebracht, mit bloßer Gewalt und auf plumpe Art zu versuchen, anderen seine Sichtweise aufzuzwingen. Dies kann sich im Kleinen, wie beispielsweise durch einen Tobsuchtsanfall am Frühstücks- oder Stammtisch, oder auf globalem Niveau zeigen. Hier einige teils gängige Beispiele für mögliches Gedankengut eines Menschen, der eine Tyrann-Brille trägt.

Weiße sind besser als Schwarze. Schwarze sind besser als Weiße. Arier sind toller als Juden. Juden sind toller als Arier. Muslime sind göttlicher als Buddhisten. Buddhisten sind göttlicher als Muslime. Und spirituelle Menschen stehen natürlich sowieso über allem. Jedoch nur dann, wenn sie bereits erleuchtet sind. Bla bla bla …

Kennzeichnend ist wie immer ein Ungleichgewicht, verursacht durch Bewertungen.

Bei ängstlichen Menschen funktioniert dieses gewaltvolle Aufzwingen einer Weltsicht sehr gut, da sie sich von der Lautstärke eines Menschen mit Tyrann-Brille leicht einschüchtern lassen und sich dann einreden, seine Worte seien der Heilige Gral. So müssen sie keine eigene Verantwortung übernehmen und verharren weiterhin in ihrer gewohnten Bequemlichkeit. Darum ist eine unsicher erscheinende Allgemeinsituation immer auch ein fruchtbarer Boden für diese Form, Recht haben zu wollen. Wortgewandtheit und Pathos tun ihr Übriges. Ein Mensch, der diese Brille trägt, verteidigt seine Weltsicht mit allen Mitteln und kann auch über Leichen dafür gehen. Selbst im Namen von Gott. Irgendwann könnte er an einen Punkt kommen, wo er sich fragt, wie viel seine Unternehmungen mit Genuss, innerem Frieden und einem sagenhaft entspannten Urlaubsfeeling zu tun haben. Dieser Moment könnte einen Prozess bei ihm in Gang bringen, an dessen Ende die brillenlose und selige Realität auf ihn wartet.

Neben dieser offensichtlichen und lautstarken Version gibt es noch eine verschleierte Variante der Tyrann-

Brille. Sie gehört mit zum Gefährlichsten, was es gibt. Um sie zu entlarven, musst du hellwach sein, denn wer sie trägt, nutzt jede noch so kleine Nachgiebigkeit, um dich um den Finger zu wickeln. So gibt der Träger dieses Brillentyps vor, dein bester Freund zu sein, und gewinnt nach und nach dein Vertrauen, das er dann skrupellos für seine niederen Beweggründe ausnutzt. Er ist der Wolf im Schafspelz, doch sieht jeder, der Ruhe bewahrt, stets den Wolf im Schaf. Und damit vielleicht sogar das wahrhaftige Selbst im Wolf.

Die Opfer-Brille

Menschen, die Opfer-Brillen tragen, können tückisch sein. Wie bei einem kleinen Kind, das weint, verfallen wir schnell in Mitleid und bestätigen dem Bebrillten damit unbewusst seine Opferrolle. Wenn wir uns jedoch an eine neutral-friedvolle Ausstrahlung als Gradmesser für Wahrhaftigkeit erinnern, merken wir schnell, dass ein Mensch mit Opfer-Brille nicht einmal annähernd in den Sphären des göttlichen Rechts wandeln kann.

Wer sie trägt, will Recht haben in seinem Glauben, nicht gut genug und nichts wert zu sein. Er weigert sich, die Hölle zu betreten, und landet dadurch ironischerweise mittendrin. Er fühlt sich klein und hilflos und zieht sich am liebsten so weit es geht zurück, da die Welt da draußen für ihn böse und bedrohlich zu sein scheint. Seine Komfortzone ist so klein geworden, dass er sie gar nicht mehr finden kann und fühlt sich deswegen un-unterbrochen sehr, sehr unkomfortabel. Deswegen kann ein Mensch, der eine Opfer-Brille trägt, nicht mehr an-ders, als dies unaufhörlich kundzutun, und sei es nur in seinem Kopf. Sein Leben wird dadurch kalt und starr. Und so entschwinden seine Lebensgeister langsam, aber sicher und sein Herz versteinert, sodass bei aller Be-quemlichkeit des Sofas oder Bettes alles immer trister und trauriger wird, bis es kaum noch auszuhalten ist. Die Fassade des Opfertums wird oft trotzdem mit aller Kraft und furchtbarer Anstrengung aufrechterhalten, sodass kaum mehr Energie für den Gang zur Toilette oder zum Kühlschrank bleibt. Für die immer schlimmer werdenden Empfindungen wird aus purer Verzweiflung mit teils an den Haaren herbeigezogenen Argumenten die Außenwelt verantwortlich gemacht.

Je mehr Zeit vergeht, desto schwieriger wird es, das Kartenhaus am Zusammenfall zu hindern, was den Op-fer-Brillen-Träger manchmal dennoch nicht davon ab-hält, es weiter und weiter zu versuchen. Nach und nach werden immer weniger Glücksgefühle gefühlt und immer mehr Leid muss erfahren werden. Die Energie schwindet und das gesamte System läuft zunehmend nur noch auf Notstrom. Alles wird im Namen des Gewohnten anstrengender und anstrengender. Der Brillenträger ist nun verzweifelt auf der Jagd nach Glücksgefühlen und sucht in der Sucht unter Umständen für kurze Zeit spär-liche Erleichterung. Daher kann er leicht abhängig von Drogen, Sex, Arbeit, Essen oder der Bestätigung seiner Opferrolle durch Mitleid anderer Menschen werden. Im tiefsten Inneren ahnt er zwar, dass das nicht die Lösung ist, weiß sich für den Moment aber nicht besser zu helfen. Im ungünstigsten Fall vergeht in diesem Stadium noch einige Zeit, bis ihm auch die letzten Mittel nicht mehr genug positive Gefühle liefern, für die es ihm wert wäre, am Leben zu bleiben. So setzt er dem Ganzen ein Ende, um der Welt zu zeigen, dass er Recht hatte.

Der sogenannte Depressive ist unglücklich, weil er glaubt, derjenige zu sein, der unglücklich sein will. In Wirklichkeit gaukelt ihm das aber nur seine Brille vor, die in diesem Fall so stark getönt ist, dass er den Tag vor lauter Nächten nicht mehr sieht.

Solltest du dich hiermit angesprochen fühlen und diese Aussage wie blanker Hohn in deinen Ohren klingen, dann sage dir: Zu Leben heißt zu fließen. Nicht zu leben heißt Starrheit. Du wählst im Moment offensichtlich die Starrheit. Und damit bist du starrsinnig. Es steht jedoch jederzeit in deiner Macht, dich wieder in den Lebensfluss zurückholen. Beginnen könntest du im Kleinen mit jenem Fluss, der in deinen Augen wohnt, denn deine Augen sind das ultimative Tor zu deiner Lebendigkeit. Lass dir das Fließen vom Wasser in ihnen wieder beibringen. Es ist die Kläranlage deiner Seele und gemacht, um all die Scheiße zu lösen und fortzuspülen, die dich so miserabel fühlen lässt und deine Sicht so sehr verdunkelt. Und solltest du glauben, dass das nicht möglich ist, weil echte Kerle beispielsweise nicht weinen, ein Indianer keinen Schmerz kennt oder gute Mädchen immer artig sind: Derartige Floskeln wurden von Menschen erfunden, denen es nicht besser erging als dir. Geholfen haben sie ihnen nicht.

Die Aussage, dass der sogenannte Depressive glaubt, derjenige zu sein, der sich schlecht fühlen will, entspringt purem Mitgefühl, da sie wahr ist. Und jeder Mensch hat es verdient, die Wahrheit zu erfahren. Etwas anderes zu sagen, wäre schlicht würdelos, verantwortungslos und gefährlich. Ein sogenannter Depressiver kann nicht anders, als zu glauben, unglücklich sein zu wollen, da er seinen Willen nicht als frei erkennt. Das kann er nicht, da er den Glauben, depressiv zu sein, todernst nimmt. Damit nimmt er die Identität eines sogenannten psychisch Kranken an und hat verständlicherweise eine Heidenangst davor, nicht mehr depressiv zu sein. Daher bleibt er es. In diesem Zustand hat er tatsächlich das Gefühl, sterben zu müssen, wenn er nicht mehr unglücklich ist. Und da niemand gerne stirbt, ist sein Verhalten völlig nachvollziehbar.

Wenn ein sogenannter Depressiver wüsste, dass er auch dann noch am Leben ist, wenn er seine Scheinidentität als Trauerkloß über den Haufen wirft, könnte er sich einen Ruck geben und direkt in seinen riesengroß gewordenen Schatten springen. Das ist sein Tod und seine Erlösung zugleich. Er wacht ganz plötzlich auf und erkennt, wer er wirklich ist. Und er versteht mit seinem Herzen, dass dieser jemand diesen einen kleinen, aber alles entscheidenden Schritt hinter der Idee eines Trauerkloßes steht. In einem Moment der Klarheit erkennt er damit seine Opfer-Brille als solche, womit er sie bereits abgenommen hat. Das war's dann schon und erspart jahrelanges Leiden, endlose Psychotherapiestunden und was nicht alles noch. Ein wahrer Freund bleibt daher immer ein souverän leuchtender Fels der Klarheit in der finsteren Brandung der Verwirrung.

Sollte dir das immer noch vorkommen, als würde ich mich über Depressive lustig machen, könnte dir allmählich klar werden, dass ich es ernst meine mit dem Nicht-ernst-Nehmen. Es stimmt also, dass ich mich lustig mache. Allerdings nicht über den, der glaubt, unglücklich sein zu wollen, also dich, sondern über den, der unglücklich ist. Das tue ich mit bestem Gewissen, da es Letzteren gar nicht gibt. Wenn *du* es ebenfalls schaffst, dich mitfühlend über dieses unglückliche Phantom von dir lustig zu machen, ist der Bann gebrochen.

Die Wahrheit ist, dass es problemlos möglich ist, die Lust am Leben wieder zu (emp-)finden. Problemlos bedeutet, zu erkennen, dass etwas, das dir mit Brille als ein riesiges Problem erscheint, ohne Brille keines ist, sondern nur eine Situation. Eine Welt voller lebenslustiger Menschen wäre eine so unerträglich schlimme Hölle für einen lustlosen Menschen, dass er irgendwann kapitulieren müsste. Die Unerträglichkeit dieser Höllenqualen würde sein trauriges Trugbild in den Tod zwingen. Dahinter wohnt Frieden.

Die Energiefresser-Brille

An einem Menschen, der diese Brille trägt, ist meistens erst einmal nichts auszusetzen. Er ist stets kontaktfreudig und sehr nett. Doch macht sich mit der Zeit unterschwellig auf scheinbar unerklärliche Weise ein unangenehmes, beklemmendes Gefühl bemerkbar, wenn man eine Weile mit ihm zusammen ist. Er zapft die Energie seines Gegenübers unbemerkt an, weil er selbst noch nicht weiß, wo seine eigene Quelle ist. Das geschieht subtil, indem er sich anfühlt wie eine Klette, die süchtig nach Bestätigung ist und nicht alleine sein kann. Echte Unterhaltungen sind mit ihm kaum möglich, da er in seinem Bewusstsein nicht anders kann, als fast nur von sich selbst zu erzählen. Er ist nicht dazu in der Lage, seinem Gegenüber über längere Strecken aufrichtig zuzuhören. Weil er seine eigene Energiequelle noch nicht gefunden hat, ist er angewiesen auf seine Mitmenschen, bei denen er unter Umständen unaufhörlich nach Komplimenten fischt.

Oft fragt er sich irgendwann, warum er immer weniger wahrhaftige soziale Kontakte hat und es besteht die Möglichkeit, dass er noch unbewusster wird und sich beispielsweise zusätzlich die Opfer-Brille aufsetzt. Oder es beginnt der Prozess des Erwachens.

Die Gutmensch-Brille

Es ist unter Umständen nicht leicht zu erkennen, dass jemand, der eine Gutmensch-Brille trägt, nicht im göttlichen Recht ist. Auf den ersten Blick wirkt ein solcher Mensch edel und selbstlos, da er anderen stets hilft und auch sonst nur Gutes zu tun scheint. Bei genauerem Hinsehen wird aber klar, dass dieses Handeln nicht aus edler Selbstlosigkeit, sondern aus einer festgefahrenen Moralvorstellung kommt, die definiert, was gut und was schlecht, was richtig und was falsch ist. Das ist eine starke Bewertung und so kann ein Mensch, der diese Brille trägt, nicht anders, als zu versuchen, jemanden, der nicht die gleiche Auffassung hat wie er, von seinem Weltbild zu überzeugen. Er glaubt beispielsweise genau zu wissen, welches die optimale Ernährung, Arbeitsmoral, spirituelle Praxis oder Lebensführung ist, und macht daraus gegenüber seinen Mitmenschen auch keinen Hehl.

Er tut das seiner Meinung nach Gute oder Richtige nicht aus sich selbst heraus, sondern weil er süchtig ist nach dem Lob und der Anerkennung, die er dadurch von anderen bekommt. Auf diese Weise geht's allen Beteiligten schlechter als nötig, obwohl er alles nur gut meint.

Ein Gutmensch-Brillenträger möchte stets nur das Schöne in sein Leben lassen. Nachzuforschen, ob unter der Oberfläche noch dunkle Schatten lauern, ist für ihn ein absolutes Tabu. Daher fristet er lieber ein zwar schönes und gutes, jedoch auch seelenloses Dasein, beispielsweise zwischen verzweifelt aufgestellten Engelfiguren,

Blumenbildern oder pedantisch gepflegten Vorgärten. So kann es sein, dass er von seiner Brille gezwungen wird, Familienfeiern so ernst zu nehmen wie das Amen in der Kirche und im Namen der sogenannten Nächstenliebe mit gruselig-aufgesetztem Dauerlächeln und eiserner Hand durchzieht. Das ist für keinen der Gäste ein Zuckerschlecken, obwohl auch mal der etwas zu süße Kuchen in einem etwas zu perfekt dekorierten Zimmer verspeist werden muss, während knallhart gefilmt wird, wie die Festgemeinde angsterfüllt und stocksteif »Heute kann es regnen, stürmen oder schneien« singt. Die Wahrheit ist, dass es im Herzen eines Menschen in diesem Zustand zwangsweise bald nur noch regnen, stürmen und schneien wird, selbst wenn am Himmel die Sonne scheint.

So manchem Gutmensch-Brillenträger steckt der Stock wahrlich so tief im Arsch, dass er ihm zum Munde fast schon wieder herauskommt und droht, im wahrsten Sinne an seiner eigenen Scheiße zu ersticken. So macht er es sich selbst unmöglich, mal wieder so richtig die Sau rauszulassen.

Und das ist wahrlich jammerschade, denn manchmal tut es einfach gut, mal so richtig die Sau rauszulassen, solange man jederzeit dazu in der Lage bleibt, sie auch wieder einzufangen.

Gutmensch-Brillenträger ziehen oft andere Gutmensch-Brillenträger an, mit denen sie über die vermeintlich Bösen lästern, um durch gegenseitige Bestätigung das erkrankte Selbstbild zu nähren. Diejenigen, die an dieser Stelle als böse betrachtet werden, sind immer die, die bereits tiefer in ihre Schatten hineingeschaut haben. Darum haben sogenannte Bad Boys oft auch eine so magische Anziehungskraft. Mädchen wollen mit ihnen zusammen sein und Jungs wollen so sein wie sie. In Wirklichkeit sind die bösen Jungs allerdings nicht böse, sondern schlicht so, wie sie eben sind, also authentisch. In einer Gesellschaft, die das Liebe, Nette und Schöne gegenüber dem Schlechten, Gefährlichen und Hässlichen bevorzugt, wirken sie nur böse. Sie haben etwas, das der Gutmensch-Brillenträger nicht zu haben glaubt, und das macht ihm eine Heidenangst, sodass es sein Ersatzmechanismus ist, sich über sie zu echauffieren.

Jemand, der sich selbst erkannt hat, wird das jedoch durchschauen und sich nicht vom pompösen Palast einer heilen Welt, in der ein Mensch mit dieser Brille zu leben scheint, hinters Licht führen lassen. Stattdessen wird er in seinen Augen jenes erkennen können, was wirklich da ist: tiefe Traurigkeit.

Er wird sich sein Bild nicht aufgrund des Inhaltes der Situation machen, sondern durch das Erspüren der atmosphärischen Qualität, die im Raum herrscht.

Wenn das aus Künstlichkeit erbaute Kartenhaus eines Gutmenschen einmal einstürzt, wird dieser Einsturz das mit Abstand Beste sein, was er jemals in seinem ganzen Leben erlebt. Irgendwann wird das zwangsläufig passieren, da die Winde der Veränderung immer stärker und stärker werden. Sie sind die Beauftragten des Lebens selbst und wehen im Namen der Wahrhaftigkeit.

Die Poser-Brille

Der Poser maskiert sich beispielsweise mit teuren Poser- und Sonnenbrillen, feinen Uhren, schicker Kleidung und schnellen Autos. Er glaubt, in einer höheren Liga zu spielen, indem er sich mit anderen Poser-Brillenträgern umgibt. So bekommen alle Poser-Brillenträger zusammen das Gefühl, dass sie bereits in etwas wahrhaftigeren Sphären wandeln als diejenigen, die sie nicht zu ihrem erlauchten Kreis zählen. Und während sich in dieser vermeintlichen Elite stets nur das Beste gegönnt wird, wird oft total verkannt, dass es die Unterteilung in besser und schlechter nicht wirklich gibt.

Die Brille des spirituell Suchenden

Die Brille des spirituell Suchenden ist meistens eine der letzten und gleichzeitig eine der heimtückischsten Brillen, die getragen werden können. Jemand, der sie trägt, spürt unterschwellig bereits eine gewisse Sehnsucht und ahnt intuitiv, dass das, was er kennt, noch nicht alles gewesen sein kann. Fasziniert von dieser Ahnung, liest er ein sogenanntes spirituelles Buch nach dem anderen und glaubt, dass er durch dieses Anhäufen von Wissen weiterkommt. Die Annahme, auf dem sogenannten spirituellen Pfad in irgendeiner Weise weiterkommen zu können, hält ihn in der Illusion gefangen, dass ihn das Erreichen eines in der Zukunft liegenden Zieles namens Erleuchtung oder Erwachen eines Tages glücklich machen wird.

So geht er zu Gurus, Schamanen und Seminaren und glaubt der Erleuchtung immer näher zu kommen, je mehr abgefahrene spirituelle Happenings er besucht.

Nach seinem Ziel des Erwachens strebend, verkündet er beispielsweise die Botschaft »Der Weg ist das Ziel« und ist sich der unfreiwilligen Komik dieser Situation nicht bewusst.

Er findet, dass er sehr spirituell geworden ist und nimmt den ganzen Zauber ziemlich wichtig. Und so labt er sich an der mittlerweile daraus entstandenen Bewegung und kommt sich insgeheim zumindest ein kleines bisschen göttlicher vor als die, die seiner Meinung nach noch nicht so weit sind. Dabei vergisst er, dass niemand jemals spiritueller als der andere sein kann. Er möchte sich so sehr entwickeln und verwickelt sich dabei immer wieder in diesen frommen Wunsch. So wird er süchtig nach dem Sehnen nach Erkenntnis.

Also postet er in seinen Social-Media-Kanälen viele gängige, mittlerweile schon zum guten Ton gehörende Weisheitsfetzen oder geht seinen Mitmenschen in einem belehrenden Ton redlich auf die Nerven.

Zum Beispiel weist er von seiner, aufgrund der eigenen Leichen im Keller, stinkenden Komfortzone aus auf Grenzenlosigkeit hin, und regt sich auf der Heimfahrt von seiner Meditationsgruppe, wo er den anderen eben noch Mitgefühl als das Nonplusultra verkauft hat, tierisch über andere Teilnehmer im Straßenverkehr auf.

Indem er Genügsamkeit anpreist, holt er sich die Anerkennung, die er noch zu brauchen glaubt.

Es kann auch passieren, dass er einmal gelesen hat, dass es weise sei, sich in Bescheidenheit zu üben. Also zieht er sich im Mantel der Askese von der Welt zurück und kommt sich dabei sehr bescheiden vor. Was er dabei nicht merkt, ist, dass sich hinter seiner Pseudobescheidenheit nur die Angst versteckt, für sich einzustehen und erhobenen Hauptes seinen ureigenen Standpunkt in der Welt zu vertreten. So bleibt er doch nur wieder in einer Limitierung seines Potenzials gefangen.

Er praktiziert schlicht nicht, was er predigt. Er kann es nicht praktizieren, da er es selbst noch sucht. Die vielen Philosophiestunden, mit denen er seine Mitmenschen auf Trab hält, hält er also nicht in erster Instanz, um ihnen etwas Gutes zu tun, sondern um sich die Dinge erst einmal selbst klarzumachen.

Solltest du mittlerweile übrigens nicht mehr leugnen können, dass dich der eine oder andere Satz erwischt hat, kommt jetzt eine gute Nachricht: Das alles muss so sein. Anders geht es nicht. Bei mir war und ist es genauso. Es gibt nur eine einzige Möglichkeit, diese Phase zu umschiffen. Und das ist eine wundersame Blitzerleuchtung, ohne dass der Betreffende überhaupt weiß, was da gerade abgeht. Diese ist allerdings höchst selten, weswegen wir besser nicht davon ausgehen sollten, dass uns das widerfährt. Und falls doch, umso besser.

Manchmal setzt sich ein Mensch, der die Brille des spirituell Suchenden trägt, zusätzlich noch die Tyrann-Brille auf. Dabei kann ein Pseudoguru herauskommen, der mit der Angst anderer Menschen und der daraus kommenden Sehnsucht nach Erlösung viel Geld verdient. Das geschieht auch oft im Rahmen einer Sekte.

Mischt sich hingegen die Gutmenschweltsicht hinzu, fliegen womöglich überall nur noch Engel herum, bis eines Morgens die sturzbetrunkene Brut nach ihrem ersten Vollrausch lautstark grölend nach Hause kommt und in ihrem Kinderzimmer beispielsweise den Klängen teuflischer Heavy-Metal-Musik frönt. Während der spirituelle Gutmensch diese nun entgeistert ertragen muss, nützen ihm leider auch die vielen Engel nichts mehr.

Wenn er jedoch irgendwann wirklich loslässt, sieht ein solcher Mensch ein, dass selbst seine Spiritualität nichts als ein ernst genommenes und meist hochtrabendes Gedankenkonstrukt ist. Dann stellt er erleichtert fest, dass Reden (und Lesen) nur Silber ist und kann zum wahren Gentlemensch der Schöpfung reifen, der kein Problem mehr damit hat, zu schweigen und zu genießen. Durch diese Einsicht wird es ihm möglich, jegliche Aussicht auf eine etwaige Erfüllung in der Welt tiefgreifend als Illusion zu entlarven und er ist ge*heil*t, also ganz. Wie allzuoft bedarf es jedoch zunächst meist einer einigermaßen schmerzlichen Aussichtslosigkeit, um förmlich zur Einsicht gezwungen zu werden.

Auf welchem Wege er auch immer Klarheit in sich findet: Letzten Endes kehrt er wieder zurück zu den einfachen und ursprünglichen Dingen des Lebens, während sich der Rest der Welt noch den Kopf zerbricht. Er findet sich im Hier und Jetzt wieder als strahlendes, spielendes Kind. Ruhe und Frieden dürfen wieder in seinen Geist einkehren, wohingegen sein Körper noch lange nicht in Frieden ruhen muss. Sein geschundener Verstand darf schließlich in Rente gehen und sich erholen. Von nun an wird er nur dann noch die eine oder andere genüssliche Extrarunde drehen, wenn er gerufen wird.

Der Kreis eines solchen Menschen hat sich geschlossen. Spirituell ist dieser nicht mehr. Er ist einfach.

Die Motivator-Brille

Einen Menschen, der eine Motivator-Brille trägt, könnte man als die weltliche Version eines spirituell Suchenden bezeichnen. Er redet sehr viel und recht schnell, da ihn die Muse durchgehend zu knutschen scheint. Seine Kredos sind in etwa »Alles ist möglich«, »Lebe deinen Traum« oder »Wie du im Leben wirklich erfolgreich wirst«. Er drückt das, was man bei ihm lernen kann, gerne mit sophisticated Anglizismen wie »Die drei mind-blowing Gamechangers« oder »Permanent Vacation« aus (…). Und es ist ihm sehr wichtig, zu lehren, wie man durch Visualisierung Millionär wird. Er hat stets *die* neue, angesagte Methode parat, mit der es dieses Mal aber wirklich klappt mit dem Seelenheil oder dem prall gefüllten Bankkonto. Eine Methode, die jeder, der aus seinem Leben das Happening of the Universe machen will, seiner Meinung nach unbedingt ausprobieren muss. Bei alledem ist er stets ins rechte Licht gerückt – die

Haut gebräunt, die Zähne funkelnd, die Frisur sitzend und das Auge zwinkernd.

Prinzipiell ist an alledem natürlich nichts verkehrt, doch schreckt er seine Gefolgschaft in seinen Seminaren oder Videos, oftmals durch reißerisches und erzwungen gutgelauntes Auftreten, mehr ab, als dass er das Wesentliche in ihnen weckt. Dazu hätte er jedoch erst die Chance, wenn er sich zunächst dem Wesentlichen in sich selbst bewusst werden würde.

Stattdessen hält er sein Publikum in dem Glauben fest, dass das Leben gemacht sei, um nach Erfolg, dem Umsetzen eines Lebenstraumes durch Visualisierung, den Millionen auf dem Konto oder irgendetwas anderem zu streben. Sein Publikum bleibt ihm dabei so lange treu und applaudiert artig, bis es einen besseren Weg gefunden hat, wie es Freude ins Leben bringen kann. Bis dahin kleben seine Fans dem Motivator-Brillenträger *fan*atisch an der Lippe und frischen mit Blick auf den schönen, reichen und manchmal ganz schön reichen Menschen auf der Bühne im ungünstigsten Fall auch noch ihren sowieso schon festgefahrenen Glauben, eine Niete zu sein, noch weiter auf.

Die Ehrgeiz-Brille

Die Ehrgeiz-Brille liegt allen anderen Brillen zugrunde. Das Wort »Ehrgeiz« kann aus dem Althochdeutschen frei übersetzt werden mit »Gier nach Ehre«. Ein Mensch, der sie trägt, hat eine nach außen gerichtete Sichtweise und hält es für unerlässlich, ein Ziel zu erreichen, denn er ist unbewusst dem Glauben verfallen, in der Zukunft irgendwann einmal sein Seelenheil finden zu können. So verpasst er leider oft sehr viel von dem, was immer nur *jetzt* passiert: sein Leben.

Seine Ziele sind beispielsweise: Status, Vermögen, eine Machtposition, Besitz, die Liebe anderer Menschen oder die Liebe von einer höheren Macht. Blind vor Zielstrebigkeit strebt er ein Ziel an, obwohl es der Weg dahin schon wäre, und hält sich so in einer Illusion gefangen. Solange er das tut, kann er unmöglich erkennen, dass er längst da ist.

Das bedeutet allerdings mitnichten, dass Ziele per se unedel sind. Ein Ziel ist dann edel, wenn der, der es anvisiert, nicht mehr glaubt, es unbedingt erreichen zu müssen. Paradoxerweise wird er es dann leichter erreichen und vielleicht irgendwann feststellen, dass sein wahres Wesen ganz andere Ziele anstrebt, als es ihn seine Brillen einst glauben ließen. Ziele, die von mehr Sinn und Wahrhaftigkeit geprägt sind. Seine Verbissenheit kann sich nun etwas entspannen und zu Biss reifen. Mit Biss ist es ihm nach wie vor möglich, hartnäckig zu sein, doch muss er an keinem harten Nacken mehr leiden. Das wird ihm möglich, sobald er tiefgreifend versteht, dass er Erfüllung nur in sich selbst findet, anstatt in einem Hamsterrad oder einem mentalen Götzen, den er beispielsweise »Gott« nennt. So erkennt er, dass er selbst schon immer göttlich war, ohne dass es jemals einer Ergänzung bedurft hätte. Seine Ziele werden so zum Bonus des Eigentlichen: dem genüsslichen Gehen des Weges.

Mit Gefühl zu Mitgefühl

Ganz gleich, welche Brille es ist und ob du selbst oder andere Menschen sie tragen, die gemeinsame Wurzel des Übels ist wie gesagt immer die Urangst vor dem Tod. Sie entsteht, indem wir uns selbst mit unseren Gedanken verwechseln und dadurch tatsächlich das Gefühl haben, sterben zu müssen, wenn diese nicht mehr da sind. Mit anderen Worten: Da wir glauben, dass die Sicht durch unsere Brille bereits alles ist, befürchten wir, in ein endloses Nichts zu fallen, wenn wir sie abnehmen. Also behalten wir sie auf.

Unsere Brille aufzubehalten vermittelt uns zwar ein gewisses Gefühl von Sicherheit, schränkt uns jedoch tatsächlich immens ein. Durch diese Einschränkung verkommt unsere ursprünglich in Hülle und Fülle mit Liebe um sich werfende Seele zu einem mehr oder weniger blinden Fleck, weswegen wir die Abwesenheit von Liebe fühlen: Angst. Da unsere eigene Liebesquelle also versiegt oder schwach scheint, versuchen wir, ersatzweise in der Welt Liebe zu finden. Durch diese nach außen gerichtete Lebensweise werden wir Bedürftige. Bettler. Junkies, süchtig nach einem Ort und einer Zeit, die nicht existieren. Es ist, als hätten wir längst im Lotto gewonnen, doch vergessen, dass wir je gespielt haben. So ist es uns unmöglich, unseren Gewinn abholen. Der Vorteil gegenüber dem Lottospiel ist im echten Leben immerhin, dass die Abholfrist etwas später abläuft.

Da wir in diesem Zustand allergisch auf die Güte und Magie des jetzigen Moments reagieren, halten wir uns unaufhörlich mit kaltem Kaffee von gestern oder ungelegten Eiern von morgen auf. Die Idee, dass wir jetzt gerade heißen Kaffee und gelegte Eier genießen könnten, ist uns gänzlich fremd. Der Verstand verhindert das Schöne am Leben dann immer mit einem: »Ja, aber…« Dieses Prinzip dümpelt dann eine Weile vor sich hin, und hoppla – schon sind achtzig Jahre vorbei.

Durch unsere festgefahrenen Sichtweisen trennt das Messer unseres Verstandes die Welt auf in eine illusorische Vorstellung von Richtig und Falsch, Gut und Schlecht, Lieb und Böse. Wir schlagen uns dann in der Annahme, dass es Seiten gäbe, auf diejenige Seite, die uns richtig erscheint, nehmen sie dann als absolute Realität an und verteidigen sie, als gäbe es kein Morgen mehr. Oder vielmehr: als gäbe es ein Morgen. Wenn wir nun Situationen oder Menschen begegnen, die wir in unserer trügerischen Version der Wahrheit als falsch, schlecht oder böse einstufen, zwingt uns unsere Identifikation dazu, sie zu bekämpfen. Wenn's sein muss mit allen Mitteln. Diese variieren je nach Brillentyp.

Beim Tyrann kann es das Abschlachten abertausender Menschen sein, aber auch allerart fiese Manipulationsmechanismen. Das Opfer will uns im schlimmsten Fall mit Selbstmord beweisen, dass es Recht hat. Der Energiefresser ist gekränkt und protestiert, wenn man ihn nicht ständig beachtet. Der Gutmensch wertet Menschen ab, die einfach nur Spaß haben, aber nichts vermeintlich Gutes tun. Zudem muss er über Menschen lästern, die ihn durch die Akzeptanz ihrer dunklen Seiten an seine Ängste erinnern. Beim Poser ist es Arroganz und Abfälligkeit gegenüber denen, die nicht seinen Idealen entsprechen. Der spirituell Suchende findet Menschen insgeheim erbärmlich, die nicht einmal wissen, wer der Dalai Lama ist, und der Motivator ist abseits seiner Bühne vielleicht nicht mehr ganz so freundlich. Der Ehrgeizige kann es nicht sehen, wenn sich jemand nicht bemüht.

Alle Kandidaten verhalten sich ausschließlich so, weil sie sich unbewusst erhoffen, dadurch mit Liebe versorgt zu werden.

Egal, welche Gefühle du also fühlst: Sobald du erkennst, dass einfach nur blanke Panik hinter all unseren Verhaltensweisen steckt, wirst du erneut feststellen müssen, dass das Prinzip von Schuld hinfällig sein muss. Es ist wahrlich so, dass jeder Mensch immer sein Bestes gibt, also nicht anders kann, als sich so zu verhalten, wie er es tut. Vielleicht klingt es seltsam, doch bei manchen Menschen ist es tatsächlich das Beste, was sie gerade zu bieten haben, abertausende Menschen abzuschlachten. Wer das jedoch automatisch als böse einstuft, muss leider feststellen, dass er damit nur wieder in die Sackgasse von Bewertungen gelangt ist und sich unbewusst selbst eine Brille aufgesetzt hat. Das meinte auch Jesus schon, als er sagte: »Vater, vergib ihnen, denn sie wissen nicht, was sie tun«, während er am Kreuze hing und Nägel durch seinen Leib gebohrt bekam.[1] Ein Mehr an Größe ist wohl kaum möglich. Der Begriff »verrückt« wäre darum deutlich näher an der Wahrheit als »böse«, um die vermeintlichen Monster unserer Zeit zu beschreiben. Der kleine feine Unterschied zwischen »böse« und »verrückt« ist, dass wir bei der Bezeichnung »böse« schmerzlichen Emotionen wie Angst, Wut, Hass und Trauer leichter gestatten, unser Innenleben zu versauen. Tatsächlich ist das jedoch nicht nötig, wenn wir verstehen, dass selbst die vermeintlich bösesten Menschen der Welt einfach nur sehr, sehr verrückte Sichtweisen haben. Damit nehmen wir eine neutrale, forschende Haltung ein, die uns einen gesunden Abstand zu den Dingen beschert, ohne dass wir wegschauen müssen. Monster werden so wieder zu Menschen und wir erkennen, dass die einzige Empfindung, die nachhaltig Sinn stiftet, Mitgefühl sein muss.

Mitgefühl können wir uns selbst entgegenbringen, wenn wir uns in der einen oder anderen Form der Rechthaberei erwischt haben. Dann können wir es auch anderen entgegenbringen, wo manch anderer vielleicht nur Abneigung, Spott, Rachsucht oder Wut übrig hätte. Mitgefühl ist pure Heilung für uns alle. Mit Selbstmitgefühl kann sich jeder am Schopfe aus dem Sumpf der Unbewusstheit ziehen. Mitgefühl spricht das Unaussprechliche in uns an und eint die Welt im Stillen. Mitgefühl ist Balsam für unsere Seelen und schließt immer ein, nie aus.

1 Lk 23,34,

Vielleicht bist du nun empört, weil du das so verstehst, dass es in Ordnung sei, jemanden tausende Menschen abschlachten zu lassen. Sollte dem so sein, möchte ich dich darauf hinweisen, dass du durch deine Empörung gerade nichts änderst, außer deinen eigenen Apparat zu vergiften.

Der Punkt ist, dass unser System auf der Basis von Mitgefühl deutlich genauer und fokussierter arbeitet, als wenn wir uns durch allerlei Emotionen wie Empörung, Wut, Groll oder Trauer nur dazu verführen lassen, uns selbst Brillen aufzusetzen und, auf welche Art auch immer, wieder in die Lähmung der Angst zurückzufallen. Jedes Vorhaben, also auch das Aufhalten eines Tyrannen, wird uns so nun vergleichsweise spielend leicht gelingen.

Wie lähmend Angst sein kann, ist beispielsweise bei fehlender Zivilcourage zu beobachten. Wer Unrecht ignoriert, obwohl nichts außer dem eigenen Kopfkino gegen ein Eingreifen spricht, stellt sich nicht der Verantwortung dessen, was ihm in diesem Moment begegnet. Der erlaubt es seinen Emotionen, ihn in eine Schockstarre zu bringen, anstatt seinem höheren Selbst das Zepter in die Hand zu geben.

Schockstarre ist es auch, die uns bei Unfällen oder gewalttätigen Filmen nicht wegschauen lässt, während sie gleichzeitig die Hände vor die Augen hält. Wir sehen: Angst entzweit. Angst verzweifelt. Angst hält uns an einer vermeintlichen Weggabelung fest, sodass wir nicht mehr wissen, ob die eine oder die andere Möglichkeit

die bessere ist. Angst weiß nicht, ob es hier oder dort
langgeht. Angst (unter)scheidet. Angst ist schizophren.
Angst verwirrt. Angst bremst und blockiert. Und Angst
ist süchtig nach Angst. Damit raubt sie uns unsere Wahrhaftigkeit, zieht uns heraus aus der Einheit und wirft
uns hinein in den Kreis des Teufels. Und so fahren wir,
zu Sklaven unserer inneren Entzweiung geworden, trotz
und gleichzeitig wegen dem bittersüß-kranken Schau-
dern nicht weniger langsam an einem Unfall vorbei oder
schalten den Fernseher aus, während das Blut spritzt.

Wenn wir also in der Tiefe begreifen, dass wir für alle
Beteiligten nur Gutes tun, wenn wir erst uns selbst und
dann anderen bedingungslos vergeben, ohne zu verurtei-
len, verlieren diese kalenderspruchartigen Floskeln plötzlich ihre verstaubte moralische Maske und offenbaren
ihren taufrischen, quicklebendigen und völlig pragmatischen Kern. Dann erkennen wir sie als die Mechanik
der Schöpfung.

Mitgefühl mit dir selbst
Anstatt herumzujammern, dich selbst zu bemitlei-
den, den Hampelmann zu spielen, dich mit Belang-
losigkeiten abzulenken oder andere Menschen oder
Situationen dafür zu beschuldigen, dass dein Leben
scheiße ist, lasse doch einfach einmal Mitgefühl für
dich selbst walten. Mach dir dazu klar, dass es in
Ordnung ist, sich auch mal mies zu fühlen. Vielleicht
fragst du dich nun, warum es um Himmels willen
in Ordnung sein soll, sich mies zu fühlen, da du be-

fürchtest, dich auf diese Weise vollends in die ewigen Abgründe der Verdammnis zu werfen.

Wisse jedoch, dass der Grund für die ehrliche Akzeptanz deines Dich-mies-Fühlens nicht dessen Verherrlichung ist, sondern schlicht und ergreifend die wahrhaftige Begegnung mit dem, was eben jetzt da ist. So kannst du auf magische Weise blitzartig feststellen, dass es gar nicht du warst, der sich mies gefühlt hat, sondern nur eine Vorstellung deines Denkens, wer du seist. Das war's schon und du fühlst dich wieder gut, vielleicht sogar jetzt erst so richtig. Es ist der kleine, aber unermessliche Sprung in und damit durch deinen Schatten und es spricht nichts dagegen, dass das alles jetzt geschieht und es außer dir erst einmal niemand mitbekommt. Es ist der unscheinbare Gang durch das Nadelöhr von der Welt des Scheins in die Welt der Wahrheit.

Mitgefühl mit anderen

Versuche nun einmal, die chronisch genervte Supermarktkassiererin – oder eine vergleichbare Person in deinem Alltag –, die sich seit Jahren nicht einmal mehr bemüht, auch nur ansatzweise freundlich zu wirken, nicht wie vielleicht sonst innerlich mit Hasstiraden zu befeuern, sondern Mitgefühl für sie zu empfinden. Mach dir dazu klar, dass auch sie nur ihr Bestes gibt und es gerade schlicht nicht schafft, zu lächeln. Wenn du dann merkst, wie gut sich das für dich im Vergleich zum sonstigen Groll anfühlt,

müsste sich unweigerlich Dankbarkeit in dir aus-
breiten.
Wenn du dann nach Hause kommst, könntest du den
Zettel an deinem Badezimmerspiegel, auf dem steht,
dass du jeden Tag dankbar sein sollst, abnehmen und
in den Mülleimer werfen, wenn du willst. Da du
nun im Überfluss lebst, ist er überflüssig geworden.

Mitgefühl ist im Übrigen nicht zu verwechseln mit Mitleid. Ebensowenig mit Beileid. Wie der Name schon sagt,
müssen wir auch dann leiden, wenn wir mit- oder beilei-
den, da wir in diesen Fällen die Verbindung zu unserem
Gegenüber auf der Basis von Verwirrung und Angst herstellen. Es leiden dann beide und nichts ist gewonnen.

Haben wir dagegen Mitgefühl, stellen wir die Verbindung zu unseren Mitmenschen auf Basis der Klarheit wahrer Liebe her und haben diesen entscheidenden
Abstand zwischen uns und dem Leid des anderen. So
halten wir unseren Esprit frisch, sodass der Leidende die
Chance bekommt, von der Strahlkraft des Göttlichen
in uns inspiriert zu werden und sein Leiden so vielleicht
irgendwann einfach bleiben lässt. Ich nenne diese Haltung den liebevollen Mittelfinger.

Der liebevolle Mittelfinger

Befinden wir uns im gesegneten Zustand der Brillenlo-
sigkeit und treffen auf jemanden, der eine Brille trägt,
ist das ein Problem. Allerdings nur für ihn und nicht

für uns. Und damit das auch so bleibt und wir uns nicht unbemerkt dazu verleiten lassen, uns ebenfalls eine Brille aufzusetzen, ist es erforderlich, die Unbewusstheit unseres Gegenübers nachhaltig zu durchschauen. Das bedeutet, aufmerksam zu bleiben und uns weder über noch unter ihn zu stellen, egal was passiert. Und mag noch so viel Negativität von ihm ausgehen – wir bleiben auf Augenhöhe und üben uns in aufrichtigem Mitgefühl. Damit strecken wir unserem Gegenüber innerlich einen liebevollen Mittelfinger entgegen.

Das bedeutet, wir erkennen seine Brille und sagen im Stillen »Leck mich!« zu ihr. Das ist der Mittelfingerpart. Im Umkehrschluss sagen wir »Herzlich willkommen!« zu seinem wahren Wesen. Das ist der liebevolle Part. So können wir ihm paradoxerweise helfen, selbst wenn es sich für ihn zunächst nach dem Gegenteil anfühlen könnte. Wir sprechen einfach radikal seine Seele an. Wir konzentrieren uns ausschließlich auf seinen Wesenskern und lassen uns nicht von seinem äußerlichen Gehabe in die Irre führen. Wir verharren in mitfühlendem Erkennen.

Und das machen wir weder ihm noch uns zuliebe, denn wo wahre Augenhöhe herrscht, gibt es solche Unterscheidungen ohnehin nicht mehr. Der liebevolle Mittelfinger ist einfach ein Instrument, mit dem wir unsere Klarheit aufrechterhalten und uns vor potenziellen Verwicklungen mit unserer Umgebung schützen können. Mit anderen Worten: Er ist der höchst aufmerksame Wächter unseres ureigenen inneren Heiligtums. Er ist der Türsteher unserer Seele, der nur Wahrhaftigkeit hineinlässt und allen Bullshit direkt als solchen entlarvt und ungestreift durch uns hindurchfliegen lässt.

Aufgrund der erhöhten Wachheit, die wir durch diese Haltung in uns kultivieren, können wir zudem viel Feingefühl walten lassen bei der Wahl und Dosierung unserer Taten und Worte. So behalten wir den Durchblick und sind stets in der Lage, uns allen Menschen gegenüber respektvoll zu verhalten.

Solange wir aus Mitgefühl sprechen und handeln, können wir tatsächlich alles machen, was wir wollen, ohne jemanden zu verletzen. Das ist wahre Narrenfreiheit. Zeigt sich trotzdem jemand verletzt, ist das sein eigenes Business.

Ein schönes Beispiel dafür, was möglich ist, wenn beidseitig alles klar ist, sind zwei alte Freunde, die sich gegenseitig Zuneigung entgegenbringen, indem sie sich die übelsten Beleidigungen an den Kopf werfen. Das geht, wenn beide in vollem Bonusbewusstsein sind. Dann nimmt es keiner persönlich und die Flucherei ist ein Heidenspaß. Wer wahrhaftige, selbstlose Freude beim Fluchen empfindet, kann daher durchaus als weise bezeichnet werden.

Beleidigen ohne zu leiden
Voraussetzung ist, dass du die Übung nicht so ernst nimmst. Aber das kennst du ja so langsam.
Beleidige jemanden mit Kraftausdrücken deiner kreativen Wahl, und schau, was passiert. Sollte es sich seltsam anfühlen, erkläre deinem Übungspart-

ner, dass es nur ein Experiment aus einem Buch ist. Sollte er drauf einsteigen, könnt ihr euch so lange an diesem Spiel erfreuen, bis ihr keine Lust mehr dazu habt. Ihr könnt dabei am eigenen Leibe erfahren, dass jeglicher Inhalt – in diesem Fall der Inhalt der Worte – völlig egal ist, solange er aus einer liebevollen inneren Haltung in die Welt tritt.

Schauen wir uns nun einmal an, wie ein flüchtiges Aufeinandertreffen mit verschiedenen Brillenträgern aussehen könnte, wenn wir davon ausgehen, dass wir die Haltung des liebevollen Mittelfingers in uns verankert haben.

Treffen wir einen Menschen mit Tyrann-Brille an, der im Begriff ist, anderen Menschen Schmerzen zuzufügen, können wir ihn mit der Waffe des liebevollen Mittelfingers effizient stoppen, da unsere Energie nun nicht mehr von Emotionen wie Angst, Wut, Hass oder Rachsucht verschwendet wird. Stattdessen kann sie dem Schutze aller Beteiligten zukommen, indem sie gebündelt durch unseren Körper und in unseren Geist fließen kann. Wir fügen einem Tyrannen damit so viel Schmerz wie nötig und so wenig wie möglich zu. Nötig ist genau so viel, wie es braucht, um ihn in seinem akuten Wahn für den Moment vernünftig aufzuhalten.

Der Opferidentität eines Menschen mit Opfer-Brille halten wir ein zünftiges »Leck mich!« entgegen, indem wir den Betreffenden nicht durch übermäßiges Mitleid und endloses Trösten bestätigen. Nur so bringen wir seinem wahren Wesen hinter der jammernden Maske Respekt entgegen und wahren seine Würde. Außerdem bewahren wir uns selbst davor, mitzuleiden. Für den Brillenträger ist ein solcher Umgang zwar zunächst sehr verwirrend, da er es ziemlich sicher gewohnt ist, bestätigende Worte für sein Leid zu hören, doch kann dies gleichzeitig auch sein Weckruf sein.

Der Energiefresser könnte unseren liebevollen Mittelfinger je nach Tönungsgrad seiner Brille durch ein ehrliches Gespräch, weniger Kontakt oder beides zu spüren bekommen. Alles letztlich heilsam für alle Beteiligten.

Die Brille des Gutmenschen könnte wackeln, wenn wir nur kurz oder gar nicht auf seine Bekundungen, wie gutherzig er sei, eingingen. Stattdessen könnten wir uns die Freiheit bewahren, nicht unbedingt nur Themen anzusprechen, die angenehm für ihn sind. Wie immer entscheidet unser Fein- und Mitgefühl, welche Dosis angemessen ist.

Beim Zusammentreffen mit einem Poser reicht es unter Umständen schon, nur durch wahrhaftige Ausstrahlung passiv, jedoch nachhaltig zu wirken. So grenzen wir uns von seinem Gehabe ab und bringen auf hintergründige Weise vielleicht sogar die Unsicherheit in ihm zum Vorschein. Sollte das passieren, könnte eine wahrhaftige Unterhaltung entstehen.

Die Weltsicht des spirituell Suchenden und des Motivators könnte ins Wanken geraten, wenn wir ihm ebenfalls mit schierer Durchlässigkeit den Wind aus den Segeln der Belehrung nähmen, also einfach nur in unserem So-sein verweilten und im Durchschauen verharren. Sollte er dennoch angestrengt versuchen, uns den Sinn des Lebens auf die Nase zu binden, muss er möglicherweise irgendwann kapitulieren, weil er von uns keine Bestätigung erhalten würde.

Es bleibt noch die Brille des Ehrgeizigen. Wie gesagt liegt sie allen anderen Brillen zugrunde. Der Illusion eines Menschen, der sie trägt, könnten wir sauber trotzen, indem wir es uns auch in seiner Anwesenheit nicht ganz nehmen ließen, uns an den kleinen Dingen wie Blumen oder singenden Vögeln zu erfreuen. Dinge, die für einen ehrgeizigen Menschen wahrscheinlich irrelevant sind, da sie aus seiner Sicht nichts mit seinem vermeintlich wichtigen, zukünftigen Ziel zu tun haben.

Im Grunde haben wir mit Bonusbewusstsein hintergründig immer die Ausstrahlung eines liebevollen Mittelfingers. Es *ist* das Gleiche. So strecken wir diesen nicht nur allen Menschen, sondern auch all unseren Gedanken und am Ende schlicht der ganzen Welt entgegen. Das bedeutet, wir sagen »Leck mich!« zu allen Verwirrungen und Verlockungen dieser Erde, wodurch wir erst die Fähigkeit erlangen, hingebungsvoll auf ihr zu wandeln.

Wir bewahren unsere ureigene, heilige Klarheit und bringen dadurch unser ganzes Potenzial zum Erblühen. Es ist unsere eigene kleine Revolution, die auch eine kollektive werden kann, je mehr Menschen sich in dieses Bewusstsein einklinken.

So könnte es sein, dass uns früher oder später eine wahre Revolution im Namen des Nicht-mehr-ernst-Nehmens erwartet. Tatsächlich ist sie ohnehin schon längst in vollem Gange und wird auch nicht mehr aufzuhalten sein. So wird es die gesamte Menschheit nach und nach vermögen, all ihr Kasperletheater vollends bleiben zu lassen und allmählich in den Hafen eines immerwährenden Urlaubes der Wahrhaftigkeit einzufahren. Das wird der wahrgewordene Himmel auf Erden. In den 1960ern, als die Rock-'n'-Roll-Revolution – was tatsächlich nichts anderes als ein seliges Erblühen der inneren Freiheit in den Menschen war und sich in der Welt spiegelte – ihren Sturm und Drang erfuhr, war eine gesamte Generation diesem Himmel auf Erden für eine Weile sehr, sehr nahe. Daher ist es auch wenig verwunderlich, dass viele Künstler, die damals von diesem Geiste inspiriert wurden, bis zum heutigen Tage scheinbar unverwüstlich sind und nur ein einziger, beherzter Blick in ihre von tiefen Furchen umgebenen, kompromisslos leuchtenden Augen genügt, um jeden Zweifel darüber im Keim zu ersticken, dass ihre Seelen erst dann aufhören werden, den Esprit des Rock 'n' Roll in die Welt zu tragen, wenn der jüngste Tag angebrochen ist.

Künstler aus späteren Generationen wurden dagegen

leider oft abgelenkt von einem Überangebot an Technik, Material und Information, sodass sie nicht mehr die Chance bekamen, sich auch intensiv mit jenem zu beschäftigen, was man nicht anfassen kann. Die Magie, die versprüht werden wollte, wurde so leider zunehmend oft zerdacht, zerredet, mit Technik überfrachtet und letztlich imitiert. Jedoch ist durch den immer mehr Fahrt aufnehmenden Paradigmenwechsel, in dem sich die gesamte Menschheit unmittelbar befindet, Gott sei Dank wieder eine allmähliche Rückbesinnung auf diese Intensität zu spüren, was uns Stück für Stück wieder näher an einen wahrgewordenen Himmel auf Erden bringen könnte.

Das Schöne ist, dass bis dahin jeder schon mal seinen eigenen inneren Himmel genießen darf, sofern er den Schlüssel für die Pforten seiner Wahrnehmung gefunden hat. Wer ihn gefunden hat, ist die fleischgewordene und doch fleischlose Unabhängigkeit. Nichts haftet mehr an ihm. War er zuvor noch ein Magnet, ist er nach dem Gang durchs Nadelöhr nur noch ein Stück Eisen. Und doch hat er eine freie und sehr heilsame Anziehungskraft, die jenseits von Raum und Zeit ihren Ursprung hat. Er weiß, was getan werden muss, weil er spürt, was getan werden will.

Kultivieren wir es, den Irrungen und Wirrungen des Lebens stets unseren liebevollen Mittelfinger entgegenzustrecken, balancieren wir elegant auf des Messers Schneide der Existenz. Wir sind dann gleichzeitig warm und kalt. Und so vereinen wir die Herzenswärme vom lieben Gott mit der Coolness des Teufels.

6   Wie oder was und warum?

Über Gott und die Welt

Mit dem Vorhaben, unser Leben als Urlaub wahrzunehmen, ist die Antwort auf die Frage »Wie oder was?« glasklar: Wie. It's the singer, not the song. Der Ton macht die Musik.

Würden wir uns ausschließlich auf das Was fokussieren, womit lediglich gedanklicher oder materieller Inhalt gemeint ist, würden wir uns in Trugbildern verlieren, da nicht unsere Gedanken oder die Welt, sondern nur der Moment selbst absolut real ist. Gedanken und die irdische Welt sind nur das flüchtige und stets interpretierte Spiel in diesem ewigen und völlig objektiven Rahmen der Zeitlosigkeit.

Nun bist du mittlerweile vielleicht konform mit der Wahrheit, dass unsere Gedanken nicht real sind, doch kannst nicht wirklich nachvollziehen, dass es die Welt, wie du sie mit deinen eigenen Augen siehst, ebenfalls nicht sein soll. Immerhin hältst du ja beispielsweise gerade ohne jeden Zweifel ein absolut reales Buch in den Händen, nicht wahr? Dann probiere Folgendes.

Die Welt sehen, wie sie ist – den Geist geschmeidig halten, Nr. 1
Suche dir einen beliebigen Gegenstand, zum Beispiel

ein Haus, und betrachte ihn für eine Weile. Ändere nun deine Perspektive und erkenne, dass ein Haus auch kein Haus ist, sondern auch eine Ansammlung von Zimmern. Realisiere dann, dass ein Zimmer auch kein Zimmer ist, sondern eine Ansammlung von Wänden, und eine Wand auch keine Wand ist, sondern eine Ansammlung von Brettern – sofern sie aus Holz besteht. Ein Brett ist auch kein Brett, sondern ein Stück Baum, und ein Stück Baum ist auch kein Stück Baum, sondern eine Ansammlung von Holzfasern. Eine Holzfaser ist auch keine Holzfaser, sondern eine Ansammlung von Atomen und ein Atom ist auch kein Atom, sondern … Den Rest sollen die Wissenschaftler vollens klären. Mir wird das jetzt zu kompliziert.

Betrachte nun bewusst das Buch, das du in deinen Händen hältst. Es ist auch keines, sondern eine Ansammlung von Blättern, auf die schwarze Farbe aufgetragen wurde. Und schwarze Farbe ist auch keine schwarze Farbe, sondern eine Ansammlung von Wassertropfen und Pigmenten.

Betrachte nun die Hand, in der das Buch liegt. Es ist nicht unbedingt eine Hand, sondern ebenso auch eine Ansammlung von Haut, Muskeln, Sehnen, Gefäßen, Knochen und Nägeln. Haut, Muskeln, Sehnen, Gefäße, Knochen und Nägel sind wiederum auch keine, sondern eine Ansammlung von Zellen. Und so weiter und so fort …

Spiele auf diese Art etwas mit der Welt herum und erkenne, wie uferlos das ist. Am Ende wirst du zu der Erkenntnis kommen, dass tatsächlich nichts das ist, was es zu sein scheint. Und dass dein Verstand jedes Mal verzweifelt, wenn er ernsthaft versucht, etwas in seiner Gänze zu erfassen.

Wenn du Lust darauf hast, kannst du auch tagelang vor einem tropfenden Wasserhahn sitzen und versuchen, zu verstehen, was ein sogenannter Wassertropfen wirklich ist. Du wirst irgendwann kapitulieren und der Wahrheit ins Gesicht schauen müssen, dass es für uns Menschen nicht einmal möglich ist, in Gänze zu erklären, was ein scheinbar simpler Wassertropfen ist. Unser Gehirn bietet unserem Bewusstsein lediglich eine Version der Realität an, die es nach besten Kräften und den zur Verfügung stehenden Mitteln gebaut hat. Diese Mittel sind unsere Sinnesorgane, also beispielsweise unsere Augen. Sie sind wahrlich nicht von schlechten Eltern und lassen uns ziemlich tolle Eindrücke erleben. Genauso wie in einem 3D-Kino mit extrahoher Auflösung müssen wir sie deswegen trotzdem noch lange nicht ernst nehmen.

So können wir erkennen, dass alles, von dem wir glauben, dass es etwas ist, nur eine Interpretation und damit eine Illusion unseres Verstandes ist. Alles, was wir tun, ist, schablonen- und modellhaft von Dingen zu reden, um irgendwie mit der Welt umgehen zu können. Wer das leugnet, legt sich mit der Schöpfung höchstpersönlich an und wird früher oder später beschämt zugeben müssen, dass auch nur der Gedanke daran, es mit ihr aufzunehmen zu können, peinlich ist.

Genauso wenig wie von einem Wassertropfen können wir beispielsweise von jenem Ding, das wir weiße oder schwarze Haut nennen, mit absoluter Sicherheit sagen, was es wirklich ist. Wenn sich jemand also über einen Rassisten aufregt und beispielsweise propagiert, dass Schwarze genauso lieb gehabt werden sollten wie Weiße, ist sein Bewusstsein nicht unbedingt erweiterter als das des sogenannten Rassisten. Verraten würde ihn seine Ausstrahlung, die aufgrund seiner Entrüstung zumindest latent unangenehm ausfiele. Auch wenn Worte aus seinem Mund kämen, deren Inhalt edel klingt: Er bliebe nur jemand, der Recht haben will.

Das Wie ist alles. Das Was ist nichts. Jemandem, der erkannt hat, dass kein Mensch der Welt jemals wirklich begreifen kann, was Haut- oder Haarfarbe in aller Absolutheit ist, wäre es schlicht unmöglich, sich über irgendetwas aufzuregen. Er würde mitfühlend und von einer höheren Warte aus mit einem gelassenen Augenzwinkern die lächerliche Tragik jener Menschen durchschauen, die mit dem Glauben an Seiten, auf die man sich stellen kann, ein Drama generieren. Und anstatt für Rassengleichheit zu kämpfen, würde er beispielsweise ein leckeres Stück Käsekuchen essen oder eine gepflegte Tasse Tee – nach Bedarf auch mit einem Schuss lauwarmer Milch – genießen. Er wäre paradoxerweise über die Unwissenden erhaben, ohne sich über sie zu stellen. Du merkst: Der Verstand steigt an dieser Stelle aus, das Herz steigt ein.

Selbst die Top-Riege der Wissenschaftler stießen und stoßen immer wieder an eine Grenze, wo das Erklärbare endet und das Mystische beginnt. Im Optimalfall erkennen sie in den wahnwitzigsten Irrungen und Wirrungen der Komplexität plötzlich die magische Einfachheit der Existenz. Das kann geschehen, wenn sie sich selbst nicht nur als denkende, sondern vor allem auch als fühlende Wesen erkennen. Ihr Bewusstsein wechselt dann auf die Seelenebene und erkennt, dass sich der Fuchs in den Schwanz beißt, wenn man versucht, mit seinem Gehirn ein Gehirn zu verstehen. So werden sie sich blitzartig darüber bewusst, dass die Wahrheit genau auf der gemeinsamen Schnittstelle von Wissenschaft, Religion, und Spiritualität zu finden ist und sich *jetzt* bündelt.

Was die Dinge der Welt zu sein scheinen, entspringt immer nur den Modellen unseres Verstands, die er einmal definiert hat, um sich irgendwie zurechtzufinden. Und Gott sei Dank ist das so, denn ohne sie wäre es uns nicht möglich, uns mit dem Geschenk der Sprache untereinander zu verständigen. Beispielsweise könnten wir nicht einfach mal kurz von einem Haus reden, sodass jeder gleich weiß, was wir meinen. Das irdische

Leben ist dank unserer gedanklichen Modelle super-praktisch und würde ohne sie nur in einem grenzenlosen und chaotischen Wahrnehmungsoverkill enden. Es ist daher von essenzieller Bedeutung, diese Modelle wert-zuschätzen und weise zu nutzen, anstatt sie aufgrund der fälschlichen Annahme, dass wir uns ansonsten dem Göttlichen verschließen, abzulehnen.

Erst sobald wir vergessen, dass es nur Modelle sind und dadurch unbewusst dem Ernstnehmen verfallen, haften wir uns an sie und können nicht mehr anders, als Dramen und Probleme zu erschaffen. Durch die unbemerkte Identifikation mit etwas, das nicht wirklich so ist, wie wir es dann zu sein glauben, koppeln wir unseren Gemütszustand wieder an nichts als ein reines Phantom. Die Dinge der Welt, beispielsweise das, was wir »weiße« oder »schwarze Haut« nennen, werden auf diese Weise erneut ungesund wichtig, was dazu führt, dass wir uns eine aufgetrennte Welt einbilden. Unser wahres Selbst, das immer das große Ganze umfassen möchte, haben wir dann nicht mehr auf dem Radar. Wäre unser Geist Haut, würde er dann spröde und starr.

Doch können wir ihn durch den Balsam unserer Aufmerksamkeit jederzeit vom Leid dieses Starrsinns befreien und ihn so flexibel und geschmeidig halten. Unseren Willen erkennen wir nun als frei und es wird uns die Gnade zuteil, die Aktivität und Richtung unseres Denkens selbst steuern zu können. Unser Bewusstsein wird erweitert. Dann sehen wir die Welt nicht mehr als Illusion festgelegter Modelle und Bezeichnungen, son-

dern wie ein Kind wieder als die unaussprechlich in-
einanderfließende Unendlichkeit, die sie tatsächlich ist.

*Die Welt sehen, wie sie ist – den Geist geschmeidig
halten, Nr. 2*

*Betrachte für eine Weile einen beliebigen Gegen-
stand, der deinen Augen jetzt gerade zufällt. Versuche dabei, jede Benennung, jedes Vorurteil und jeden
Filter deines Verstandes dem Gegenstand gegenüber
sein zu lassen. Erkenne die Wahrheit, dass es eigentlich gar kein fixer Gegenstand ist, sondern nur eine
flüchtige Manifestation von etwas, das wir Materie
nennen und in Wirklichkeit dem stetigen Fluss der
Zeit und damit der Vergänglichkeit unterliegt. Eine
Wolke im Wind oder ein Eiswürfel in der Sauna
könnte für dieses Erkennen beispielsweise etwas ge-
eigneter sein als etwa ein Tisch. Doch ändert es nichts
am Prinzip. Ein Tisch zerfällt genauso wieder zu
Sternenstaub, wie es eine Wolke tut. Der Zahn der
Zeit nagt nur etwas langsamer an ihm, da seine Manifestation etwas hartnäckiger ist.*

*Wenn du das erkennst, siehst du die Welt wieder so,
wie du sie als Kind schon gesehen hast. Als Kind,
dem noch niemand eingetrichtert hat, wie etwas
heißt oder was man damit machen kann oder ob
es gut oder schlecht, richtig oder falsch, wichtig oder
unwichtig ist. So werden scheinbar alltägliche Bana-
litäten auf einmal wieder magisch. Wolken werden
wieder zu Drachen und Tische zu Untischen welcher
Art auch immer. Die Herausforderung besteht nun
»nur« noch darin, dauerhaft in der Akzeptanz zu*

verweilen, dass dies keine Verrückung der Realität,
sondern die bisherige Realität verrückt war.

Die Einnahme einiger Drogen führt ebenfalls zu solchen Wahrnehmungen. Ihre Pforten werden hierbei mit einer kleinen äußerlichen Hilfe geöffnet. Deswegen verhalten sich Menschen, die sie genommen haben, auch des Öfteren wie kleine Kinder und können sich beispielsweise stundenlang daran erfreuen, wie schön ihre Hand ist.

An dieser Stelle ein kleiner Exkurs zum Thema Drogen:
    Als Droge kann grundsätzlich alles bezeichnet werden, denn süchtig werden können wir nach allem Möglichen: Geld, Erfolg, Anerkennung, Lob, Ruhm, Besitz, Sport, Menschen … Doch belassen wir den Begriff für den Moment einmal bei seiner klassischen Bedeutung von Substanzen, die künstlich unser Bewusstsein erweitern. Während ihrer Wirkung erleben wir tatsächlich eine Zeit lang echtes Bonusbewusstsein, da Drogen zu einer Ent-Identifikation mit dem Verstand führen können. Vielleicht hast du auch schon einmal die durchaus angenehme Tatsache bemerkt, dass dein Verstand selbst noch während eines Katers genauso müde war wie dein Körper und so den Frieden deiner Seele weniger gestört hat als sonst. Ein Trip könnte daher als ein kurzer Ausflug in den Himmel bezeichnet werden – eine faszinierende Möglichkeit, immerhin einmal einen Geschmack von Heiligkeit zu erhaschen. So sehen das auch viele und gönnen sich im Namen der

grenzenlosen Liebe immer mal wieder allerlei Freches wie LSD, Ecstasy, Kokain, Marihuana und Co., aber auch Alkohol, Nikotin und Koffein. Und da das auch jedes Mal aufs Neue wieder wunderbar funktioniert, fragen sich viele irgendwann, warum sie jemals damit aufhören sollen.

Dazu ein Gleichnis in Frageform: Angenommen, du und deine Liebsten spielen *Mensch ärgere Dich nicht* und dir erscheint plötzlich ein kleines Eichhörnchen und bietet dir Superkräfte an, mit denen du garantiert immer gewinnst. Würdest du das Angebot annehmen oder nicht? Und warum?

Keine Frage: Es wäre sehr bequem, das Angebot anzunehmen. Es klingt auch total nach Urlaub, denn wer immer gewinnen kann, muss sich nicht mehr anstrengen. Das ist jedoch nicht die Art Urlaub, die ich meine, denn Bequemlichkeit bringt kein Glück. Nur gebündelte Aufmerksamkeit führt zu nachhaltigem Glück. Und gebündelte Aufmerksamkeit entsteht meist erst durch einen gewissen Leidensdruck, wie beispielsweise die Enttäuschung einer verlorenen Partie *Mensch ärgere Dich nicht*. Wenn jedoch jeder noch so kleine Leidensdruck direkt im Keim erstickt wird, weil Bequemlichkeit selbstverständlich geworden ist, kann Aufmerksamkeit nicht mehr gebündelt werden und wird stattdessen zerstreut. Und Drogen sind sehr bequem.

Das Teuflische ist, dass immer dann, wenn nicht nur der wahrhaftige, sondern auch der bequeme Weg winkt, viel mehr Standhaftigkeit erforderlich ist, als wenn sich die Frage gar nicht erst stellt, weil ein bequemer Weg schlichtweg nicht existiert. Und Drogen sind dabei nur eines von vielen Beispielen. Wir leben in einer Welt, in der Bequemlichkeit an allen möglichen Ecken lockt.

So muss ein Künstler nicht unbedingt seine Seele anzapfen, sondern unter Umständen lediglich kurzzeitig seinen Verstand bemühen, um die »richtigen« Knöpfe zu drücken oder ein »guter« Geschäftsmann zu sein. Ein Staatsoberhaupt muss nicht unbedingt führen können. Ein Weiser muss nicht unbedingt weise sein. Und um satt zu werden, muss ein Kind nicht unbedingt wissen, dass sein Schnitzel nicht im Supermarktregal wächst.

Im Allgemeinen muss, um viel zu konsumieren, heutzutage nicht viel gegeben werden. Weder zeitlich in Form von Geduld, noch materiell in Form von Gegenwert, also Geld. Und wo alles immer und überall verfügbar ist, erblüht eine Oase der Bequemlichkeit.

Die Kehrseite dieser Medaille bekommt jeder zu spüren, der ehrlich zu sich ist: Die Chance für echte Vorfreude und tiefe Wertschätzung wird dadurch direkt im Keim erstickt.

Und so sind wir zu einer Horde Sklaven der Oberflächlichkeit verkommen und drohen, an unserem selbsterschaffenen Überangebot an Möglichkeiten zu ersticken, um schließlich im Sande der Belanglosigkeit zu verlaufen, während die letzten echten Charakterköpfe aller Klassen langsam wegsterben. Doch nicht die unbegrenzten Möglichkeiten selbst sind das Problem. Wir haben nur noch nicht gelernt, damit umzugehen.

Und die gute Nachricht ist: Viele sind bereits dabei, das zu lernen. Viele bekommen mehr und mehr zu spüren, dass der einzige Weg, der keine Sackgasse ist, der Weg nach innen ist. Und so lassen bereits viele bewusst davon ab, ihr Innenleben mit Ablenkungen aller Art zu übertünchen, sondern stellen sich mutig den Untiefen, die sich ihnen auftun, wenn einmal für eine Weile Schluss mit lustig ist.

So schön es kurzzeitig also immer wieder ist, wenn das Lünglein inhaliert, das Mündlein nippt, das Zünglein lutscht oder das Näschen zieht – mit Permanent Vacation haben Drogen nichts zu tun. Bewusstseinserweiterung dagegen schon, denn wahre Bewusstseinserweiterung ist die einzige Sucht ohne Nachteile. Mit Bonusbewusstsein sind wir süchtig nach dem Leben an sich. Das Dasein selbst kennt ohnehin keine Ängste, aufgrund derer Drogen unbedingt genommen werden müssten.

Außerdem ist das auch nicht so teuer und man bekommt keine unangenehmen Katererscheinungen. Kleine Kinder schaffen es immerhin auch, auf natürliche Weise liebestrunken zu sein, wenn man sie nur lässt. Für sie ist es kinderleicht, vom Leben allein schon high zu werden. Und für erwachsene Kinder gilt nichts anderes, natürlich.

An jedem Ding der Welt haftet Schein. Wir können schlichtweg nicht wirklich sagen, was die Dinge wirklich sind. Der Inhalt der Welt ist nur Illusion. Das Schlaueste, das wir sagen können, ist, dass es ist, was es ist und dass wir wissen, dass wir nicht wissen, was es ist. Wer das weiß, erkennt, dass die Frage nach dem Was höchstens spielerisch beantwortet werden kann. Er kann nicht mehr anders, als sie nicht mehr wirklich ernst zu nehmen, und kommt automatisch zur erleichternden Erkenntnis, dass alle Dinge der Welt Bonus sind. Er spürt, dass die Wahrheit nichts mit seiner Körperlichkeit und der Vergänglichkeit, der sie unterliegt, zu tun hat.

Wenn du dich nun fragst, was denn dann die Wahrheit ist, kann ich dich beruhigen und dir sagen, dass das weder ich noch sonst jemand auf der Welt weiß. Es ist unmöglich, es zu wissen, denn in Worten weitergegebenes Wissen ist immer an den Verstand gekoppelt. Und das, worum es geht, befindet sich außerhalb seines Bereiches. Wenn wir also wissen, dass wir nicht wissen können, was Wahrheit ist, können wir uns locker machen und den Moment genießen. Dann werden wir wissen, was Wahrheit ist. Und wir werden sehen: Dieses Wissen ist immer besser, als wir denken. Es ist das Wissen des Herzens.

Dieses Wissen des Herzens ist im Moment des Geschehens über jeden Zweifel erhaben und lässt uns erkennen, dass die Frage nach dem Was nicht mehr von Relevanz ist, sondern sich alles nur noch auf das Wie konzentriert.

Das Was beantwortet immer der Verstand. Das Wie das Herz. Das Was ist unsere Lebenssituation. Das Wie ist unser Leben. Das Was bezieht sich auf das, was kommt und geht. Das Wie darauf, was ist und bleibt. Das Was beschäftigt sich mit dem Spiel von Raum und Zeit. Das Wie geht darüber hinaus.

Daraus folgt: Wenn wir unser wahres Wesen erkennen wollen, muss es uns egal sein, was passiert. Es muss uns egal sein, welchen Inhalt unsere Lebenssituation gerade hat. Wir müssen mit allen erdenklichen Möglichkeiten im Frieden sein können. Und damit uns das gelingt, müssen wir unseren Fokus vom Was radikal auf das Wie verlagern. Das bedeutet, ehrlich nachforschen, welche innere Haltung wir zu Dingen und Situationen haben. Egal, welche es sind. Und um diesbezüglich Licht ins Dunkle zu bringen, hilft es, uns zu fragen, warum wir das, was wir tun oder lassen, überhaupt tun oder lassen.

Also noch einmal: Um das Was loslassen zu können, brauchen wir eine Herzensantwort auf das Wie, die wir leichter mit Hilfe der Antwort auf das Warum bekommen. Mit anderen Worten: Um uns von der Anhaftung kommender und gehender Lebenssituationen zu lösen, müssen wir zunächst herausfinden, ob wir wahrhaftig leben oder nur so tun als ob. Und hier hilft uns eine ehrliche Antwort auf das Warum.

Auf ein Warum gibt es immer nur zwei Antwortmöglichkeiten:

Entweder ist es Mittel zum Zweck oder Zweck selbst. Entweder um zu ... oder einfach weil. Entweder mit oder ohne Ziel. Bedingt oder bedingungslos. Abhängig von Zeit oder zeitlos. Erwartungsvoll oder erwartungslos. Verwickelt oder entwickelt. Gekoppelt oder entkoppelt. Klammernd oder frei. Wartend oder lebend. Es als Notwendigkeit oder Bonus empfindend. Mit oder ohne Rechtfertigung. Gezwungen oder genießend. Bedürftig oder genügsam. Aus dem Mangel oder der Fülle. Als Bettler oder König. Weil's Spaß machen soll oder weil's Spaß macht. Aus Angst oder aus Liebe.

Die Warum-Frage beantworten.
Frage dich, warum ...
- *spiele ich ein Musikinstrument? Um zum Schlussakkord zu gelangen oder um das Musikinstrument zu spielen?*
- *fahre ich Ski? Um wieder liften zu können oder um Ski zu fahren?*
- *lifte ich? Um wieder Ski fahren zu können oder um zu liften?*
- *liege ich am Strand? Um abends wieder in den Wohnwagen zu steigen/weil man das halt so*

— mache/um braun zu werden ... oder um am Strand zu liegen?
— habe ich Sex? Wegen dem Orgasmus oder weil's auch davor schon geil ist?
— mache ich mich hübsch? Um zu gefallen oder weil's mir gefällt?
— esse ich etwas? Damit ich keinen Hunger mehr habe oder weil es meinen Körper nährt und dazu noch gut schmeckt?
— rauche ich eine? Weil ich nicht anders kann oder um eine zu rauchen?
— rauche ich keine? Um Nichtraucher zu werden oder weil ich es ganz vergessen habe?
— höre ich jemandem zu? Damit ich ihm danach etwas von mir erzählen kann oder weil ich wirklich interessiert daran bin, was er sagt?
— mache ich Party? Um mich gut zu fühlen oder weil ich mich gut fühle?
— arbeite ich? Um Geld zu verdienen/es mal zu was zu bringen ... oder weil mein Tun selbst mich bereits erfüllt?
— habe ich Kinder? Damit mal etwas Tolles aus ihnen wird oder weil sie etwas Tolles sind?
— habe ich einen Partner? Damit ich nicht allein bin oder weil nichts dagegen spricht, den Genuss des Lebens mit jemandem zu teilen?
— habe ich keinen Partner? Damit ich niemals wieder verletzt werde oder weil ich mein Leben gerade auch ohne Partner in vollen Zügen genieße?

— *lebe ich? Um einmal zu sterben oder um zu leben?*

Um frei zu werden, frage dich bei allem, was du tust: Stehe ich für das, was ich tue, ein oder nicht? Bin es wirklich ich, der das gerade will, oder lässt mich das eine Brille nur glauben? Tue oder lasse ich das, was ich tue oder lasse, wirklich freiwillig oder rede ich mir das nur ein?

Die Macht des entfesselten Willens

Wenn du zu den Glücklichen gehörst, die Letzteres ehrlich mit »freiwillig« beantworten können, wirst du merken, dass es so etwas wie einen starken Willen, dem ein schwacher Wille entgegengesetzt werden könnte, nicht gibt. Oft wird geglaubt, dass unser Wille, ähnlich einem Muskel, etwas sei, das nur stupide trainiert werden muss, bis er irgendwann stark genug ist, um uns erfolgreich durchs Leben zu tragen. Im gleichen Atemzug wird oft und gerne davon gesprochen, für seine Ziele zu kämpfen und niemals aufzugeben. Doch seien wir ehrlich: Wenn wir unsere Seele fragen, was sie dazu meint, wird sie nur gelangweilt gähnen, abwinken und nach einer Hängematte verlangen.

Unser Wille kann in Wirklichkeit nicht stark oder schwach sein. Das Einzige, was er ist, ist frei. Und wenn wir uns dessen nicht bewusst sind, glauben wir nur, er sei schwach. Es muss also gar nicht unbedingt gekämpft oder sich großartig angestrengt werden, um Frieden zu finden. Ebensowenig, um spielend seine wahren Ziele zu erreichen.

Ironischerweise kämpfen viele selbst in der Zeit, die sie als Urlaub bezeichnen, beispielsweise um ihre Strandliege, ihren Campingplatz, ihre Frühstücksbrötchen, ihre Ruhe, ihre Freiheit und letztlich um ihr Seelenheil. Umgekehrt machen manche Urlaub, während sie nebenbei Geld verdienen. Das ist so, weil wir innerlich immer entweder Kämpfer oder Urlauber sind. Äußere Umstände tun da nichts zur Sache.

Wer das Wesentliche erkennt, lebt wesentlich unaufgeregter. Denn sobald unser Wille erst einmal von den Fesseln der fundamentalen Illusion – der Urangst vor dem Tod – befreit wurde, nehmen wir ihn ganz von selbst als den erhebenden Aufwind wahr, der er immer schon war und der nur darauf gewartet hat, endlich wehen zu dürfen. Dann spüren wir die Macht unseres entfesselten Willens.

Ausschlaggebend für echten Erfolg jedweder Art ist also niemals Anstrengung und Leistung, sondern nur die Weite unseres Bewusstseins und die damit wahrgenommene Tiefe in uns selbst. Denn je tiefer wir in uns hineinspüren können, desto mehr kommen wir mit der ewigen Heiligkeit unserer Seele in Kontakt. Und sie ist immer der Boss. Egal, was wir glauben.

Und da uns zunehmend klarer werden wird, dass wir nur an der Oberfläche Einzelpersonen, in unserer Essenz jedoch alle Menschen und Dinge gleichzeitig sind, wird unser als entfesselt erkannter Wille automatisch etwas tun, das der Allgemeinheit dient. Auf diese Weise übernehmen wir gleichermaßen die Verantwortung für uns selbst und das gesamte Universum. Das klingt zwar zunächst sehr ambitioniert, ist paradoxerweise aber in Wirklichkeit das Entspannteste, was es nur gibt. Denn du bist ja zum Glück nicht der Einzige hier und musst die Erde somit auch nicht alleine retten. Tatsächlich ist es ohnehin gar nicht nötig, sie zu retten. Vielleicht kommt sich der eine oder andere Friedens- und Umweltaktivist zwar noch ziemlich unentbehrlich vor, doch tatsächlich interessiert sich die Erde selbst gar nicht so sehr für ihn, wie er womöglich glaubt. Sie würde das aus Höflichkeit wahrscheinlich nicht gleich zugeben, doch sie kommt auch wunderbar alleine klar, denn das tat sie schon vor dem sogenannten Siegeszug des Homo sapiens und das wird sie auch danach tun. Sie macht sich keinen Stress.

Wer das verinnerlicht, wird aufwachen und Demut erfahren. Wahre Demut ist dann erst die Grundvoraussetzung für das innere Wissen darum, wie die Menschheit sich selbst retten kann anstatt die Erde. Sind wir demütig, werden all unsere Handlungen von einem Gefühl des Geleitetwerdens inspiriert sein. Dann werden wir geführt von einer inneren Gewissheit, die uns sagt, dass es schlicht nicht besser geht als so, wie wir es tief in uns empfinden.

Die Idee, sich in irgendeiner Hinsicht für etwas anstrengen zu müssen, ist einem in seiner Tiefe wurzelnden

Menschen also gänzlich fremd. Ganz so, wie es auch einem kackenden Kind fremd wäre, sich für das Abladen seines Haufens überwinden zu sollen. Darum ist es auch recht verwunderlich, wenn ein Kind fürs Kacken ernsthaft gelobt oder belohnt wird. Warum sollte man jemanden für etwas belohnen, das er sowieso gemacht hätte, weil er es einfach wollte? Bis das Kind das Ernstnehmen beginnt, fragt es sich das auch und lacht sich insgeheim darüber kaputt. Doch wie immer gilt: Werden die Worte selbst vom Sprechenden nicht ganz ernst genommen, kommen sie von Herzen und haben einen echten Wert. Welche es auch sein mögen, sie werden eine liebevolle Schwingung haben. Ob das Kind sie intellektuell versteht, ist völlig egal. Es wird's spüren.

Weiter geht's mit der Übung.

Die Warum-Frage beantworten.
Wenn wir schon beim Thema sind, frage dich, warum …

– *putze ich das Klo? Damit es wieder sauber wird oder weil's Spa… hmm … hoppla!*

Alltägliches

Permanent Vacation hin oder her, aber das Klo zu putzen, kann doch beim besten Willen keinen Spaß machen und ist eben doch nur ein Mittel zum Zweck, oder? Die Antwort ist: Es gibt keinen guten, schlechten, schwachen oder starken Willen, also gibt es auch keinen besten Willen. Alles, was der Wille ist, ist frei. Und es liegt an uns, dies entweder zu leugnen oder wahrzunehmen.

Überprüfe einmal, ob der Akt des Klo-Putzens wirklich reines Mittel zum Zweck ist. Wenn dem so wäre, müsstest du, wie einst Sisyphos, doch jedes Mal dazu getrieben werden, dich in die tiefsten Abgründe der Verzweiflung zu stürzen, da du weißt, dass das Klo, nachdem du es geputzt hast, bald schon wieder dreckig sein wird. Und ich wage einfach einmal mutzumaßen, dass du meistens nicht diesem Elend verfällst, auch wenn es wahrscheinlich nicht deine Lieblingsbeschäftigung ist.

Demzufolge kann selbst das Klo zu putzen keineswegs ein reines Mittel zum Zweck sein. Nach kurzer Unlust reißen wir uns zusammen und tun es einfach. Dabei stellen wir oft erleichtert fest, dass die Unlust vor dem Putzen meist schlimmer war als das Putzen selbst. Wir können sogar in einen regelrechten Kloputz-Flow kommen. Bauen wir unser Bewusstsein aus, wird es uns tatsächlich möglich, selbst Kloputzen zu einem Akt der Glückseligkeit zu machen.

In derartig unscheinbar anmutenden Alltagstätigkeiten schlummert paradoxerweise unser größtes Potenzial für Selbsterkenntnis. Gerade aufgrund unserer Einschätzung dieser Tätigkeiten als unscheinbar erfahren wir dabei oft die für unseren derzeitigen Bewusstseinszustand größtmögliche Entspannung. Und genau das macht sie zu einem geheimen Tor für uns ins magische Reich des Bonusbewusstseins.

Das vermeintlich *Unschein*bare führt uns nämlich immer dorthin, wo nichts mehr zu sein scheint, sondern alles schlicht *ist* beziehungsweise *schlicht* ist. Es führt uns dorthin, wo der Unschein wohnt. Und ohne Schein scheint nichts mehr als das lichtlose Licht der Wahrheit.

Immer dann, wenn wir konform damit sind, dass etwas so ist, wie es nun mal ist, geschieht dessen pure, objektive, hellwache und erhabene Schau. Und das fällt uns bei Alltagsbanalitäten sicherlich leichter als bei Dingen, die uns sehr wichtig sind. So können Alltagsbanalitäten für uns das optimale Nadelöhr zur Ewigkeit werden. Gehen wir hindurch, stellen wir unser Leben vom Kopf, auf dem es meistens noch steht, auf die Füße.

Unscheinbares wird nun plötzlich absolut und ist damit nicht mehr relativ unwichtig im Vergleich mit etwas anderem. Also nehmen wir es als alles wahr, was es gibt. So wird es uns unmöglich, es abzuwerten und zu verpassen. Denn wo nichts mehr existiert, demgegenüber abgewertet werden könnte, ist alles eins.

Schaffen wir es nun sogar, dieses Bewusstsein selbst dann aufrechtzuhalten, wenn etwas vermeintlich Wichtiges ansteht, wird auch dies plötzlich absolut und ist damit nicht mehr relativ wichtig im Vergleich mit etwas anderem. Also nehmen wir auch das als alles wahr, was es gibt. So wird es uns unmöglich, es aufzuwerten und daran anzuhaften. Denn wo nichts mehr existiert, demgegenüber aufgewertet werden könnte, ist alles eins.

Wir erkennen nun die Natur der Schöpfung: Jeder Moment unseres Lebens ist gleich viel wert, da es nur einen gibt: den jetzigen.

Nehmen wir den an der Welt haftenden Schein als den wahr, der er ist, zwingt es uns also in die Erkenntnis, dass die ganze Welt *unschein*bar ist. So erscheint sie uns als nichts mehr, sondern *ist* einfach bzw. ist *einfach*.

Entlarven wir die räumliche Welt als Illusion, erfahren wir Wahrheit. Dann entlarven wir Vergangenheit und Zukunft automatisch ebenfalls als Illusion und bekommen am eigenen Leibe zu spüren, dass Wahrheit Präsenz ist. Die wiederum zeigt sich immer in einer unermesslich magischen und sehr erleichternden Unaussprechlichkeit. Und so stellen wir demütig fest, dass auch wir selbst unscheinbar sind.

Wer nun einen Knoten in seinem Gehirn hat, dem kann wieder einmal bewusst werden, dass das echte Leben ausschließlich mit dem Herzen und niemals mit dem Kopf zu verstehen ist. Und so werden wir uns gewahr als kosmische Touristen, die für eine Weile Urlaub machen in diesem Land der drei Dimensionen.

Vergleichen wir unsere Lebzeiten einmal mit der Entstehungsgeschichte eines Gemäldes. Der Maler des Gemäldes sind wir selbst. Kurz bevor wir geboren werden, stehen wir vor einer weißen Leinwand. Und da eine weiße Leinwand keinerlei Inhalt hat, kann auf ihr auch nichts voneinander unterschieden werden. Das ist zwar einerseits schön, denn so gibt es nichts, das missfallen könnte. Doch andererseits gibt es auch nichts, das *ge*fallen könnte. Einerseits kann nichts Schlimmes passieren, andererseits aber auch nichts Aufregendes.

Sobald wir jedoch geboren werden, also zaghaft die ersten Tupfer auftragen, passiert etwas Entscheidendes: Wir bringen Inhalt auf die leere Fläche. Das bedeutet, wir haben den Point of no Return erreicht. Jetzt gibt es kein Zurück mehr. Der Prozess hat begonnen. Es gibt auf der Zeitlinie nun nur noch eine Richtung: nach vorn. Der fundamentale Unterschied zur weißen Leinwand vor unserer Geburt ist nun der, dass wir die bahnbrechende Möglichkeit bekommen haben, zwischen verschiedenen Inhalten zu unterscheiden. Das heißt, je nach Perspektive gibt es jetzt nicht mehr nur das eine, sondern auch das andere. Nicht mehr nur das Einfache, sondern auch das Vielfache. Nicht mehr nur die weiße Leinwand, sondern auch die verschiedenen Tupfer darauf. Nicht mehr nur die Gesamtansicht, sondern auch eine Ansammlung von Details.

An dieser Stelle ist nun also allerhöchste Aufmerksamkeit geboten, denn wir allein haben es nun in der Hand, ob diese Möglichkeit zur Unterscheidung unser Segen oder unser Fluch wird. Der Segen kann darin bestehen, diese Chance zu nutzen und ein wunderschönes Bild zu kreieren. Wären wir nicht geboren worden, hätten wir diese Chance nicht bekommen. Der Fluch jedoch liegt darin, jederzeit dem Teufel anheimfallen zu können, denn er ist nicht nur ein Eichhörnchen, sondern steckt auch im Detail. Sein Job ist es, uns zu verführen, uns in der Teilung des Ganzen zu verlieren, wohingegen es unserem Herzen am Herzen liegt, bei aller Teilung stets die Ganzheit zu wahren. Außerdem scheißt er gern auf den größten Haufen, sodass wir bei mangelnder Geistesgegenwart leicht die Balance verlieren. Wollen wir also die Chance nutzen und ein wunderschönes Bild malen, müssen wir stets auf der Hut vor dem Teufel sein. Und dazu braucht es nachhaltige Wachheit. Ansonsten verlieren wir uns in den Details, die wir selbst malen, indem wir sie unbewusst gegeneinander auf- und abwerten.

Etwas abwerten tun wir immer dann, wenn wir uns einbilden, dass es etwas anderes gibt, das wichtiger ist. So verkommt das jeweilige Detail nur zum Mittel zum Zweck. Angenommen, unser Gemälde soll einen menschlichen Körper zeigen, malen wir nun einen Finger nur, um später einmal eine Hand gemalt zu haben. Eine Hand wiederum malen wir nur, um später einmal einen Arm gemalt zu haben, usw. So verkommt das gesamte Gemälde zu nichts weiter als einem einzigen

Mittel zum Zweck. Das Abwerten des Fingers führt zum Überbewerten der Hand. Das Abwerten der Hand zum Überbewerten des Arms usw. Wir verzetteln uns in der illusorischen Welt von Gegensätzen innerhalb Raum und Zeit und können daher unmöglich unser gesamtes Herzblut in unser Werk hineinstecken.

Etwas aufwerten tun wir dann, wenn wir uns einbilden, dass es etwas anderes gibt, das weniger wichtig ist. So wird das jeweilige Detail wichtiger, als es ist. Auf unserem Gemälde messen wir beispielsweise einem Auge dann mehr Bedeutung bei als einer Wolke im Hintergrund. Dieser Hochmut hat notgedrungen einen Fall zur Folge. Und so kann der Erwartungsdruck, den wir uns damit machen, nun leicht zu einem nervösen Zittern unserer Hand führen, was dem Schwung unseres Pinselstrichs unweigerlich die Eleganz raubt. Wir haben das Detail zermalt. Das Überbewerten des Auges führt zum Abwerten der Wolke im Hintergrund. Wieder verzetteln wir uns in der illusorischen Welt von Gegensätzen innerhalb Raum und Zeit und können unmöglich unser ganzes Herzblut in unser Werk hineinstecken.

Als Ersatz für unser fehlendes Herzblut bleibt uns nur unser Verstand. Und der kann stets nur etwas anbieten, das er schon kennt. Darum können wir als Maler mit dieser Geisteshaltung bestenfalls ein akzeptabler Nachahmer, jedoch niemals ein eigenständiger Schöpfer werden.

Sobald wir diese Unzulänglichkeiten in unserem Malprozess jedoch umfassend erkennen, erkennen wir auch uns selbst. Dann kommen wir in Balance und erfahren die Magie von Präsenz. Wir machen uns damit gänzlich unabhängig von allem Inhalt, der auf unserer Leinwand zu sehen ist. Unser Herz öffnet sich. Und während wir die Leinwand zwar weiterhin mit Inhalt füllen, spüren wir tief in uns nun permanent die unerschütterliche Gewissheit, im Grunde immer noch die völlig unbefleckte weiße Leinwand zu sein, die wir auch vor unserer Geburt schon immer waren. Alle Details werden nun von Einheit beseelt. Das Geteilte wird von Ganzheit inspiriert. Das Vielfache wird sich seiner gemeinsamen Quelle bewusst. Raum und Zeit verlieren ihre Bedeutung und dienen der großen Mama: der Ewigkeit.

In unserer Selbsterkenntnis als reines Bewusstsein malen wir nun Finger um der Finger, Hände um der Hände, Arme um der Arme, Augen um der Augen und Wolken um der Wolken willen. Wir befinden uns in harmonischem Einklang mit uns und dem, was wir malen. Wir erfahren den jetzigen Moment als alles, was existiert, wodurch wir jeden Pinselstrich mit der gleichen schieren Hingabe und der gleichen angstbefreiten Bedingungslosigkeit ziehen, als die wir uns nun selbst erkennen.

Ob wir ein Detail oder die Gesamtansicht im Blick haben, ist nun völlig egal, da wir alles als eins erkennen. Wir lassen los und sehen unser Gemälde völlig objektiv. Und damit vergessen wir im wahrsten Sinne, wer wir zu sein glaubten.

Wir malen nun präsent und gleichmütig, egal, was wir malen. Wissend, dass Widerstand zwecklos ist, erlauben wir dem Unbeschreiblichen in vollkommener Widerstandslosigkeit, durch uns hindurch wirken. Wir malen dann nicht mehr selbst. Das wäre zu mühsam. Wir werden durchmalt. Damit ist unser (Lebens-)Werk von wahrhaftiger Inspiration beseelt und kann nicht mehr anders, als ein zeitloses Meisterwerk zu werden.

Übertragen wir diese Erkenntnis auf unseren Alltag, wird uns klar, wie sinnlos es ist, unscheinbare Dinge wie Kloputzen als bloßes Mittel zum Zweck zu bezeichnen. Die Wahrheit ist: Im Moment des Kloputzens besteht unsere gesamte Realität ausschließlich daraus, das Klo zu putzen. Selbst wenn wir kurz davor noch etwas scheinbar Spektakuläres erlebt hätten, wie beispielsweise, als erster Mensch auf dem Mars zu landen – das Kloputzen wäre im Moment des Geschehens alles und die Marslandung nichts mehr, einfach weil sie bereits vorbei ist. Dieses saubere Bewusstsein können wir jedoch nur dann aufrechterhalten, wenn wir im Umkehrschluss auch der Marslandung nicht ein Mehr an Bedeutung beimessen als dem, was ihr vorausgeht oder folgt. Ansonsten kleben noch Eindrücke aus Vergangenheit oder Zukunft an uns, wodurch es uns unmöglich wird, das Klo mit voller Präsenz zu putzen. Mit Bonusbewusstsein allerdings müssen wir nie wieder jemals ein Klo putzen. Wir werden durchputzt. Dann sind wir äußerst wahrhaftige Kloputzer. Ob auf der Erde oder dem Mars.

Wie viel Zeit wir mit unscheinbaren Tätigkeiten verbringen, sehen wir, wenn wir uns einmal vergegenwärtigen, was wir jeden Tag so tun (müssen):

aufstehen, frühstücken, Zähne putzen, aufs Klo gehen, anziehen, Bürokram erledigen, Mittag essen, mal was trinken, mal wo kratzen, weil's juckt, Wäsche waschen, wieder was trinken, aufs Klo gehen, noch mehr Bürokram erledigen, Pause machen, mal wo rumlaufen, kochen, was putzen, rumsitzen, das Gekochte essen, mit irgendeinem Ding – Vorschläge: Buch, Smartphone, Fernseher, Laptop, Brettspiel, Körper des Partners, eigener Körper, Stock, Stein, Ball ... – irgendwie die restliche Zeit des Tages totschlagen, Zähne putzen, vielleicht noch mal aufs Klo gehen, sich 'ne Weile im Spiegel angucken, schlafen.

So oder so ähnlich ist unser sogenannter Alltag und wird es immer bleiben. Das ist bei uns so und auch beim Papst. Das war bei Elvis so und auch bei Buddha.

Mit dem Begriff »Alltag« verbinden wir jedoch trotzdem noch oft höchstens Attribute wie Mittelmäßigkeit, Normalität oder Bedeutungslosigkeit und nicht Lebensfreude oder gar Ekstase. Die Sonnenseite des Lebens wird meistens auf den sogenannten Urlaub oder einige wenige idealisierte Tage wie das Wochenende, den Tag der Hochzeit, Weihnachten, Ostern oder den Geburtstag verfrachtet, die dann mit einem so immensen Erwartungsdruck belastet werden, dass sie ironischerweise oft in puren Stress ausarten und wir meist heilfroh sind, wenn sie vorbei sind, damit wir uns wieder in unserer Mittelmäßigkeit verstecken können. Es ist ein Leben zwischen Überforderung und Monotonie.

Doch wir könnten jederzeit erkennen, dass dieses Ungleichgewicht nur unserer Brille entspringt. Machen wir uns jedoch unabhängig vom Inhalt unseres Lebens, ist jeder Tag Alltag. Wie sollte es auch anders sein? Alltag ist an allen Tagen.

Fürchtest du nun, dir auf diese Weise auch noch das letzte Fünkchen Spaß in deinem Leben zu versagen und von nun an nur noch in endloser Eintönigkeit dahinzuziehen?

Lass dich dann einfach von dem, das dich zuvor missmutig gestimmt hatte, zum Mutigen inspirieren.

Lässt du es nur zu, kann dich eine nicht zufriedenstellende Mittelmäßigkeit ein gesundes Maß an Mitte lehren und dein Gemüt damit in astronomische Höhen befördern. In einer als langweilig empfundenen Normalität könntest du die Magie von Neutralität und somit die Befreiung von all deinen limitierenden Erwartungen und Bedingungen finden. Graue Bedeutungslosigkeit kann dir durch die grandiose Erkenntnis, dass nichts Irdisches jemals von absoluter Bedeutung ist, im Nu die

Last der Idee vom Ernst des Lebens von den Schultern nehmen und dir aufzeigen, dass allem und jedem eine unermessliche Bedeutung innewohnt. Und das Bewusstwerden von schaler Eintönigkeit kann dich aufwecken und dir zeigen, dass die dritte Dimension noch längst nicht alles war, was es in diesem Leben zu entdecken gibt.

In einem Bewusstsein, wo einfach nichts mehr Mittel zum Zweck ist, fließt alles nur noch dahin. Jede Handlung und jedes Wort, das aus unseren Mündern fliegt, ist dann von hoher, beseelter Qualität. Der Schlüssel flutscht äußerst gewandt ins Schlüsselloch. Der Pfannkuchen gleitet geschmackvoll zurück in die Pfanne. Das Papier fliegt gleich beim ersten Versuch in einem eleganten Bogen in den Mülleimer. Das Auto fährt stets auf der Ideallinie. An nichts und niemandem bleiben wir mehr hängen. Unter minimalem Aufwand lassen wir unsere Körper und Geister voller Anmut und Eleganz um jedwedes Hindernis herumzutänzeln. Jede Tätigkeit wird mit einer Klarheit und einer Gepflegtheit verrichtet, die ihresgleichen sucht. Das Leben lebt sich dermaßen von selbst, dass es eine Freude ist.

Die aufgrund der schieren Unbegreifbarkeit ihrer Unendlichkeit oftmals als unaushaltbar wahrgenommene, schockierend nüchterne Nüchternheit des jetzigen Moments wird durch unsere Akzeptanz unendlich magisch.

Das Meditieren sein lassen
Falls du regelmäßig meditierst – oder anderen spiri-
tuellen Praktiken nachgehst – und vielleicht manch-
mal Schwierigkeiten damit hast, könntest du ver-
suchen, dich von der Vorstellung zu lösen, dass nur
Meditieren Meditieren ist und eine andere Tätigkeit
dazu »missbrauchen«.
Am besten dafür geeignet sind Tätigkeiten, die du
sonst eher als Mittel zum Zweck gesehen hast, wie
zum Beispiel duschen, den Müll runterbringen,
abspülen usw. Das ist nebenbei total praktisch,
denn so schlägst du gleich zwei Fliegen mit einer
Klappe: Du erledigst etwas, das sowieso erledigt
werden muss, und hakst gleichzeitig deine spiri-
tuelle Praxis ab.
Im nächsten Schritt kannst du auch Tätigkeiten für
deine Bewusstseinserweiterung »ausnutzen«, die so
nervenaufreibend für dich sind, dass du im Leben
nicht daran gedacht hättest, sie aus einer äußeren
Perspektive zu betrachten. Beispielsweise Prüfungen,
Gespräche mit deinem Chef, Auftritte, der erste Be-
such bei den neuen Schwiegereltern usw. Auf diese
Weise lenkst du deine Wahrnehmung mehr und
mehr nach innen und erfährst, wie es egaler und
egaler wird, was du tust oder lässt. Das Wie gewinnt
so mehr und mehr an Bedeutung und das Was wird

immer unwichtiger. Die Kurven glätten sich. Du lernst den vertikalen Unterschied zwischen präsentem Tun und nicht-präsentem Tun immer mehr zu schätzen, womit der horizontale Unterschied zwischen verschiedenen Lebenssituationen immer belangloser wird. Mit Bonusbewusstsein ist das gesamte Leben schließlich eine einzige Meditation, ob du es so nennst oder nicht.

Unmittelbare Akzeptanz
Nutze Kleinigkeiten, von denen dein Verstand denkt, dass es etwas ist, was gerade schiefgegangen ist, um zu erkennen, dass in Wirklichkeit nichts schiefgegangen ist, sondern die Dinge nur anders gekommen sind, als du es erwartet hattest. Das könnte sein:

— *Das Handy fällt dir herunter und der gesamte Bildschirm ist zersplittert.*
— *Dein Kumpel kommt mal wieder zu spät.*
— *Dir fällt mitten auf der Straße deine gerammelt volle Einkaufstüte herunter und dekoriert sie mit Gemüse und Klopapier.*
— *Du kommst auf dem Weg zu einem Termin, von dem du denkst, dass er wichtig ist, in einen Stau vor einer Vollsperrung.*
— *Usw.*

Wenn du wach genug bist, kannst du es schaffen, all das gleichmütig hinzunehmen, ohne von deinen Emotionen bedrängt zu werden. Mache dir dabei einfach klar, dass du das Universum – und ja, dazu gehören auch dein zu spät kommender Kumpel oder ein Stau – niemals wirst beeinflussen können. Diese Erkenntnis bringt dein Denken leichter zu einer friedvollen Kapitulation. Frage dich jeweils: Bin ich, während ich das zersplitterte Handy in die Hand nehme, auf meinen Kumpel warte, meinen Einkauf von der Straße einsammle oder im Stau stehe, im Frieden oder nicht? Wenn nicht, zeigt dir dieser Umstand, dass du das Handy, was du pünktlich mit deinem Kumpel machen wolltest, deinen Einkauf oder einen Termin wichtiger genommen hast als dein Leben. Entgegnest du nun, dass diese Dinge doch zu den jeweiligen Zeitpunkten dein Leben seien? Dann lass dir sagen: Sie sind nur deine Lebenssituation. Sie sind nur dein Was. Dein Wie ist dein Leben selbst und es ist unabhängig von den Dingen der Welt. Ihm ist egal, was passiert, denn es gibt sich einfach immer dem hin, was gerade ist. Ob du mitmachst oder glaubst, dein eigenes Ding machen zu können, ist der Knackpunkt. Erkenne den lebensverändernden Unterschied zwischen jemandem, der sagt, dass er das Beste draus macht, und jemandem, der das Beste draus macht.

Mit allen Möglichkeiten im Frieden sein
Wenn du dir in monumentalen Momenten oder an wichtig erscheinenden Weggabelungen deines Lebens bewusst machst, dass eigentlich alles gleichwertig ist, kannst du beispielsweise während eines Vorstellungsgesprächs so gechillt sein wie Wasser, dem es herz-

lich egal ist, wohin es fließt, solange es fließen kann. Wasser wird nur dann modrig, wenn es eine Weile stillsteht. Bist du wie fließendes Wasser, kann es dir gleichgültig sein, ob du eingestellt wirst oder nicht. Dein Selbstgefühl ist damit entkoppelt vom Inhalt einer Situation. Du bist mit allen Wassern gewaschen. Alle potenziellen Möglichkeiten sind für dich okay, weil du sie sowieso nur als Bonus zur Erhabenheit der Präsenz im Raum wahrnimmst. Dieser Gleichmut erzeugt zwingend eine angenehme Ausstrahlung, die so gesund und anziehend ist, dass derjenige, der das Vorstellungsgespräch führt, nicht mehr anders kann, als dich zu nehmen. Solltest du dich nun nicht nein sagen hören, kannst du die Vorzüge der Einstellung genießen oder was immer es ist, auf das du auch hättest verzichten können.

Taste dich so, wenn auch nur in deiner Vorstellung, langsam auch an Themen heran, die dir noch unangenehm sind. So könntest du dir, selbst wenn nicht der leiseste Verdacht bestünde, vorstellen, was es ehrlicherweise mit dir machen würde, wenn dein Partner dich verlassen oder fremdgehen würde, du deinen Job verlieren würdest oder man dir deine Wohnung kündigen würde. Die Königsklasse dieser Übung wären Schicksalsschläge wie der Tod eines geliebten Menschen. Das ist natürlich mit größter Betonung niemandem jemals zu wünschen. Doch ist es eine Tatsache, dass wir leichter leben, wenn wir bei allem Schmerz, den das hervorruft, mit dem potenziellen

Fall, dass es passieren könnte, innerlich bereits im Frieden sind. Wenn wir es dann noch schaffen, jederzeit mit unserem eigenen Tod wahrlich im Frieden zu sein, sind wir gestorben, ohne zu sterben. Der Rest des Lebens ist dann vollends nichts weiter als eine bunte, angstbefreite Spielwiese. Die alten Naturvölker leben zu einem großen Teil mit diesem Gewahrsein, was sie tief mit Mutter Erde verwurzelt. Es ist das Gewahrsein hinter der Unterscheidung von Leben und Tod. Ihre Bestattungszeremonien sind daher regelrechte Feste der Seligen, die mit ihrem gelebten Frieden und ihrer Hingabe kaum vergleichbar sind mit der oftmals noch unbeholfenen Verkrampftheit unserer westlichen Trauerfeiern. Da ist es kein Wunder, dass hier niemand sterben möchte.

Gehen wir ins Vertrauen, lösen wir uns allmählich von der Vorstellung, dass irgendein Inhalt der Welt Einfluss darauf hat, wie es uns geht. Manche Brillenträger sagen Dinge wie:

— Montags geht's mir beschissen, Samstags geht's mir super, Sonntags bin ich immer leicht sentimental.
— Im Urlaub geht's mir immer gut.
— Wenn es regnet, bin ich traurig.
— Ohne Partner bin ich einsam.
— Spießer haben einen gepflegten Vorgarten.
— Abendessen gibt es um 18 Uhr.
— Langschläfer haben ihr Leben nicht im Griff.
— Kleider machen Leute.

– Meditation bringt meine spirituelle Entwicklung voran.

Die Wahrheit ist:

– Montags bis Sonntags kann es mir gleichermaßen super oder beschissen gehen.
– Im Urlaub kann es mir gut oder schlecht gehen. Ebenso daheim.
– Wenn es regnet, kann ich traurig oder glücklich sein. Ebenso wenn die Sonne scheint. (Es sei an dieser Stelle kurz angemerkt, dass Sonnenlicht durchaus unser Glücksempfinden erleichtert. Trotzdem können wir durch die Macht unseres Bewusstseins auch bei fehlendem Sonnenlicht immensen Einfluss auf unser Wohlergehen ausüben.)

– Mit oder ohne Partner kann ich glücklich oder einsam sein.
– Ein Spießer kann einen gepflegten Vorgarten haben oder so tun wie ein Freigeist. Ein Freigeist kann wiederum auch so tun wie ein Spießer, inklusive gepflegtem Vorgarten.
– Es ist gut möglich, dass es Abendessen um 18 Uhr gibt. Es könnte aber auch mal keines geben oder schon um 17:30 Uhr.
– Manche Langschläfer haben ihr Leben nicht im Griff. Manche Frühaufsteher auch nicht. Manche Langschläfer haben es im Griff. Manche Frühaufsteher auch.

– Kleidung ist entweder ein an Seele armer Versuch, unsere Schattenseiten zu verkleiden oder ein Ausdruck unseres wahren Selbsts.

– Meditieren ist dann sinnvoll, wenn wir es machen, weil wir es schön finden und nicht, weil wir unsere spirituelle Entwicklung damit voranbringen »wollen«, wohinter in Wirklichkeit nicht selten ein »sollten« steckt.

Intuition anzapfen

Unsere Intuition ist etwas Tolles. Sie ist die Instanz, die das Wie blitzschnell beantwortet. Sie sagt uns beispielsweise in nullkommanichts, ob uns ein Musikstück gefällt oder nicht. Kinder und Betrunkene können manchmal sogar einen besseren Zugang zu ihr haben als nüchterne Erwachsene, denn bei Kindern ist der Verstand erst noch am Entstehen und bei Betrunkenen gönnt er sich gerade ein kleines Päuschen. Wahrheit spricht aus den Seligen. Solltest du also einmal wieder vor der Qual der Wahl stehen, kannst du dir ins Gedächtnis rufen, dass der Inhalt der Welt relativ egal ist und es in Wirklichkeit nur auf die Qualität deines Erlebens des Moments ankommt. So findest du Zugang zu deiner Intuition und sparst dir viel wertvolle Energie, die du dann für angenehme Dinge verwenden kannst, anstatt von der Qual der Wahl verbrauchen zu lassen.

Ein Klassiker ist, im Restaurant so lange daran herumzudoktern, was das beste Gericht ist, bis der Kellner dasteht und wir, wie immer, doch wieder nur eine langweilige Pizza Margarita bestellen.

Gehe in dieser Situation das nächste Mal zunächst kurz in die Stille und vergegenwärtige dir, dass dein Leben selbst ohne Mahlzeit bereits wunderbar ist. Auf diese Weise schwingst du im Einklang mit deiner Umwelt und bekommst einen Geschmack von Bonusbewusstsein. Dir wird es also auf eine erleichternde Art etwas egaler, was du essen wirst.

Mit dieser herausgezoomten Haltung wird es dir

möglich, blitzschnell und intuitiv nach nur kurzem Überfliegen der Karte das »richtige« Gericht für dich auszuwählen. Das »Richtige« ist in dem Fall das, was dir am besten bekommen wird. Woher du das wissen wirst? Du kannst es nicht wissen und wirst es doch tun, wenn es so weit ist.

Eine andere schöne Möglichkeit, deine Intuition anzuzapfen, ist der Einkauf im Supermarkt. Viele Menschen zerbrechen sich dabei regelmäßig den Kopf, um möglichst sparsam oder gesund einzukaufen. Wenn du aber aus dem Bauch heraus einkaufst – und damit meine ich an dieser Stelle ausdrücklich nicht deinen Hunger –, wirst du merken, dass du am Ende nicht sehr viel mehr Geld ausgegeben hast, als wenn du aus dem Kopf heraus gekauft hättest. Dir wird jedoch der Unterschied auffallen, dass du die Produkte sowohl noch passender für deinen Körper auswählst als auch weniger Zeit und Stress dabei hast.

Was zu unseren Lebzeiten passiert, können wir nicht in den Griff bekommen. Wie wir damit umgehen schon. Mögen wir deshalb dem, was alles passiert, nach und nach die Ernsthaftigkeit entziehen und das Leben stets als jenes ko(s)mische Spiel ansehen, das es ist. Der Schwierigkeitsgrad dieses Spiels wird immer mal wieder ohne Vorwarnung verändert, damit für genügend Überraschungen und Aufregung gesorgt ist. Es empfiehlt sich also, achtsam zu bleiben. Denn selbst wenn der Schwierigkeitsgrad gerade auf leicht gestellt ist, kann sich das blitzschnell ändern und unsere Lebenssituation plötzlich auf den Kopf stellen. Und damit dies auch wirklich nur mit unserer Lebenssituation passiert und nicht mit unserem Leben, spielen wir. Wenn es ein einzig wahres Mittel zum Zweck gibt, könnte es dieses sein und ist doch keines. Gewonnen haben wir das Spiel, wenn wir tiefgreifend verstehen, dass es nichts zu gewinnen gibt. Dann wird uns klar: Wir haben nichts zu verlieren.

7 Ich liebe dich

Das sind sie, die drei magischen Worte. Wer wünscht sich nicht, die oder den Einen zu finden und mit ihr oder ihm bis ans Lebensende in bedingungsloser Liebe zu schwelgen? Die Antwort ist: Derjenige, der die Welt sieht, wie sie ist. Er erkennt, dass dieser fromme Wunsch meist nichts anderes als eine Bedingung ist und es somit oft schnell geschehen ist um die Bedingungslosigkeit dessen, was wir so oft »Liebe« nennen.

Natürlich gibt es zu Beginn meistens den ekstatischen Rausch der Verliebtheit. Er fühlt sich wundervoll an und das ist er auch. Wem er widerfährt, soll ihn daher unbedingt in vollen Zügen genießen. Und dennoch ist Verliebtheit kein Wunder, denn wir werden dabei im wahrsten Sinne des Wortes um den Verstand gebracht. Und alles, was uns noch bleibt, ist Herz. Daher ist mit jemandem, der verliebt ist, in praktischen Belangen auch manchmal recht wenig anzufangen. Ihm selbst ist das jedoch egal. Er schwebt auf Wolke sieben und das soll er auch.

Leider bleibt es meistens nicht so. Können wir die Glückseligkeit des Verliebtseins nicht aus eigenen Stücken halten, fällt der Himmel irgendwann in sich zusammen und unser Verstand erklärt uns, dass die Verliebtheit nichts weiter als ein Drogencocktail der Natur war, gemacht, um unsere Fortpflanzung zu sichern. So finden wir uns danach oft in der Nüchternheit dessen wieder, was wir

noch für die Realität halten, all unserer Unzulänglichkeiten inklusive.

Die Verliebtheit am Anfang einer Beziehung schenkt uns
mit Hilfe eines freundlicherweise von der Natur zur Verfügung gestellten Liebesboosters eine Zeit lang den An-
fängergeist. Das bedeutet, dass wir uns für eine gewisse
Phase bei jedem Treffen mit unserem Schatz so sehr freuen
können wie beim ersten Mal. Jedes Wiedersehen ist ein
neuer, vollkommen frischer Anfang. Alles, was einmal war
und was noch kommt, ist egal. Unser Verstand wird davon
abgehalten, uns das Märchen einer bindenden und damit
belastenden gemeinsamen Geschichte zu erzählen. Alles,
was bleibt, ist die pure, völlig präsente und immer wieder
frische Freude am Freuen. Wir sind glücklich.

Irgendwann ist dieser Liebesbooster jedoch leider aufgebraucht. Nun trennt sich die Spreu vom Weizen.
Wenn wir uns den heiligen Zustand von gelebtem An-
fängergeist jetzt nicht bewahren können, erleben wir
gezwungenermaßen eine Enttäuschung. Dann merken
wir, dass wir uns nicht vor allem aus uns selbst heraus
freuen, sondern versuchen, jemand anderem diese
unmenschliche Bürde aufzuerlegen. So entpuppt sich ein
»Ich liebe dich« bald als ein schmerzliches »Ich brauche
dich« oder als ein »Ohne dich kann ich nicht sein«. Wir
versuchen dann unbewusst, unseren Partner zu besitzen
und wandern früher oder später in die leidliche Sackgasse, in der diese Idee uns besitzt. Und das ist dann
schon der Anfang vom Ende einer wahrhaftigen und

wirklich glücklichen Beziehung. Dieses »Ende« kann übrigens durchaus auch viele Jahrzehnte dauern.

Darum ist hier ein Vorschlag für alle, die gerade verliebt sind: Bleibt einfach so, wie ihr seid.

Und an alle, die nicht mehr verliebt sind: Werdet einfach wieder so, wie ihr wart, als ihr verliebt wart.

Ach, und an alle, die noch nie verliebt waren: Macht nichts. Dann verliebt euch, ganz ohne Umwege, einfach gleich ins Leben selbst.

Die rosarote Brille

Schauen wir uns, auch auf die Gefahr hin, dass die rosarote Brille aller Die-hard-Romantiker nun in Windeseile von ihren Nasen geblasen wird, etwas genauer an, was es mit einer Beziehung wirklich auf sich hat. Wenn wir von außen draufschauen und einmal so tun, als wären wir nur fähig, das wahrzunehmen, was man sehen und anfassen kann, könnten wir eine Beziehung in aller wissenschaftlichen Nüchternheit wie folgt definieren:

Es ist eine Beziehung, solange es einen Bezug zwischen zwei oder mehreren Menschen in Form eines Austausches gibt, der mithilfe von Sprache, Mimik, Gestik, Blicken und Gerüchen usw. geschieht.

Demnach könnten wir sagen, dass wir beispielsweise dann eine Beziehung mit einem Menschen haben, wenn wir mit ihm frühstücken und uns dabei mit ihm austauschen. Stünde er allerdings auf und ginge ins Bad, haben wir per Definition in diesem Moment keine Beziehung mehr mit ihm, sind also für kurze Zeit Single, weil einzeln. Käme nun jemand anderes in den Raum und wir tauschten uns mit ihm aus, hätten wir mit ihm eine Beziehung.

So komisch das klingt, wenn wir unseren Ex-Partner zufällig beim Bäcker träfen, während unser aktueller Partner gerade noch woanders wäre, hätten wir gemäß dieser Definition also für kurze Zeit wieder eine Beziehung mit unserem Ex-Partner und nicht mehr bzw. noch nicht mit unserem sogenannten eigentlichen Partner.

Wir sehen: Welche Namen wir den Kindern geben, spielt keine Rolle, wenn wir nach Wahrheit trachten.

Angenommen, du würdest dich um 12 Uhr mit deinem Schatz treffen, ihm von diesem Zeitpunkt an nicht mehr von seiner Seite weichen und um 15 Uhr einen Bekannten treffen, der euch fragt, seit wann ihr zusammen seid. Wenn du ihn gemäß unserer Definition nicht anlügen wolltest, müsste deine Antwort streng genommen lauten: »Seit drei Stunden.« Wahrscheinlich würdest du aber stattdessen sagen, was du und dein Schatz einmal als den Zeitpunkt eures Zusammenkommens definiert habt. Das wäre wahrscheinlich auch die elegantere Antwort, da du bei deinem Bekannten und vor allem deinem Partner sonst wahrscheinlich nur unnötige Verwirrung stiften würdest.

Welches Fazit können wir ziehen? Eine von außen betrachtete, neutral-wissenschaftliche Perspektive auf Beziehungen zeigt uns, dass es so etwas wie eine festgelegte Liebesbeziehung, die ohne Unterbrechungen mehrere Jahre geht und sich maßgeblich von einer anderen unterscheidet, beispielsweise der zu unserem Chef, der Supermarktkassiererin, unseren Eltern, unserem Ex-Partner, unseren Nachbarn oder unseren Freunden, nicht wirklich geben kann. Tatsächlich sind wir ständig in Beziehung mit den verschiedensten Menschen und Dingen auf der Welt. Es ist ein sich ständig verändernder, höchst flexibler Prozess. Alle Bindungen, die wir ständig eingehen und wieder loslassen – bewusst oder unbewusst – sind tatsächlich nichts als ein Kommen und Gehen in der dritten Dimension.

Bedeutet das, wir müssen unser bisheriges Verständnis von Zusammensein über den Haufen werfen? Vielleicht. Wie auch immer – ausschlaggebend ist doch eigentlich nicht so sehr, was unser Verstand definiert, sondern wie es unserem Gemüt geht, nicht wahr?

Und der Knackpunkt ist: Solange unser Bewusstsein noch ausschließlich auf der materiellen Ebene verharrt, wird sich unser Gemüt immer mindestens latent unangenehm anfühlen müssen. Je mehr wir darüber hinausgehen, desto friedlicher und liebevoller wird es in uns. Die meisten Menschen identifizieren sich jedoch noch stark mit der materiellen Komponente ihrer selbst: ihrem Körper. Stark auf dieser Ebene gebettete Beziehungen sind deswegen auch unweigerlich von Erwartungen und Bedingungen durchwachsen, was sie zu einem so zweischneidigen Schwert macht.

Blicken wir der Wahrheit ins Auge: Auf der körperlichen Ebene werden wir immer getrennt voneinander bleiben. Verharren wir in einer rein materiellen Weltsicht, tragen wir nach wie vor die Brille des Denkens und werden letztlich einsam bleiben, ob alleine oder gemeinsam. In diesem Bewusstsein bleiben wir Single, egal, was in unserem Social-Media-Account steht oder wer neben uns im Bett liegt. Dann hat der Teufel seine Finger im Spiel und macht uns weis, dass wir nur ein verlorenes Detail in einer fremden Welt sind, das sich notgedrungen an ein anderes Detail klammern muss.

Wenn wir allerdings in uns hineinspüren, merken wir Gott sei Dank schnell, dass es in unseren Beziehungen noch etwas Höheres zu geben scheint. Etwas, das jenseits der Körperlichkeit zu Hause ist. Etwas, das es vermag, uns ganz unabhängig von räumlichen und körperlichen Bedingungen Geborgenheit zu schenken. Schauen wir uns dazu nur einmal an, wie wir heutzutage auf selbstverständliche Weise fast ohne körperliche Beteiligung miteinander kommunizieren, indem wir miteinander chatten oder videotelefonieren. Machen wir uns klar: Während eines Videotelefonates sind wir körperlich ganz alleine und schauen nichts als ein schnödes, flimmerndes, technisches Gerät an. Dennoch sind wir dazu in der Lage, unweigerlich so etwas wie Liebe in uns zu spüren. Ist das nicht wundervoll?

Wir können uns also getrost fragen: Wo fängt eine Beziehung an und wo hört sie auf? Es scheint, als könne keine fixe Definition dafür gefunden werden. So könnte es vielleicht auch schon eine Beziehung sein, wenn wir nur an jemanden denken und dadurch ein wohliges Gefühl in unserem Herzen bekommen. Manchmal passiert es sogar, dass derjenige, an den wir gedacht haben, zufällig genau in diesem Moment anruft, eine Nachricht schreibt oder vor der Tür steht. Vielleicht hast du ja auch schon mal einen derartig magisch erscheinenden »Zufall« erlebt.

Wir sehen: All unsere mit unserem limitierenden Verstand bemühten Versuche, eine Beziehung zu definieren, sind wieder einmal nichts als klägliche Ersatzmechanismen, die gegen die wahrhaftige Einheit der gesamten Menschheit mit dem Universum letztlich keine Chance haben.

Fragen wir dagegen unser Herz, was Beziehung ist, antwortet es uns im Nu: der Bezug zu allem und jedem, also uns selbst.

Betrachten wir nun die Wendung »Schluss machen«. Wenn man dafür unterschreiben muss, nennt man es übrigens Scheidung. Wie oft hat das Ernstnehmen dieser Begriffe bereits Drama und Frust in unsere

Herzen gebracht? Doch womit beim Schlussmachen in Wirklichkeit Schluss gemacht wird oder was bei einer Scheidung wirklich dahinscheidet, ist die blinde Jagd nach einem Trugbild. Das muss jedoch nicht heißen, dass sich die Beteiligten deswegen nicht mehr liebhaben können, im Gegenteil. Zunächst fühlt es sich zwar meistens ziemlich unliebsam an, doch schimmert die leise Ahnung der allumfassenden Einheit nach und nach immer heller durch den Schleier des Schmerzes, je öfter das Trugbild stirbt.

Es ist also tatsächlich unmöglich, mit jemandem zusammener oder getrennter zu sein als mit jemand anderem. Wenn wir das verinnerlicht haben, wird eine Beziehung ein von Dramen, Anhaftungen und Ängsten befreites und von Leichtigkeit und wahrer Liebe erfülltes, flüchtiges Spiel. Die lieben Liebenden suhlen sich dann für eine Weile gemeinsam in der nie versiegenden Fülle. Und ob diese Weile ein paar Minuten oder viele Jahrzehnte dauert, wird zunehmend unerheblich, solange die Liebe wahr bleibt. Denn wahre Liebe kümmert sich nur um jetzt. Und sie vervielfacht sich, wenn man sie teilt. Wie das alles gehen kann, weiß nur das Herz und erhebt sich damit feierlich über die Arroganz unseres intellektuellen Verständnisses.

Wenn wir wissen wollen, was Liebe ist, werden wir die Antwort also nicht finden können, wenn wir bei anderen Menschen danach suchen. Haben wir das verinnerlicht, wird Alleinsein zum All-eins-sein und ein potenzieller

Partner zum Bonus dessen. Unsere Ängste vor dem Verletzt-Werden und dem Etwas-Verpassen schwinden so nach und nach dahin.

Sobald wir das Business mit der Liebe nicht mehr nach außen verfrachten, werden unsere Herzen unabhängig und damit unverwundbar. Dann können wir uns endlich ohne Berührungsängste dem anderen – oder auch dem gleichen – Geschlecht hemmungslos hingeben. Wäre die Menschheit eine Wiese voller Brennnesseln, ist es uns nun möglich, sie in aus Liebe gegossenen Gummistiefeln hingebungsvoll zu durchstreifen, wo wir zuvor noch zaghaft und schmerzlich versucht hatten, barfuß auf ihr Fuß zu fassen.

Oder wir ziehen es vor, das Gewahrsein der Ganzheit ausschließlich mit uns selbst auszukosten und auf diese Weise womöglich noch zu intensivieren.

Was auch immer wir tun oder lassen, die wahre Liebe sagt: *»Solange ich walten darf, ist erlaubt, was gefällt.«*

Nun müssen alle Hobbyromantiker noch einmal stark sein. Denn all das bedeutet, dass wir unmöglich wirklich unseren Partner lieben können. Was wir eigentlich lieben, ist das Gefühl, das wir in uns selbst fühlen. Und da dieses nur aus uns selbst kommt, brauchen wir denjenigen, den wir unseren Partner nennen, nicht zwingend. Wahre Liebe wohnt schon längst in uns und befreit uns von allen Bedingungen wie beispielsweise der Anwesenheit eines oder mehrerer anderer Menschen. So ist es einem Menschen, der sich dessen bewusst ist, schlicht nicht mehr möglich, betrogen zu werden oder an einem gebrochenen Herzen zu leiden. Er weiß, dass ein Betrüger nur sich selbst betrügt und ein Herzensbrecher nur sein eigenes Herz bricht. Für einen Menschen, der seine eigene Quelle angezapft hat, gibt es schlicht nichts mehr, was kein Herz ist. Und wo nichts mehr ist als Herz, kann es auch niemanden mehr geben, der sich etwas zu selbigem nehmen könnte. Denn wo alles das Gleiche ist, bezieht sich gleichzeitig alles und nichts aufeinander. Also gibt's kein Problem.

Wir lieben nicht wirklich unseren Partner, sondern das Göttliche in ihm. Das ist auch das Göttliche in uns, also sind wir frei. Auf dieser Basis kann auch das körperlich zu zweit gelebte Leben erst wirklich ausgekostet werden. Das führt uns zum Thema Sex.

Hier ist es nicht anders. Wir finden in Wirklichkeit nicht unseren Partner geil, sondern das Gefühl, das beispielsweise er durch seinen Körper in unserem auslöst. Darum können wir auch ohne Probleme erregt werden, wenn wir alleine sind und nichts als einen flachen, in verschiedenen Farben leuchtenden Bildschirm anschauen, der uns vorgaukelt, dass ein oder mehrere nackte Körper anwesend sind, oder ein Papierstück mit Buchstaben betrachten, das in unseren Köpfen ein prickelndes Kino auslöst. Kreative Menschen schaffen das auch mit ihrer reinen Vorstellungskraft. Ganz aus uns selbst heraus lösen wir so die entsprechenden Reaktionen an und in unseren Körpern aus, die im Falle der Anwesenheit eines anderen Körpers den Akt der Liebe ermöglichen. Machen wir uns das bewusst, können wir darüber staunen, zu was unsere reine Vorstellungskraft im wahrsten Sinne des Wortes imstande ist.

Sex ist nur deshalb oft ein so außerordentlich brisantes Thema, weil es auf der körperlichen Ebene mit das Beste ist, was es gibt. Wenn uns die höheren Dimensionen noch fremd sind, können wir mit Sex die Zeit immerhin kurz ausschalten und unsere uns allen innenwohnende, tiefe Sehnsucht nach der Verschmelzung mit dem gesamten Kosmos befriedigen. Ein Orgasmus ist sozusagen der heilige Grahl der dritten Dimension. Danach nehmen uns Raum und Zeit jedoch meist wieder gefangen, bis wir uns das nächste Mal kurzzeitig davon befreien. An diesem Spiel wird sich auch so lange nichts ändern können, bis wir alles loslassen. Da können wir unsere Körper noch so wild aneinanderreiben oder ineinanderstecken. Es wird nichts helfen.

Verhelfen wir unserem Bewusstsein jedoch auch mit zugeknöpfter Hose mehr und mehr auf die Ebene der Zeitlosigkeit, erfahren wir die Erleichterung, dass selbst Sex kein so wichtiges und oft zweischneidiges Thema sein muss, wie wir immer dachten. Wir können es nun hinter uns lassen, obgleich wir es als genüssliche Kirsche auf der Sahnetorte des Seins natürlich weiterhin zu schätzen wissen werden.

Beziehungsweisen

Es kommt vor, dass wir uns im Namen der Freiheit von-einander trennen, um dann bald wie bei einer Drogen-sucht wieder einem anderen Menschen hinterherzulau-fen, anstatt den Moment zu nutzen, um uns darüber bewusst zu werden, was wahre Freiheit eigentlich ist. Wir hegen unbewusst die Hoffnung, also die versteckte Erwartung an unsere Lebenssituation, von jemand ande-rem etwas zu bekommen, das längst in uns ist, wir nur noch nicht so wiederentdeckt haben.

Doch Obacht: Wer daraus schlussfolgert, es sei für die Selbstfindung stets das einzig Wahre, erst einmal allein zu bleiben, verstrickt sich in Bewertungen. Die Wahrheit ist: Singles können sich finden oder nicht. Und Men-schen in Beziehungen können sich finden oder nicht. Beides ist möglich und hat seine Chancen und Limi-tierungen.

Singles können die einkehrende Ruhe nutzen, um sich mit sich selbst auseinanderzusetzen, ohne zu sehr von einer anderen Person abgelenkt zu werden.

Ebenso gut können Singles sich aber auch durch eine Dauerparty mit ihren Kumpels von sich selbst ablenken. Oder sie ziehen sich total zurück und versauern in ihrer Angst vor erneuten Verletzungen.

Auch können Menschen in Beziehungen diese nur dafür (aus)nutzen, um sich von sich selbst abzulenken. Das kann sich darin zeigen, dass sie sich unter ihren Partner stellen und lieber ihn vergöttern, als sich von ihm an das Göttliche in sich selbst erinnern zu lassen. Oder sie stellen sich über ihren Partner und missbrauchen ihn, um ihre Machtfantasien auszuleben. So oder so bleiben sie Bettler und werden zu innerlich zerrissenen Sklaven einer Hass-Liebe-Beziehung. Wachen sie nicht auf, ist die Wahrscheinlichkeit hoch, dass sie in schaler Monotonie zwar gemeinsam, doch einsam dahinsiechen werden.

Eine Beziehung kann für die Selbstfindung aber auch ein sensationeller Booster sein. Wenn wir nur wollen, finden wir darin täglich die magische Möglichkeit, uns in unserer erlebten Unabhängigkeit zu üben. Da »unser« Partner in der Regel der Mensch ist, dem wir irgendwann nichts mehr vorspielen, geht es in Beziehungen meist deutlich schneller ans Eingemachte, als wenn wir aufgrund von zu großen Berührungsängsten eine Mauer um uns herum aufbauen und anderen Menschen höchstens nur in Oberflächlichkeit begegnen. Das Eingemachte kann nun schneller erkannt und schließlich erlöst werden. Dahinter wartet immer Frieden.

Wer den Austausch mit anderen Menschen, beispielsweise seinem Partner, also für tiefgreifende Selbsterkenntnis nutzt, erhält zu jeder Zeit die wertvolle – und kostenlose – Chance, Licht ins Dunkle zu bringen. Eine Partnerschaft, die gegenseitig oder wenigstens auch nur einseitig dafür genutzt wird, um Bewusstsein zu erweitern und sich damit mehr und mehr über die Dramen und Ängste dieser Welt zu erheben, kann so zu einem der heilsamsten Liebesbeweise an die Schöpfung selbst werden. Dies ist die edelste aller Arten, wie sich Menschen aufeinander beziehen können. Unser Gegenüber pikst dabei, oft ohne es zu wissen, durch bestimmte Kommentare oder Verhaltensweisen in unsere noch wunden Punkte und gibt uns damit die einmalige Chance, sie bewusst wahrzunehmen. Beispielsweise triggert der Partner unsere Eifersucht, wenn er später als gedacht nach Hause kommt, oder er zeigt uns unsere Bedürftigkeit, wenn er nicht für uns da ist, obwohl wir das erwartet hatten. Es kann auch sein, dass er sich an uns klammert und uns so unbewusst in die Illusion ziehen möchte, dass wir nicht ausschließlich für unser eigenes, sondern auch für sein Wohl verantwortlich sind. Diese Pikserei ist natürlich nicht sehr schön, doch lohnt sie sich in ungeahntem Maße, wenn wir aufhören, deswegen herumzujammern und uns stattdessen einfach immer wieder wachpiksen lassen. So können wir unserem Partner und jeder anderen Person, die pikst, stets dankbar sein, selbst wenn sie nicht einmal weiß, wofür.

Mit Bonusbewusstsein zu leben bedeutet, das Auge in jedem Sturm sein zu können. Und durch eine intime Beziehung und ihre manchmal starken emotionalen Stürme bekommen wir eine wunderbare Übungsmatte, um diese Fähigkeit auszubauen, anstatt in unserer zwar sicheren, jedoch auch oftmals traurigen Höhle immer nur ein laues Lüftlein aushalten zu müssen. Wer sich in der Windstille des Single-Daseins versteckt und glaubt, auf diese Weise verschont zu werden, wird dadurch irgendwann nichts als ein Fähnchen im Wind sein, das vom Sturm des Lebens früher oder später in die Abgründe der Trostlosigkeit geweht wird. Sich den Lebensstürmen auszuliefern, ist der einzige Weg zu innerem Frieden. Es bedeutet, Eier(stöcke) aus Stahl zu haben. Mit sehr geweitetem Bewusstsein können wir schließlich sogar den paradoxen Drahtseilakt vollführen, eine Beziehung zu führen, ohne eine Beziehung zu führen.

Bewusstseinserweiterung ist tatsächlich der wahre Sinn von Beziehungen aller Art, auch wenn uns Hollywood seit Jahrzehnten versucht, etwas anderes weiszumachen und das auch oft genug schafft. Doch haben wir stets die Chance zu erkennen, dass ein Film nur ein Film ist, und können so den Absprung rechtzeitig schaffen, bevor wir uns in Gefühlsduseleien verlieren.

Du kennst vielleicht das bittersüße Gefühl, wenn im Radio »euer Lied« läuft. Das Süße daran ist immer die Erinnerung an die Süße der Gefühle aus eurer magischen Anfangszeit. Das Bittere daran ist das Ernstnehmen des Gedankens, dass es damals magischer war, als es jetzt gerade ist. Haben wir diese Illusion jedoch tiefschürfend entlarvt, sind wir eingetreten in das Reich pragmatischen Friedens. Dort spüren wir dieses entscheidende Stückchen heiligen Abstand zu allen Geschmacksnuancen dieser Welt, was uns erst befähigt, die ganze Palette zu genießen.

Wir sehen – es ist immer das Gleiche. Was und mit wem wir etwas tun oder nicht tun, ist irrelevant. Das Einzige, was zählt, ist, wie wir es tun oder nicht tun. Dazu reicht es, uns zu fragen: Warum tun wir das, was wir gerade tun? Schaffen wir es, uns diese Frage ehrlich zu beantworten, werden wir automatisch den für unsere Seele sinnvollsten Weg einschlagen. Zu jedem Zeitpunkt ist immer alles möglich, denn jeder Zeitpunkt ist der jetzige. Spüren wir das, entlarven wir das Konzept von Einsamkeit als Illusion.

Sich bei Liebeskummer um die Liebe kümmern
Solltest du dich einsam fühlen und vielleicht Sehn-
sucht nach jemandem haben, probiere Folgendes:
Stelle dir eine Drohne mit einer Kamera vor, die
über dir fliegt und dich von oben filmt. Lass sie vor
deinem geistigen Auge nun immer höher und höher
fliegen, bis die imaginäre Landkarte, die du siehst,
derartige Ausmaße angenommen hat, dass der Ort,
an dem sich deine ersehnte Person gerade aufhält,
im Bild ist. Selbst wenn ihr Körper gerade auf der
anderen Seite der Erde verweilt, kannst du in deiner
Vorstellung ja so weit hinauffliegen, bis die gesamte
Erde zu sehen ist.

Betrachte nun bewusst dieses innere Bild, auf dem
ihr gleichzeitig beide zu sehen seid, und lass die Ge-
fühle, die jetzt aufkommen, einfach zu. Mache dir
einmal bewusst, welche das genau sind. Merkst du,
dass es nicht ausschließlich schlimme Gefühle sind,

sondern auch etwas dabei ist, das irgendwie guttut? Merkst du, dass es ab und an vielleicht sogar fast so ist, als ob ihr wirklich wieder vereint wärt?

Wenn dir das gelingt, könntest du eine Ahnung davon bekommen, was es heißt, dass das Prinzip von Trennung in Wirklichkeit nicht existiert. Nutze deine Einsamkeit also für deine Selbsterkenntnis als grenzenloses Bewusstsein. Glaube es oder nicht, aber es ist dir tatsächlich möglich, zu erkennen, dass es absolut keinen Unterschied macht, ob du »nur« das Gefühl von Einheit hast oder das passiert, was du »wirklich« als vereint beschreiben würdest, womit du lediglich die Zusammenkunft eurer Körper meinst. Du wirst nach und nach sogar spüren können, dass das Gefühl von Zusammensein selbst mit Menschen möglich ist, deren Körper nicht einmal mehr oder noch nicht auf der Erde verweilen. Die Wahrheit ist: Fühlst du dich jemandem nahe, bist du es tatsächlich auch, egal, was dir das Spiel von Raum und Zeit erzählen will. Und da du auch der andere bist, bist du auch dir selbst wieder nahe. Vergiss nicht: Das Wesentliche passiert immer nur aus dir heraus.

Denke nun noch einmal an das Drohnenbild. Erkenne, dass es auch hier gilt, die subjektive Detailansicht zu verlassen, um zu erfahren, dass der Teufel an Boshaftigkeit verliert und schließlich die weiße Fahne schwenkt, wenn du die Perspektive aufs große Ganze lenkst und das Detail in den Gesamtzusam-

*menhang einbindest. Viele Bäume sind dann nicht
mehr zwangsläufig viele Bäume, sondern bei Bedarf
auch wieder ein Wald. Dein Bewusstsein dehnt sich
aus und katapultiert dich, begleitet von einem hell-
wachen Wohlgefühl, direkt in den jetzigen Moment
zurück. So verhinderst du, dass du der Illusion von
Vergangenheit nachtrauerst oder dich in einer Träumerei der Zukunft verlierst.*

*Spüre so mehr und mehr, dass das Gefühl von Ein-
samkeit unbegründet ist. Empfinde nach, dass so etwas wie eine Verbundenheit zu wem oder was auch
immer jetzt real existiert. Gelingt dir das, weißt du,
wie es sich anfühlt, sich selbst zu genügen. Wenn
dir deine eigene Gesellschaft also schon für echten
inneren Frieden ausreicht, kannst du die Sucht nach
dem Sehnen und Eifern loslassen und Bonusbewusstsein erfahren, auch für alle potenziell kommenden
Partner.*

*Dann ruhst du in dir selbst, was dir automatisch
eine sexy Ausstrahlung verleiht, die dir von nun an
die Arbeit abnimmt. Während sie für dich arbeitet, musst du nun nichts weiter tun, als wirkend in
deinem Sein zu verharren. Du wirst sehen, dass der
oder die für dich Richtige bereitstehen wird, wenn
es sein soll.*

*Du brauchst dich übrigens auch nicht daran stören,
wenn du einen Körper haben solltest, der zurzeit
nicht den gängigen Schönheitsidealen entspricht.
Wahre Sexyness kommt ohnehin ausschließlich von
innen, wohnt also jenseits dessen, was man anfassen*

kann. Vielmehr sind Menschen, deren Körper als schön gelten, sogar meist etwas gefährdeter, im Reich des Sicht- und Greifbaren hängenzubleiben, da sie sich leichter etwas auf die vermeintliche Schönheit ihres Körpers einbilden.

Hast du deine innere Schönheit jedoch gefunden, bist du in jedem Fall wie ein Magnet für Menschen, ohne die es dir auch nicht schlechter ginge. Dir mangelt es dann an nichts mehr, da du aus der Fülle des Lebens in dir schöpfst. Wieder ist es so: Du bekommst das, was du zu brauchen glaubtest, erst dann, wenn du es schaffst, das Brauchen aus vollstem Herzen sein zu lassen. Dann kann genossen werden. Endlich. Und ohne Ende.

Reden ist Silber

Haben sowohl wir als auch unser Partner sich seiner Abhängigkeiten entledigt, könnte es keine schönere Beziehung geben. Deren Basis ist nicht die Zusammenkunft zweier Menschen, sondern die Zusammenkunft zweier Menschen mit dem Rest der Welt.

Ist unserem Partner das jedoch nicht möglich, ist es für uns wichtig zu erkennen, dass das, schonungslos ausgedrückt, sein Problem ist. Das mag zwar herzlos klingen, ist jedoch das genaue Gegenteil. Es ist schlicht die Mechanik der Liebe.

Und deswegen ist es unter dem Umstand, dass er noch eine zu getönte Brille der Abhängigkeit trägt und durch zu viel Wahrheit auf einmal unnötig verletzt werden könnte, manchmal weiser, unsere Erkenntnisse (noch) nicht laut kundzutun, sondern einfach nur aus der Stille heraus unsere liebevoll-mitfühlende Ausstrahlung wirken zu lassen. Natürlich wäre es nur verständlich, solltest du fasziniert und begeistert von diesen für dich unter Umständen neuen Erkenntnissen sein, sie deinem Partner mit guter Absicht direkt um die Ohren schlagen zu wollen. Und auch wenn ich nun Gefahr laufe, mir selbst zu widersprechen – lass dir an dieser Stelle den Ratschlag geben, dass Ratschläge auch Schläge sein können und du für euch beide nur gut daran tust, dich zu zügeln, auch wenn es förmlich aus dir herausdrängen sollte.

Der Versuch, jemandem wahre Liebe mit der Brechstange eintrichtern zu wollen, geht zwangsläufig nach hinten los. Der letzte und entscheidende Schritt muss immer selbst gegangen werden, denn jeder kann die Wahrheit nur in sich selbst realisieren und jeder macht das zu einem anderen Zeitpunkt.

Behalte einfach im Hinterkopf, dass die Magie, um die es geht, keiner ohnehin nur aus dem Verstand kommenden Worte bedarf und du unter Umständen umso mehr Schaden anrichtest, je mehr du es zerredest. Du bist dann nur selbst wieder wie die Fliege, die sich umso mehr ins Spinnennetz verwickelt, je mehr sie sich anstrengt, davon loszukommen. Egal, welche Stimmung also gerade herrscht, immer gilt: Es gibt zunächst einmal keinen dringenden Redebedarf. Die Wahrheit kann nur aus der Stille erwachsen. Je mehr Interesse für diese Zusammenhänge wir bei unserem Gegenüber jedoch ausmachen können, desto eher können wir auf der Basis von Freiwilligkeit natürlich auch mit ihm darüber sprechen. Auf dieser Basis ist es unmöglich, dass Konflikte entstehen. Die Worte werden dann, befreit von der Last der Notwendigkeit, als Bonus zur seligen Stille empfunden.

Wir werden zunehmend ohnehin ein feines Gespür dafür entwickeln, in welcher Dosierung Worte einer bestimmten Situation beigemischt werden wollen, sodass das größtmögliche Wohl aller Beteiligten bewahrt wird. Und das Wohl aller wird nach und nach ganz von selbst zu unserer höchsten Priorität, da wir uns mit der Zeit – oder vielmehr: ohne sie – weniger als Einzelperson und mehr als Ganzes wahrnehmen.

Selbst in Liebesdingen ist also jeder für sich selbst verantwortlich. Daher ist es grundsätzlich immer am sinnvollsten, erst einmal zu entspannen und einfach nur die Liebe in sich selbst möglichst stabil zu halten. Mehr nicht. Der Rest wird von selbst erfolgen. Die wahre Liebe sagt: *Genieß mich, doch fass mich nicht an!*

Selbstverständliche Missverständlichkeiten

Gelingt es uns, unsere Beziehungen zu beseelen, wird alles auf einmal lächerlich mühelos. Die Behauptung, dass eine Beziehung immer auch Arbeit ist, ist daher ein Trugschluss.

Oft werden noch Gerüchte verbreitet, die aus einem alten Programm unseres Verstandes stammen. So heißt es, dass an der Liebe hart gearbeitet werden und dass Kompromisse eingegangen werden müssen.

Ein Kompromiss sieht dann beispielsweise so aus, dass dein Partner Rad, du jedoch Motorrad fahren willst und ihr beide am Ende einen Ausflug auf einem Elektroroller macht, bei dem ihr beide nur darauf wartet, bis er endlich wieder vorbei ist. Paare, die glauben, in dieser Art zufriedener werden zu können, werden merken, dass der Elektroroller direkt in eine Sackgasse fährt. Kompromisse sind weder Fisch noch Fleisch und auch nichts, was viel Urlaubsfeeling versprüht. Permanent Vacation bedeutet, ohne jegliche Handbremse, in totaler und radikaler Kompromisslosigkeit und damit äußerster Klarheit zu leben. Es bedeutet, keine Gefangenen mehr zu machen und sich so lebendig zu fühlen, dass man es kaum aushält.

Wie wäre also eine kompromisslose Lösung? Wie wäre es, wenn dein Partner Rad, du jedoch Motorrad fahren willst?

Du hättest zwei Möglichkeiten: Entweder du fährst mit ihm Rad oder du fährst Motorrad und lässt es darauf ankommen, ob dein Partner mitkommt oder nicht.

Wenn du dich dazu entscheidest, mit deinem Partner Rad zu fahren, müsste er einigermaßen zufrieden sein, weil er das bekommt, was er wollte. Du selbst kannst in diesem Fall dann zufrieden werden, wenn du es schaffst,

Dankbarkeit zu empfinden für die Gnade, dein Glück nicht mehr so sehr von äußeren Umständen abhängig machen zu müssen. Dann ist die Funktionsweise des Kosmos bewusst. Versetze dich also in deinen Partner hinein und spüre die Freude, jemand anderem eine Freude zu machen. So wird er nun kaum mehr anders können, als dich toll zu finden. Deine göttliche Strahlkraft ist schlicht zu entwaffnend, als dass er ihr früher oder später nicht (wieder) erliegen müsste. So steigt die Wahrscheinlichkeit, dass er es beim nächsten Ausflug schafft, über seinen Schatten zu springen und mit dir Motorrad zu fahren, ohne zu nörgeln. Und wenn nicht, machst du eben noch eine Radtour mit ihm.

Die zweite Möglichkeit ist, direkt einfach das zu tun, was du ohnehin tun wolltest: Motorrad fahren.

Nun kann es natürlich sein, dass dieses Verhalten deinem Partner alles andere als gefällt und er dich im schlimmsten Fall verlässt. Nun liegt es an dir, auch mit dieser Situation echten Frieden zu schließen. Das könnte dir leichter fallen, wenn du gedankliche Konzepte wie »Verlassen« oder »Scheidung« als ebenjene Trugbilder, die sie sind, entlarvst. Schaffst du es, ist das deine Befreiung. Und so durchschaust du die Illusion von Trennung und fühlst die Liebe zu deinem Partner, den dein Verstand jetzt wohl richtigerweise Ex-Partner nennen müsste, weiterhin. Dir ist damit klar, dass ein Verlassen auf der Ebene von Zeit und Raum meist nicht mehr als das Herumkutschieren von ein paar Möbelstücken und unter Umständen eine Regelung, wer die Kinder wann bekommt, bedeutet. Und für eine Scheidung gilt dasselbe, nur mit Unterschrift.

Du siehst: Angewendetes Bonusbewusstsein bedeutet äußerste Flexibilität. Und egal, wie verzwickt die Lage auch anmutet, herauszuzoomen und die Dinge von außen zu betrachten ist immer die Lösung. Meist erscheint es zwar unmenschlich schwer, doch ist es tatsächlich ganz leicht. Lassen wir los, entsteht ein objektiver Raum der Einigung, befreit von jeglicher Subjektivität, deren Zu-ernst-Nehmen immer der einzige Grund ist, warum Frauen und Männer sich nicht verstehen. Bleiben wir objektiv, gibt es keine Unterschiede mehr. Dann sehen wir uns in erster Linie nicht mehr als Frauen oder Männer, sondern als Seele. So unterschiedlich Frauen und Männer also auch sein mögen, im heiligen Reich wahrer Objektivität tarieren sich beide Energien aus und ein(ig)en sich. Dann versuchen wir nicht mehr, uns gegenseitig von unseren persönlichen Sichtweisen zu überzeugen, sondern verbinden uns über unsere gemeinsame Quelle.

Ja, ich will

Viele von denen, die sagen, dass sie wollen, wollen gar nicht wirklich. Sie glauben nur, dass sie wollen. Sie tun das, was sie tun, aus dem Grund, aus dem jeder tut, was er tut, wenn er eine Brille trägt: aus der Angst vor dem Tod. Wenn es vor dem Altar dann heißt, dass auch eine Ehe nur so lange dauert, bis dass der Tod das Brautpaar scheidet, herrscht nur ahnungsloses Achselzucken. Irgendwie zieht man es dann eben doch noch durch. Jetzt, wo die Ringe schon gekauft sind ...

Ohne die Angst vor dem Tod wäre es einem Brautpaar dagegen ziemlich gleichgültig, ob es verheiratet ist oder nicht. Es weiß, dass eine Hochzeit auf der materiellen Ebene nicht mehr als ein teures Fest und eine Unterschrift ist. Und so ist Ihnen klar, dass nichts dafür und gleichermaßen nichts dagegen spricht. Wer sich dafür entscheidet, ist daher gut beraten, die ganze Sache nicht ganz zu ernst zu nehmen, sofern es ihm am Herzen liegt, die Sause in vollen Zügen zu genießen. Schafft es ein heiratendes Paar, dieses Bewusstsein während ihrer Hochzeitsfeier aufrechtzuerhalten, kann es ein tolles Fest der Seligen werden, auf dem die Magie wahrhaftiger Liebe zelebriert wird. Die Braut und der Bräutigam könnten sich dann beispielsweise vorstellen, dass sie nicht nur ihren Partner, sondern auch die gesamte Hochzeitsgesellschaft oder sogar das gesamte Universum heiraten. Mit anderen Worten: sich selbst.

Die Wirklichkeit sieht dagegen oft so aus, dass die meisten Brautpaare, würde man sie nach ihrem Hochzeitsfest fragen, zugeben müssten, dass sie auch ganz froh waren, als der ganze Stress vorbei war.

Als stressig wird eine Hochzeit – oder etwas anderes – immer dann erlebt, wenn ihr zu viel Bedeutung beigemessen wird. Unser Verstand versucht dann kläglich, der bereits von Natur aus grenzenlosen Liebe eine künstliche Grenze aufzuzwängen, in diesem Fall in Form des zu heiratenden Menschen. In Extremfällen kann der Glaube, dass die Welt tatsächlich untergeht, sollte der Tag der Hochzeit nicht in aller Dringlichkeit der schönste des gesamten Lebens werden, zu regelrechten Nervenzusammenbrüchen führen. Manchmal sogar im Hause Gottes selbst. Wie unpässlich …

Nach der Hochzeit kann es bei mangelnder Aufmerksamkeit passieren, dass das frisch vermählte Ehepaar nach einer Weile schmerzlich zu merken beginnt, dass die Liebe nur wegen einem Fest, einem Kuss, einem aufgesagten »Ja, ich will« und ziemlich teuren Ringen nicht unbedingt öfter an der Haustür klingelt als sonst. Doch dürfen sie diese Erkenntnis dann als etwas Wunderbares ansehen. Denn sie zeigt dem Paar nur auf, dass das, was mit einer Hochzeit eigentlich hätte heraufbeschworen werden wollen, eher heraufbeschwört wird, wenn es durch die Magie des Nicht-ernst-Nehmens eingeladen wird. Wenn es will, kann das Paar in diesem neuen Bewusstsein, erleichtert von der Last der Bedingungen, nun noch einmal heiraten. Oder eben nicht. Sie verstehen: Ihr Wille ist frei.

Im Folgenden eine zweifelsohne völlig überflüssige und hirnrissige Wortspielerei. Man amüsiere sich also daran oder überspringe sie einfach.

Traut sich ein Mann nur voll Grauen, sich zu trauen, traut er sich noch kaum, auch auf Grauenvolles in sich zu schauen und wird sich zu seinem Bedauern andauernd trauernd trauen müssen, sich zu trauen. Offenbar traut er seinen Augen kaum und seinen Gedanken dauernd.

Wenn er sich nur traute, seinen Gedanken kaum mehr und seinen Augen dauernd zu trauen (am besten gleich allen dreien), müsste er sich wohl kaum mehr voll Grauen trauen, sich zu trauen, da er nun das Dauertrauern, Dauertrauen, Dauergrauen und Dauerbedauern abgelegt und gegen trautes Selbstvertrauen ausgetauscht hätte. Darauf aufbauend könnte er den Frauen nun tiefer in ihre Augen schauen (die im Übrigen kaum unter ihren Augenbrauen auf ihn lauern) und darauf vertrauen, dass es gar nichts gibt, das je bedauert, betrauert oder sich getraut werden könnte. Ebenso nichts, vor dem es ihm grauen müsste. Die Frage, ob er sich trauen ließe oder nicht, stünde nun kaum mehr im Raum, denn er wüsste in andauerndem Erstaunen: Zeit und Raum wird er ohnehin überdauern, ob mit oder ohne Trauung. Frohes Verdauen.

Echte Liebe ist tatsächlich bedingungslos. Wenn wir das fühlen, verfallen wir nicht mehr dem Glauben, jemanden zu kennen. Dann lassen wir derartig fixe mentale Vorurteile los und machen uns klar, dass wir in jedem Moment die einzigartige Chance haben, eine wieder leicht weiterentwickelte Version eines Menschen neu kennenzulernen. Dafür müssen wir nur zugeben, dass die Behauptung, die Luft sei raus, nur eine Ausrede unseres Verstandes ist. Denn jemandem, der das ernst meint, ist schlicht nicht bewusst, dass er, um diese Behauptung überhaupt aussprechen zu können, genau jene Luft geholt hat, von der er eben noch behauptete, dass sie raus sei.

Möge die Liebe unseres Lebens die Liebe zu unserem Leben sein. Bei jedem Luftholen. Der Rest ist Bonus.

8   Das gibt's doch nicht!

Was gibt's doch nicht? Na ja, nichts gibt's doch. Zumindest nicht wirklich. Und damit ist auch nichts wirklich wichtig. Außer der ewig-jetzige Augenblick, denn den gibt's. Wirklich. Wie gesagt. Ich weiß, dass du das schon weißt, doch weißt du auch, dass es nicht darum geht, etwas zu wissen. Der Fuchs scheint sich also endlos in den Schwanz zu beißen. Sobald du jedoch erkennst, dass du nicht der Fuchs bist, sondern derjenige, der ihm milde lächelnd beim Sich-in-den-Schwanz-Beißen beobachtet, wird alles klar. Die folgenden Beispiele könnten dir dabei helfen.

Der Besitz

Solltest du glauben, dass du etwas besitzt, besitzt es in Wirklichkeit dich. Das heißt, es besetzt den Platz, an dem eigentlich deine Seele frei atmen möchte. Sie wird somit teilweise zum blinden Fleck und droht, am Gewicht der Welt zu ersticken. Dies gilt sowohl für »dein« Auto, »deine« Wohnung, »deinen« Partner, »deinen« Körper und letztlich »deine« Gedanken. Mit der Idee von Besitz machst du dir etwas zu eigen, was du nicht bist. So verlierst du den Frieden deines Gemütes an die Welt. Glaubst du, dass du ein Haus hättest, hat das Haus Macht über dich. Glaubst du, dass du ein Auto hättest, hat das Auto Macht über dich. Glaubst du, dass du einen Partner hättest, hat ein Mensch Macht über dich. Glaubst du, dass du einen Körper hast, hat dein Körper Macht über dich.

Wahrhaftig mit den Dingen umgehen
Solltest du dich das nächste Mal mit etwas beschäftigen, von dem du glaubst, dass es dir gehört, achte genau darauf, wie es dir währenddessen geht. Solltest du beispielsweise ein Auto putzen, kannst du das auf zwei Arten machen. Entweder du putzt es mit der Haltung, dass es dein Auto ist. Dann kann es sein, dass du merkst, wie du nervös oder genervt wirst, wenn du immer wieder eine neue Schliere oder ein neues Staubkorn entdeckst. Dein Selbstgefühl ist dann direkt an den Zustand deines vermeintlichen Besitzes gekoppelt, sodass du dein Leben vor lauter unterschwelliger Sorge darum unmöglich zur Gänze genießen kannst. Selbst wenn du das Auto vermeintlich lupenrein bekommst und es kurze Zeit ohne jedes Staubkorn und ohne jede Schliere wäre, wirst du dich immer noch nicht entspannen können, da du stets fürchten musst, diese vermeintliche Perfektion bald wieder zu verlieren. Und da es früher oder später sicher so kommt, hat sich deine negative Prophezeiung selbst erfüllt und du könntest zusammen mit Sisyphos einen Club der Verzweiflung aufmachen. Die andere Möglichkeit ist, das, was dein Verstand ein Auto nennt, mit der inneren Haltung zu putzen, dass es ein Auto ist, jedoch nicht dein Auto. Das ist näher an der Wahrheit, denn: Nur weil du irgendwo

einmal ein paar Papierblätter auf den Tisch gelegt oder eine Plastikkarte in ein Loch gesteckt hast, hast du nicht wirklich ein Auto. Das Auto erkennst du nun als Bonus, was dich dazu befähigt, den Akt des Putzens an sich zu genießen. Dir ist es nun viel leichter möglich, beispielsweise den Duft in der Luft zu bemerken, die Sonne auf deiner Haut zu fühlen oder den Vöglein beim Zwitschern zuzuhören. Deine Wahrnehmung ist um Universen offener. So schlägst du zwei Fliegen mit einer Klappe: Du erlebst eine schöne Zeit und bekommst nebenbei sogar noch ein sauberes Auto. Und wenn am Ende noch ein paar Staubkörner oder Schlieren auf dem Lack zu sehen sind, kann dir das egal sein. Erstens hast du das Auto keineswegs geputzt, um es sauber zu bekommen und zweitens weißt du, dass es – wie auch alles andere – ohnehin nichts anderes als Sternenstaub ist.

Wie meistens beginnt die Täuschung bezüglich der Idee von Besitz in unserer Kindheit. Ein Kind hat Geburtstag und bekommt viele Dinge geschenkt. Über diese Dinge bekommt es gesagt, dass es jetzt seine Dinge seien. Damit wird unbemerkt der Grundstock für viel Leid gelegt. Es ist tatsächlich nicht sehr natürlich, wenn ein Kind weint, nur weil ein anderes eine Weile mit einem Spielzeug spielt, von dem es glaubt, dass es seines ist.

Des Weiteren wird von einem Kind zudem manchmal erwartet, stets artig Danke zu sagen. Je nach Schwingung der Worte kann es dies unterschwellig als Drohung verstehen und wird nun natürlich immer dieses Wort sagen. Doch tut es das nicht, weil es das Gefühl empfindet, was das Wort meint, sondern weil es weiß, dass Mama und Papa schimpfen, wenn es die Regel nicht befolgt. Die Motivation fürs Danke-Sagen ist also Angst und nicht Liebe. So wird ihm schon früh die Chance genommen, Dankbarkeit zu empfinden, aufgrund derer es sicher irgendwann einmal ganz von selbst »Danke« gesagt hätte.

So verbindet das Kind dieses Wort mit Antidankbarkeit, da ihm nichts anderes mehr übrig bleibt, als es zu missbrauchen, also vergeblich zu versuchen, damit das in seiner Seele entstandene Loch zu flicken. Wenn es dann einmal ein großes Kind ist, könnte es sein, dass es sich unverhältnismäßig oft überall bedankt und dabei fast schon so wirkt, als wolle es sich damit für seine bloße Existenz entschuldigen.

Schuld an alledem ist niemand. Die in der Blindheit lebenden Eltern ziehen die Kinder, paradoxerweise indem sie es gut meinen, aus dem Licht der Wahrheit in den Schatten der Illusion. Das ist jedoch nicht schlimm, denn sie können diesen Schatten mit dem Licht der Wahrheit jederzeit problemlos erhellen. Es kann niemals etwas verloren sein für den, der weiß, dass es nichts zu verlieren gibt.

So dürfen Eltern verstehen, dass einem Kindlein nicht mehr unbedingt etwas hinzugefügt werden muss, weil ihm nichts Wesentliches hinzugefügt werden *kann*.

Erkennen sie das tiefgreifend, kann wahre Liebe Einzug halten und Erleichterung sowohl in die Gemüter als auch in die Kinderzimmer einkehren. Der Geldbeutel hingegen wird sich eher beschweren, was sich dessen Träger sicherlich darüber nicht tun wird. Denn wo nicht mehr so viel Ballast gekauft wird, bleibt nicht nur vieles erspart, sondern wird auch viel gespart.

Apropos – da es tatsächlich nichts gibt, das besessen werden könnte, gilt das natürlich auch für das, was unser Verstand »Geld« nennt. Das Prinzip von Geld funktioniert nur so lange, wie wir alle daran glauben und es nicht am Fließen hindern. Liegt es jedoch nur herum, verlieren die Scheine ihren Schein und zeigen ihr wahres Gesicht: pure Wertlosigkeit. Wird uns das klar und wir entlarven auch Geld als pure Illusion, wird es uns tatsächlich möglich, uns ehrlich daran zu erfreuen, anstatt uns ständig darum zu sorgen. Dann erkennen wir, dass wir alle lediglich eine sehr, sehr lange Runde Monopoly spielen. Blicken wir wahrlich hinter die Fassade des Geldes, kann dieses seit eh und je leidige Thema tatsächlich urplötzlich all seinen Schrecken, seine Angst, seinen Hass, seinen Neid, seine Gier und seine Verzweiflung verlieren. Was übrig bleibt, ist Dankbarkeit und die Erkenntnis, dass die Idee von Geld nichts als ein praktisches Werkzeug für unser alltägliches Leben ist.

Wollen wir in echtem Frieden leben, tun wir gut daran, alle irdischen Dinge, inklusive unseren eigenen Körper, lediglich als vorübergehende Leihgabe zu betrachten. Diese Sichtweise muss von außen betrachtet nicht zwangsläufig etwas an unserer Lebenssituation ändern, doch wird sie uns in unserem Inneren die immense Last all unseres vermeintlichen Besitzes von unseren Schultern nehmen, sodass sich unser Leben durchaus radikal ändert. Wir werden es nicht bereuen.

Die Gesetze

So wie auch Besitz sind Gesetze eine kollektive Idee. Eine Idee, die versucht, mit der Angst vor Bestrafung als Motivation, möglichst viele Menschen zu bewegen, ihr zu glauben. Bisher ist das auch tatsächlich noch die beste Möglichkeit, den kollektiven Wahnsinn der Menschheit einigermaßen in den Griff zu kriegen. Die Bewusstseinszustände vieler Menschen würden es einfach noch nicht zulassen, Gesetze abzuschaffen. Aufgrund der vielen Brillen, die noch im Umlauf sind, würde es nur zu heilloser und zerstörerischer Anarchie kommen. Diese würde sich, wie alles, zwar irgendwann auch wieder von selbst regulieren, doch würde das ziemlich ungemütlich werden. Lassen wir die Gesetze also ruhig so lange Gesetze sein, wie es nötig ist. Wenn die Menschheit dann reif ist, werden sich die Menschen nicht mehr nur zusammenreißen, weil sie Angst vor einer Strafe haben, sondern weil sie in sich selbst spüren, dass das, was mit »sich zusammenreißen« wirklich gemeint ist, das Schönste und Entspannteste ist, was es geben kann. Gesetze sind also schön und gut, doch tun wir gut daran, während wir uns an sie halten, im Hinterkopf zu behalten, dass sie nur ein Provisorium unseres Denkens sind und noch sehr viel elegantere Lösungen auf uns warten. So werden wir das Leben nicht nur in den Griff kriegen, sondern sogar genießen.

Die Bildung

Sind wir durch die Weisheit unseres Herzens im Bilde der Wahrheit über uns und die Welt, werden wir ganz von allein die Bildhauer unseres ureigenen Lebensweges. Wir bilden uns unsere Sicht der Dinge dann selbst und werden schnell erkennen, dass die Annahme, ein sogenanntes Bildungssystem zu benötigen, nur unserer Angst entspringt. Dieses versucht bisher noch kläglich, uns ein realistisches Bild der Welt zu vermitteln, indem es dafür meistens nur jene Instanz in uns aktiviert, die zwar etwas mit der langweiligen Nüchternheit von Zahlen und Fakten, jedoch nichts mit der aufregenden und unbändigen Fantasie eines Bildes anzufangen weiß: unserem Verstand. So lernen unsere Denkapparate zwar oft artig tausende graue Worte, verdecken durch deren künstlich aufgeblasene Wichtigkeit jedoch das Mehr, das die farbenfrohe, faszinierende und fantastische Magie eines Bildes noch dazu zu sagen hätte. Dieses Mehr zu sehen vermag nur unser Herz und hat es nicht nötig, dies jemals zu lernen, da seine Fähigkeiten schon vollkommen ausgebildet sind, wenn wir auf die Welt kommen.

Learning by Schooling könnte also früher oder später ausgedient haben und ersetzt werden durch Learning by Doing. Denn wenn das Doing aus dem Being anstatt aus dem Thinking kommt, reicht uns der liebe Gott als Lehrer völlig aus. Immerhin hat er es auch zu etwas gebracht.

Der Erfolg

Bislang verknüpfen wir Erfolg meist noch mit der Vorstellung von Ruhm, Anerkennung und einem prall gefüllten Bankkonto. Doch schauen wir uns dieses Wort einmal genauer an, verstehen wir, dass es einfach nur darauf hinweist, dass das eine aus dem anderen erfolgt. Mehr nicht. Und das tut es ganz von selbst, natürlich. So wie bei der Entstehung einer Blume die erste Zelle auf die zweite erfolgt, bis der Stil, die Blätter und schließlich die Blüte erfolgt sind. Und so wie durch den Urknall auf undenkbare Weise aus dem Nichts das Alles erfolgte. Und da das alles von alleine oder jedenfalls ohne menschliches Zutun geschieht, gibt es keinerlei Grund, so viel Aufhebens darum zu machen.

Bei der Betrachtung mancher sogenannter Karrieremenschen könnte man meinen, sie leben in dem Glauben, dass nach dem Tod der Herrgott selber am Himmelstor steht und, da er zu Lebzeiten fleißig mitgeschrieben hat, denjenigen als Ersten reinlässt, der am längsten, härtesten und aufopferungsvollsten gearbeitet hat. Die Wahrheit ist, dass ihn derartiges nicht interessiert, da er sich um Wichtigeres kümmern muss und für solche Befindlichkeiten höchstens ein müdes Seufzen übrig hat.

Anstatt nach dem Tod vom lieben Gott also einen Orden für den härtesten Arbeiter verliehen zu bekommen, wird der selbsternannte Karrieremensch in Wirklichkeit in der gleichen erschreckend unspektakulären Nüchternheit dahinscheiden wie alle anderen Menschen auch. Schnell wird er dann vom Rest der Welt vergessen werden, da dieser die Gegenwart zunehmend mehr wertschätzen wird als die Vergangenheit. Mit kollektiver Demenz hat das im Übrigen nichts zu tun, denn die Möglichkeit, sich an Vergangenes zu erinnern, wird selbstverständlich weiterhin bestehen. Nur wird dies mit zunehmender Bewusstheit für die Heiligkeit der Gegenwart immer weniger wichtig werden. Da würde es auch nichts ändern, wenn der Karrieremensch glaubte, die Herstellung des Weltfriedens veranlasst zu haben. Der Menschheit wird ohnehin immer bewusster werden, dass große Leistungen, wie beispielsweise die Herstellung des Weltfriedens, niemals aufgrund einer rühmlichen Einzelperson, sondern stets aus einem kollektiven menschlichen Bewusstsein erfolgen. Und so werden wir einen scheinbaren Helden auch mehr und mehr als den entlarven, der er ist: einfach nur einer von uns. Oder umgekehrt ausgedrückt: Wir werden uns scheinbare Normalos mehr und mehr als das enthüllen, was wir sind: Helden. Jeder auf seine Weise.

Wahrhaftige Preisträger aller Art wissen von dieser Gleichheit aller Wesen intuitiv und zeigen uns diese Weisheit des Herzens mit ihrer Bescheidenheit. Sie können gar nicht mehr anders, denn sie nehmen sich selbst und ihre Taten nicht wirklich ernst. Das, was sie tun, tun sie ohnehin, weil sie es wollen, und nicht, um jemandem zu miss- oder gefallen.

Bei aller Ehre, die sicherlich schmeichelhaft ist, gibt es daher eigentlich keinerlei realen Grund, jemanden in den Himmel zu loben, sofern man dies nicht gleichzeitig ebenso mit dem Rest der Welt tut, sich selbst natürlich eingeschlossen.

Preisverleihungen aller Art könnten somit immer mehr von einer Notwendigkeit zu einem ganz netten Bonus werden und irgendwann vielleicht sogar komplett verschwinden. Immerhin gibt es dort leckeres Essen und feine Drinks.

Wie er es also dreht und wendet – der Karrieremensch wird, so wie wir alle eines Tages, ohne Glanz und Gloria untergehen. Wird ihm dies bewusst, wacht er auf und merkt, dass der Glanz und die Gloria bereits jetzt schon da sind. Das ist das Wunder.

Der liebe Gott lässt den härtesten Arbeiter also nicht als Ersten in den Himmel, weil eine derartige Veranstaltung nicht existiert. Die Wahrheit ist: Er lässt denjenigen als Ersten hinein, der sein Leben am meisten genießt. Er selbst macht es nicht anders. Und dafür muss nicht einmal gestorben werden. Sterben muss nur die Identifikation mit unserem Verstand, der noch so oft glaubt, dass Erfolg Glück nach sich zieht und nicht andersherum.

Wer sein Leben dagegen schon jetzt als kosmischen Urlaub empfindet, macht den lieben Gott zu seinem Kumpel. Und es gibt wahrlich unangenehmere Gesellschaft. Und dieser kosmische Urlaub kann natürlich so facettenreich sein, wie es die Menschen sind: aktiv oder passiv, abenteuerlustig oder entspannt, regnerisch oder sonnig, am Strand oder in den Bergen, allein oder in Gesellschaft, mit kleinem oder großem Budget. Wie auch immer er ist – genussvoll soll er sein, nicht wahr?

Wer mit Bonusbewusstsein lebt, surft ganz von alleine im präsenten Flow des ewigen Aufeinander-Folgens-der-Dinge und beißt sich nicht mehr an mentalen Zukunftsszenarien fest. Er tut die Dinge, die er tut, einfach nur, um die Dinge, die er tut, zu tun. Da in dieser Haltung sein Tun von äußerst hoher Qualität ist, wird ihm das zufließen, wonach er nicht trachtete. So wird er in lächerlichster Fülle schwelgen können. Auch finanzieller Art.

An dieser Stelle ein kleiner Exkurs über die Kunst des Visualisierens. Ich gehe nur kurz darauf ein, da ohnehin meist mehr davon gesprochen, als dass es erfolgreich angewendet wird.

Dorthin, wo unsere Aufmerksamkeit fließt, fließt Energie. Mit anderen Worten: Was wir wollen, ist just in diesem Moment bereits erfolgt und muss sich in der Sphäre von Raum und Zeit nur noch manifestieren. Wer nun glaubt, dass das einfach sei, und beispielsweise behauptet, eine Million auf dem Konto haben zu wollen, hat auf jeden Fall Recht damit, dass es einfach ist. Ob er damit Recht hat, dass er eine Million auf dem Konto haben will, zeigt sich daran, ob er sie kriegt. Wenn nicht, glaubte er nur, sie zu wollen und hat freien Willen mit

Bedürftigkeit verwechselt. In diesem Fall muss er beim Wünschen zwangsläufig noch geglaubt haben, eine Million auf dem Konto zu brauchen, um glücklich zu sein, und sei es auch nur die zarteste Nuance in dieser Richtung. Denn selbst das winzigste Fünkchen Unbehagen bei dem Gedanken an die potenzielle Nichterfüllung eines Wunsches lässt jeden Visualisierungsversuch unvollkommen sein und damit im Keim ersticken. Erst wenn wir uns etwas wünschen und es uns beim Wünschen von Herzen egal ist, ob unser Wunsch in Erfüllung geht oder nicht, wird er sich erfüllen. Wenn wir das Brauchen sein lassen können, wird uns gegeben. Das ist die Ironie des Schicksals.

Warum wir uns dann überhaupt etwas wünschen sollten? Na ja, jetzt, wo wir schon mal hier sind … Wir werden sehen, welcher höhere Sinn sich uns offenbart, wenn wir durch die aufmerksame Beobachtung unseres Innenlebens mehr und mehr auf unsere ureigene Fährte geführt werden. Das ist die Genialität an der Sache. Und dieser höhere Sinn wird immer sowohl etwas mit der Entfaltung unseres wahren Potenzials als auch dem Wohle aller zu tun haben. Unsere Referenz dafür ist ausschließlich der Grad an erlebter Freude. Sonst nichts.

Der oftmals noch überbewertete Vorgang der Lebensplanung wird in unserem neuen Bewusstsein somit zunehmend immer unwichtiger, da er von immer mehr Menschen als ein kläglicher Versuch ihres Verstandes entlarvt wird. Ein kläglicher Versuch, dort zu suchen, wo nie gefunden werden kann: in der Versuchung. Denn wo der Kopf noch (ver-)sucht, hat unser wahres Selbst – und Meister Yoda – längst gefunden. Wo der Kopf noch fragt, kennt das Herz längst die Antwort. Als praktisches und mit seinem Organisationstalent dienendes Werkzeug darf und soll uns unser lieber Verstand aber natürlich weiterhin erhalten bleiben.

Auf diese elegante Weise können wir vom harten Arbeiten zum smarten Laufenlassen übergehen und endlich aufhören, über all die umständlichen Work-Life-Balance-Konzepte nachzudenken. So werden wir weich, flexibel und sexy leben und erkennen, dass der, der faul wirkt, tatsächlich nur effizient haushaltet. Der Faule weiß, dass es der ultimative Unique Selling Point ist, man selbst zu sein. Und so macht er immer Feierabend, denn insgeheim hat er nie damit begonnen, zu arbeiten. Auch wenn er das natürlich niemandem sagen würde. Ihm ist bewusst, dass es keinen Sinn hat, etwas zu tun, wenn es nicht freudvoll und geschmeidig geht.

Möge also jede Handlung, und sei es, sich am Hintern zu kratzen, wenn's juckt, von nun an von hoher, beseelter Qualität sein und sich feierlich über jeden Zweifel erheben. Denn was von Herzen kommt, kann gar nicht anders, als machtvoll zu sein. Stellt sich etwas dann doch nicht als machtvoll heraus, zeigt es uns, dass es nicht von Herzen kam. Jedenfalls nicht von ganzem Herzen.

Nie wieder etwas ohne Flow tun
Mache es dir zur Gewohnheit, Dinge ab jetzt sofort bleiben zu lassen, wenn sie dir schwerfallen. Je eher du die Reißleine ziehst, desto weniger Zeit ver-

schwendest du. Richte dich dann einfach noch einmal neu aus und tue jenes, was es auch ist, noch einmal mit mehr Herzblut. Solltest du wieder und wieder merken, dass nichts ins Fließen kommt, könnte dir das zeigen, dass du diese spezielle Sache vielleicht noch nie wirklich machen wolltest und freudvolle Motivation mit der Angst, nicht zu gefallen, verwechselt hast. Mache dir das zu Eigen und merke, dass du immer weniger in deinem Leben tun musst und es stattdessen immer mehr durch dich hindurch getan wird. Sobald du wahrnimmst, dass du in einen solchen Flow kommst, kannst du es laufen lassen und die Zeit vergessen. Und es ist durchaus möglich, dass dieser Flow erst endet, wenn deine Seele deinen Körper wieder verlässt. Womöglich nicht einmal dann. Du weißt sowieso schon, dass es das Beste ist, die Dinge auf diese Weise zu tun. Vielleicht kennst du beispielsweise das Phänomen, dass dir die besten oder auch vergessen geglaubten Ideen oft auf dem Klo kommen. Das ist so, weil das Klo vielleicht bis jetzt der einzige Ort war, wo du deinen (Leistungs-)Druck wirklich losgelassen hast. Sei also von nun an einfach ein dauerhaft aufs Klo Gehender – gerne nur im übertragenen Sinne – und schau, was daraus erfolgt.

Die Rollen

Es spielt keine Rolle mehr, welche Rolle du spielst, solange du weißt, dass du sie nur spielst und nicht bist. Was glauben wir nicht alles zu sein? Väter, Söhne, Enkel, Kumpels, Ehepartner, Liebhaber, Angestellte, Chefs, Schwarze, Weiße, Gelbe, Rote, Frauen, Opfer, Raucher, Mieter, Vermieter, Kunden, Lehrer, Schüler, Nichtraucher, Mütter, Töchter, Huren, Männer, Kinder, Sünder, Heilige, Selbstständige, Künstler und noch vieles mehr. Irgendwas sind wir immer. Das wechselt teilweise minütlich. Würden wir unsere Rollen tatsächlich ernst nehmen, müssten wir uns in den endlosen Abgründen der Verwirrung wiederfinden, weil wir nie wüssten, welche nun die richtige ist. Ganz so dramatisch ist es zwar meistens nicht, jedoch müssen wir zugeben, dass wir unsere Verhaltensweise je nach Rolle, die wir spielen, unbewusst oft verändern und es uns so komplizierter machen, als wenn wir dies bewusst täten.

Beispielsweise wird die Rolle der Mutter von Frauen manchmal für eine längere Zeit ernster genommen, als es sowohl für sie selbst als auch ihr Kind hilfreich wäre.

Zu Beginn existiert meist eine starke Identifikation einer Mutter mit ihrem Kind. Ihre Natur allein sorgt hierbei in den meisten Fällen automatisch dafür, dass das völlig schutzlose Neugeborene die ungebrochene Fürsorge und Aufmerksamkeit bekommt, die es in diesem Stadium auch unbedingt benötigt, um überleben zu können. Auf der körperlichen Ebene ist das Kind immerhin im wahrsten Sinne des Wortes ein Teil seiner Mutter.

Doch wenn sich diese starke Identifikation nicht in einem ähnlichen Tempo wieder lockert, wie das Kind größer und selbstständiger wird, entsteht ein Spannungsfeld, das sich ungünstig auf beide auswirken kann. Denn was ein Kind vor allem braucht, ist nicht unbedingt seine Mutter, sondern Liebe, beispielsweise *von* seiner Mutter. Kapselt diese sich mit einer zu einseitigen Mutterrollenidentität jedoch von ihrem wahren Selbst zu sehr ab, kann sie ihrem Kind nicht mehr ihre ganze Liebe weitergeben, denn ihre Quelle sprudelt nur jenseits aller Rollenidentitäten in ganzer Fülle. Ihre Liebe versiegt dann an ihrer unverhältnismäßig großen Sorge um das Wohl des Kindes. So verhindert sie das, was sie möchte, mit dem, was sie tut.

Sie könnte jedoch, ähnlich wie beim Verliebtsein, die göttliche Magie ihrer Mutter-Kind-Bindung auch wie einen Aufwind nutzen, indem sie sich bewusst erlaubt, diese Magie nicht nur exklusiv für ihr Kind zu empfinden, sondern auf ihr gesamtes Dasein auszuweiten. Das soll natürlich nicht heißen, dass sie das Baby daheim liegen lassen und in einem Rausch der Liebe um die halbe Welt fliegen soll, während das Baby daheim nicht alleine klarkommt.

Vielmehr soll es heißen, dass sowohl sie als auch ihr Kind nachhaltig davon profitieren, wenn sie der vielen Liebe, die ihr durch die Geburt ihres Kindes geschenkt wird, keine mentalen Grenzen setzt – in diesem Fall in Form eines kleinen menschlichen Körperchens –, sondern sie als allgemeine neue Lebensqualität etabliert und sich so ganz behutsam immer unabhängiger von ihrem Kind macht.

Das wird ihr möglich, wenn sie sich nachhaltig daran erinnert, dass jede Empfindung eines jeden Menschen immer und überall ausschließlich von innen generiert wird. Auf diese Weise kann ein Baby ein spiritueller Lehrer für seine Eltern sein. Ihr kleiner Meister, der sie ins Erwachen bringt.

Und alles, was Eltern nur dazu brauchen, ist das bedingungslose Vertrauen in die mit dem Verstand nicht zu erfassende Wahrheit, dass sich wahre Liebe vervielfacht, je mehr sie geteilt wird. So müssen sie nicht befürchten, dass ihr Kind zu wenig davon abbekommt, wenn sie sich gestatten, ihre Ängste um sein Wohl loszulassen.

Nach und nach kann eine Mutter so in aller Achtsamkeit und einem gesunden Tempo wieder den Absprung aus ihrer Mutterrolle finden und nicht mehr nur eine Mutter, sondern auch wieder ein kleines Mädchen, eine Angestellte, eine Liebhaberin oder eine Chefin sein. So lockert sie alles etwas auf. Das Weitergeben ihrer Liebe wird dann zunehmend nicht mehr durch bloße Taten und Worte erfolgen, sondern durch Taten und Worte, die von der Magie ihres unangestrengten und ausgeglichenen Seins inspiriert sind. So wird die Liebe immer purer, bis ganz von selbst eine Atmosphäre entsteht, von der sich sowohl das Kind als auch die Mutter, aber auch jedes andere Wesen seelisch wunderbar ernähren kann.

Das Schöne ist, dass wir uns in die verschiedenen Rollen, die wir jeden Tag spielen, erst so richtig reinfallen lassen können, sobald uns bewusst ist, dass es nur Rollen sind. So hindern wir sie daran, zu unserer Identität zu werden.

Wo uns die Urangst vor dem Tod unserer vielen Identitäten zuvor immer noch wenigstens ein wenig verunsichert hat, kann durch die Kraft des Nicht-ernst-Nehmens freudvolle Klarheit da sein, die uns hingebungsvoll, locker, authentisch und präsent werden lässt. Das sind im Übrigen auch die Qualitäten, die Schauspieler in Spreu und Weizen trennt. Das Geheimnis großer Schauspieler ist: Sie gehen nicht nur mit kindlicher Verspieltheit mit ihren Film- oder Theaterrollen um, sie sind sich selbst der Bezeichnung des »Schauspielers« als nicht ernst zu nehmende Rolle bewusst. In Anbetracht einer Horde nach Autogrammen lechzenden Fans ist es zwar vielleicht manchmal nicht ganz so leicht, sich diese Rolle nicht zu Kopfe steigen zu lassen, doch durchschaut ein wahrhaftiger Schauspieler stets mitfühlend die Illusion seiner Fans und gibt ihnen für den Moment, was sie zu brauchen glauben.

Im Zustand totaler Hingabe sind wir mit uns im Frieden. Dann spielen wir mit unseren Rollen. Es ist, als setzen wir unsere Brillen absichtlich wieder auf. Indem wir wissen, dass wir sie tragen, verhindern wir, dass wir die Sicht hindurch mit der Realität verwechseln. So sind wir uns während des Spiels des Lebens bewusst, dass es nur ein solches ist, ein Rollenspiel.

Du kennst das vielleicht von Halloween oder anderen Festen, bei denen du bewusst in andere Rollen geschlüpft bist. Übertrage dieses spielerische Bewusstsein auf dein ganzes Leben und das war's dann.

Nichts anderes machen wir, wenn wir ins Kino gehen: Wir geben uns aus keinem anderen Grund außer reiner

Freude einer Illusion hin, sodass wir sogar zu Tränen gerührt sein können, obwohl wir eigentlich nur zwei Stunden lang eine mit Licht angestrahlte Wand anschauen. Nach dem Film macht es ganz selbstverständlich Klick und wir realisieren, dass wir nicht im Film sind, sondern im Kino. Dann gehen wir unbeirrt unserer Wege, bis uns der nächste Gedanke wieder glauben lässt, dass er echter sei als der Kinofilm. Und schon können wir uns auch seiner wieder bewusst werden als die Unwahrheit, die er ist. So lassen wir nach und nach alle Bemühungen los, unsere Rollen gut zu spielen. Uns wird dann zunehmend klar, dass es einfach unmöglich ist, sie besser zu spielen, als wenn sie auf unser authentisches Selbst gebettet sind. Dann wissen wir: Die beste Version von uns selbst ist das Selbst hinter all unseren Versionen.

Möge uns also das Kind, das mir nichts, dir nichts im einen Moment ein Astronaut, im nächsten ein Bulldogfahrer und im übernächsten ein Feuerwehrmann ist, ein Vorbild sein. Das Kind macht sich keinen Kopf.

Eigene Rollen in der Unendlichkeit auflösen
Mache dir klar, dass du, solltest du von Beruf beispielsweise Bänker sein, irgendwie auch keiner bist, wenn du gerade zur Bank fährst, weil du dann ja auch ein Autofahrer bist. Erreichst du mit dem Auto deinen Arbeitsplatz und steigst aus dem Auto aus, bist du wiederum ein Aus-dem-Auto-Aussteiger. Gehst du über den Parkplatz zur Bank, bist du ein Über-den-Parkplatz-zur-Bank-Geher. Stehst du dann in der Bank an deinem Schalter, könntest du

dich als Bänker bezeichnen, wenn du willst. Sobald deine Frau aber kurz anruft, um dir zu sagen, dass du schon wieder in einen Starenkasten gefahren bist, bist du irgendwie auch keiner mehr, sondern eher ein Ehemann und gleichzeitig ein Verkehrssünder. In der Mittagspause bist du dann ein Käsebrotverdrücker, Klodeckelobenlasser, den Bäumen-beim-Wachsen-Zuschauer und was nicht alles.

Werde dir nun des kleinen, aber unermesslichen Unterschiedes bewusst zwischen jemandem, der von sich sagt, dass er Bänker ist, und jemandem, der von sich sagt, dass er immer mal wieder in einer Bank arbeitet. Übertrage dieses Spiel nun auf alle deine Lebensumstände und schau, was passiert.

Die Rollen anderer in der Unendlichkeit auflösen
Nutze Möglichkeiten, um mit möglichst wichtigen Leuten zu interagieren. Zumindest mit solchen, von denen das gesagt wird. Wenn du also mit deinem Chef, dem Bürgermeister, dem Bundeskanzler, dem Papst, dem Präsidenten der Vereinigten Staaten, einem erleuchteten Guru oder irgendeiner anderen sogenannten »very important person« redest, dann bedenke, dass auch sie sicher mal kacken müssen und in diesem Moment nichts weiter als kleine Scheißer sind. Das Gleiche kannst du mit Leuten machen, denen allgemeinhin eher weniger Beachtung geschenkt wird, wie zum Beispiel Reinigungskräfte, Müllmänner oder Obdachlose. So lernst du, still zu werden und deine Essenz im anderen wiederzu-

erkennen, unabhängig davon, was über ihn gedacht wird. Sei dir dabei gewahr, dass es während einer Interaktion immer nur das eine Bewusstsein im jetzigen Moment gibt. Sonst nichts. Du wirst sehen: Jegliche Rollen- und Statusvorstellungen lösen sich in Wohlgefallen auf.

Die Moral

Die Moral ist der Versuch des Kopfes, ein Herz zu sein. Unter Moral verstehen wir nichts anderes als vom Intellekt konstruierte Verhaltensregeln, die dafür sorgen sollen, dass es allen gutgeht. Das ist zwar eine edle Absicht, trifft allerdings nicht immer ins Schwarze, da diese Absicht, so edel sie auch klingen mag, unserem Denken entspringt. Moralapostel, die am Ende das Gleiche wie Menschen sind, die eine Gutmensch-Brille tragen, haben daher den falschen Beweggrund für ihr scheinbar dem Weltfrieden zuträgliches Handeln. »Falsch« ist an dieser Stelle im Übrigen keine Bewertung, sondern eine Beschreibung dessen, was schlicht nicht funktioniert. Sie grüßen die Oma auf der Straße nicht, weil sie es wollen, sondern weil sie einmal gelernt haben, dass sich das so gehört. Mit Wohlbefinden hat das nichts zu tun, weder bei dem, der grüßt, noch bei der Oma. Für den Moralapostel selbst ist der Gruß nur eine anstrengende Pflicht, von der er denkt, dass sie getan werden sollte. Und für die Oma kommt der Gruß genau aus diesem Grund nicht herzlich, sondern aufgesetzt rüber. An dieser Stelle

wäre es für beide besser gewesen, wenn gar nicht erst ge-
grüßt worden wäre. Ein Moralapostel kann das Grüßen
nicht wirklich wollen, weil er aufgrund seiner Brille, die
ihm eisern vorschreibt, stets artig zu grüßen, keine echte
Verbindung zur Oma fühlt. Wird er sich dessen bewusst,
kann er seine Brille abnehmen, sich selbst in der Oma
erkennen und von der Süße dieses Gefühls fast schon
gezwungen werden, sie zu grüßen. Und sei es nur mit
einem herzlichen Blick. So teilt er das Unaussprechliche
mit der Oma und verdoppelt es dadurch. Sowohl er als
auch die Oma sind nun davon beseelt. Ein Moralapostel
ist er nun nicht mehr.

Die Krisen, die Probleme und die Fehler

Krisen, Probleme und Fehler werden nach wie vor oft
mit einer stoischen Selbstverständlichkeit für etwas Un-
willkommenes gehalten. Tatsächlich zieht uns das Leben
damit jedoch freundlicherweise lediglich in die Wahrheit zurück. Es ist somit nichts als der Dampfhammer,
der uns auf die rabiate Art den Weg zu innerem Frieden
ebnet, wenn wir ihn selbst gerade nicht sehen. Krisen,
Probleme und Fehler sind also etwas sehr Heilsames,
das sich nur so lange ungemütlich anfühlt, wie wir uns
dagegen wehren.

Es scheint kleine Krisen, Probleme und Fehler zu geben.
Zum Beispiel, wenn du versehentlich Salz statt Zucker
in deinen Kaffee schüttest. Und es scheint große Krisen,

Probleme und Fehler zu geben. Zum Beispiel, wenn ein Virus jahrelang das Weltgeschehen lahmlegt. Im Grunde sind es jedoch alles keine Probleme, sondern nur Situationen, die anders verlaufen sind, als wir uns das ausgemalt hatten. Akzeptieren wir das, enttarnen wir sie als Trugbilder.

Gibst du dich deiner Enttäuschung über das Salz im Kaffee hin, überwindest du deinen Unmut darüber. Damit wirst du von der Täuschung befreit, dass du zuckerhaltigen Kaffee zum Glücklichsein unbedingt brauchst. Du lernst, dass es nicht selbstverständlich ist, Kaffee jederzeit mit Zucker süßen zu können, und bekommst die einzigartige Möglichkeit, diesen Luxus wieder mehr wertzuschätzen. Zucker im Kaffee ist für dich nun wieder ein wahrer Genuss, denn in deinem Bewusstsein hat er eine Transformation von einer Notwendigkeit zu einem Bonus vollzogen.

Gibst du dich deiner Enttäuschung über die Auswirkungen eines Virus hin, der die Welt jahrelang lahmlegt, überwindest du ebenfalls deinen Unmut darüber. Damit wirst du von der Täuschung befreit, dass du die Lebensbedingungen, die vor den Auswirkungen des Virus herrschten, zum Glücklichsein unbedingt brauchst. Du lernst, dass sie nicht selbstverständlich sind und bekommst die einzigartige Chance, sie wieder mehr wertzuschätzen, sollte sich dir die Möglichkeit dazu noch mal bieten. Dann sind diese Lebensbedingungen für dich wieder ein wahrer Genuss, denn in deinem Bewusstsein haben sie eine Transformation von einer Notwendigkeit zu einem Bonus vollzogen.

Wir können Krisen bei allem Elend also immer auch dankbar sein, sofern wir es nicht schon vorher geschafft haben, das Surfen auf der Nulllinie der Zeit zu kultivieren. Im Nachhinein betrachtet ist Letzteres natürlich immer die elegantere Variante, doch auch wenn es nach einer abgedroschenen Altherrenweisheit klingt: Alles hat seinen Sinn, und scheint es noch so schlimm zu sein. Denn manchmal erhöhen Krisen den Leidensdruck so dermaßen, dass wir endlich den Verstand verlieren und unsere Seele endlich wieder mit ins Boot holen können. Ähnlich einem chronisch verspannten Muskel, der irgendwann so furchtbar schmerzt, dass er endlich kapituliert und erkennt, dass er dann nicht weg, sondern nur entspannt ist. Wenn wir es nicht selbst auf die Reihe bekommen, übernimmt eben das Leben das Ruder und lehrt uns die Wahrheit auf die harte Tour. So oder so wird sie uns gelehrt.

Ein Gleichnis:
Angenommen, du würdest versuchen, einem Fisch zu erklären, dass er im Wasser lebt und dies ein Unterschied zum Leben an Land ist. Sehr wahrscheinlich wüsste er nicht, wovon du sprichst und würde dir einen Vogel zeigen, da er nie eine andere Umgebung als Wasser kennengelernt hat. Und so hättest du keine andere Wahl, als ihn für den Moment in seinem Glauben zu lassen. Doch spätestens, wenn eine große Dürre über das Land kommt und das Gewässer, in dem er wohnt, völlig austrocknet, muss es dem Fisch wie Schuppen von den Augen fallen. Jetzt versteht er, dass es tatsächlich auch etwas zu

geben scheint, das nicht Wasser ist, und er bezeichnet es als Luft und Land. Er hat jetzt zwei Möglichkeiten: Entweder er stirbt oder er lässt seine festgefahrene Vorstellung, nur ein Fisch sein zu können, sterben. Wählt er die zweite Möglichkeit, kann er sich Lungen und Beine wachsen lassen und in seiner neuen Gestalt als Reptil mit erweitertem Bewusstsein weiterleben. Vielleicht war ihm diese Erfahrung eine Lehre, sodass er sich von nun an etwas weniger mit seiner äußeren Gestalt identifiziert.

Bald schon gibt es keine Nahrung mehr auf dem Boden des Landes und als einzige Nahrungsquelle bleiben nur noch die Früchte an den Baumwipfeln. Auch jetzt steht der zum Reptil gewordene Fisch wieder vor einer Weggabelung. Entweder er stirbt oder er nimmt den Glauben, nur ein Fisch oder ein Reptil sein zu können, nicht mehr so ernst. Letzteres könnte ihm nun vielleicht etwas leichter gelingen, da er eine solche Transformation schon einmal vollzogen hat. Also lässt er sich Flügel wachsen und wird zum Vogel. Auf diese Weise trennt sich der Fisch, nachdem er ein Reptil war und nun ein Vogel ist, mehr und mehr von jeglichen Vorstellungen seiner selbst.

Und wie er befreit durch die Lüfte fliegt, macht er sich klar: Er hat zwar schwere Krisen durchgemacht, doch hätte er ohne sie nicht gelernt, was es heißt, wirklich am Leben zu sein.

Manchmal müssen wir also offenbar in kleine oder große Stürme verwirbelt werden, um zu lernen, das Auge darin zu sein. Je aufmerksamer wir jedoch sind, desto klarer wird unsere Sicht. Wir haben immer die Wahl, denn wenn es stürmt, tut es das nur in unserem Inneren und nirgendwo anders. Natürlich kann es sich erst einmal unglaublich schmerzhaft, unsicher und traurig anfühlen, sich von liebgewonnenen Vorstellungen zu verabschieden. Vielleicht weißt du noch, wie schlimm es allein war, als du verstanden hast, dass es keinen Weihnachtsmann und keinen Osterhasen – oder eine vergleichbare Gestalt aus deiner Kultur – gibt. Doch werden die (Ent)täuschungen immer weniger werden, bis uns auf eine sehr pragmatische und gleichzeitig ungeahnt magische Weise klar wird, dass die Dinge stets so sind, wie sie sind.

Die Krankheiten

Solltest du krank sein und in diesem Moment Zeuge werden, wie ich als gesund geltender Mensch das Thema Krankheiten in einem Kapitel namens »Das gibt's doch nicht« auflliste, könntest du dich womöglich sehr verletzt fühlen. Dann möchte ich dir sagen: Das Letzte, was ich möchte, ist, dich zu verletzen. Ich möchte lediglich versuchen, dich auf etwas hinzuweisen. Denn durch den entsprechenden Umgang mit deinem Bewusstsein ist es dir tatsächlich immer und überall möglich, deinem ohnehin bereits bestehenden Leid wenigstens nicht noch mehr Leid hinzuzufügen. Und das kann deine Karten komplett neu mischen und maßgeblich dazu führen, dass der Weg zu deiner Heilung geebnet wird.

Schauen wir uns einmal an, was es mit Krankheit und Gesundheit genau auf sich hat.

Wenn wir krank sind, haben wir wenig Energie. Wir fühlen uns unwohl und unser Körper oder unser Gemüt schmerzen. Zudem können wir im Unterschied zu einem als krank geltenden Zustand deutliche molekulare Veränderungen in unserem Körper nachweisen.

Wenn wir gesund sind, haben wir viel Energie. Wir fühlen uns rundum wohl und unser Körper oder unser Gemüt schmerzen nicht oder wenig. Zudem gibt es, im Vergleich mit einem als krank bezeichneten Zustand, deutliche molekulare Veränderungen in unserem Körper.

So weit, so gut. Um allerdings nun unser Bewusstsein zu erweitern, ist es an dieser Stelle von essenzieller Bedeutung, zu verstehen, dass sowohl Krankheit als auch Gesundheit derselben Ebene entspringen. Es ist die Ebene von Begrifflichkeiten. Die Ebene des Denkens. Die Ebene, in der es nur Schwarz und Weiß, aber keine Graustufen gibt. Und nun erinnere dich: Diese Ebene ist niemals absolut, sondern stets nur relativ real. Denn absolut real ist nichts. Nichts als der jetzige Moment selbst. Solltest du es schaffen, dies zu akzeptieren, wird dir das Wunder möglich, diese Begrifflichkeiten nicht mehr ganz so ernst zu nehmen. Dann verstehst du: Krankheit und Gesundheit sind keine fixen, voneinander getrennten Zustände, sondern vielmehr wie eine Waage, die sich im Fluss der Zeit ständig bewegt. Dabei gilt: Je mehr die Waage im Gleichgewicht ist, als desto gesünder gilt ein Mensch. Je weniger sie im Gleichgewicht ist, als desto kränker gilt ein Mensch. In Wirklichkeit ist also niemand ganz geheilt und niemand ganz krank. Denn wäre jemand zur Gänze geheilt, hätte es für ihn keinen Grund gegeben, als Mensch auf die Erde zu kommen. Und wäre jemand zur Gänze krank, wäre er zwangsweise bereits tot. Außerdem ist in Wirklichkeit ebenso niemand komplett auf die eine oder komplett auf die andere Art krank oder gesund. Jeder ist immer alles, nur in verschiedenen Verhältnissen, denn eigentlich fließt alles ständig in- und auseinander.

Sobald ein Ungleichgewicht der Waage einen gewissen Punkt überschritten hat, schaltet sich lediglich unser Intellekt ein und nennt das eben krank oder gesund, damit er etwas damit anfangen kann. Je nach Art des Ungleichgewichtes hat er so mit der Zeit eine ganze Palette an verschiedenen Krankheitsbegriffen erfunden.

Und gegen diese Begriffe ist grundsätzlich auch nichts einzuwenden. Doch passiert es leider oft, dass sowohl Ärzte als auch Patienten sich mit diesen Begriffen völlig identifizieren. Dadurch tritt beim Patienten – aber auch beim Arzt – der paradoxe Fall ein, dass er eine sogenannte Krankheit auf verrückte, also unbewusste Art lieb hat.

Mit anderen Worten: Sein Verstand lässt ihn glauben, dass das, was dieser als eine Krankheit bezeichnet, dazu berechtigt sei, da zu sein. Nach dem Motto: Lieber eine Identität als Kranker – oder als jemand, dessen Existenz sich aus Kranken speist – als keine Identität. So bindet sich der sogenannte Patient oder Arzt an eine reine Idee, fügt ihr also unbemerkt Energie zu. Er glaubt also, dass die Krankheit nicht nur eine Vorstellung seines Denkens, sondern die Realität ist. Aus seinem Mund mögen zwar Worte kommen, die den klaren Wunsch zur Heilung formulieren, doch ändert das nichts daran, was in seinem Unterbewusstsein vorgeht. So hält er sich selbst von seiner oder der Heilung seines Patienten ab, obwohl er sagt, dass er das Gegenteil wünscht. Das Was ist nichts. Das Wie ist alles. Sobald er jedoch tiefgreifend versteht, dass schlicht keine einzige Krankheitsbezeichnung der absoluten Realität entspricht, versteht er auch den alles entscheidenden Unterschied zwischen der Geisteshaltung der Schuld und der Geisteshaltung der Verantwortung.

Schuld ist nichts als ein Phantom, das aus der Sicht unserer Brillen entspringt. Schuld ist süchtig nach Vergangenheit und Zukunft und daher keine echte Hilfe. Schuld redet eigentlich die ganze Zeit nur um den heißen Brei herum, denn der heiße Brei ist immer hier und jetzt. Schuld würde es zwar niemals zugeben und nach außen hin daher stets rigoros abstreiten, doch insgeheim ist ihr bester Freund das Leid. Sie braucht es. Sie ist auf kranke Art in das Leid verliebt, denn ohne es könnte die Schuld nicht sein. Außerdem liebt sie Begriffe, an denen sie anhaften kann. Sie ist der Parasit der Existenz. In Wirklichkeit existiert Schuld jedoch nicht. Weder du selbst noch das Schicksal, der liebe Gott, der Doktor oder sonst jemand kann jemals schuld an deiner sogenannten Krankheit sein. Sehe dies jetzt umfassend ein, gehe in die Stille und schau, was passiert.

In der Stille wirst du die Gnade von Verantwortung erfahren. Verantwortung ist cooler, größer, schöner und erfolgreicher als Schuld. Sie war schon immer ein bisschen gesünder als ihre kranke kleine Schwester, weswegen diese auch bitterlich neidisch auf die Verantwortung ist. Doch hat sich Verantwortung ihr hohes Ansehen redlich verdient. Denn im Gegensatz zur Schuld krempelt sie die Ärmel hoch und nimmt sich dessen an, was sie vorfindet, ohne es zu benennen oder zu bewerten. Jetzt. Radikal. Verantwortung stellt keine unnötigen Fragen, sonst hieße sie nicht so. Es ist ihr völlig egal, was war und was kommt. Für sie zählt nur das, was jetzt da ist. Sie unterscheidet nicht, sondern behandelt das Glück gleich wie das Leid. Sie ist fair. Und sie ist unbestechlich. Verantwortung interessiert es nicht, ob eine sogenannte Krankheit von innen oder außen oder von oben oder unten kommt, ob sie als vererbt, chronisch, akut, karmisch, heilbar, unheilbar, schwer, leicht oder sonst wie gilt, denn sie durchschaut all diese gedanklichen Begrifflichkeiten und erkennt diese als lediglich graue Theorie. Und daher nimmt Verantwortung auch nicht unbedingt immer jedes einzelne Wort eines Arztes für bare Münze, denn sie weiß: Auch er ist keineswegs ein Halbgott.

Und auch wenn ein Arzt ihr ohne Zweifel eine große Hilfe sein kann, bleibt Verantwortung dennoch stets hellwach. Das tut sie mitnichten aus Misstrauen, sondern einfach weil sie sich ihrem Träger bis in den Tod verpflichtet hat, unabhängig von jeglichen äußeren Bedingungen. Und so hilft sie ihm mit all ihren Mitteln, alles wieder auszutarieren. Das macht sie, indem sie jeden noch so ungebetenen Gast im Haus des Körpers oder des Geistes freundlich und bestimmt willkommen heißt, um ihn nach seinem Besuch ebenso freundlich und bestimmt wieder zur Tür zu geleiten. Sie kämpft also nicht unbeholfen gegen ein Ungleichgewicht an, sondern nutzt elegant dessen ohnehin bereits bestehenden Schwung zu ihren Gunsten. Sie ist das Kung-Fu des Geistes. Sie weiß, was sie will, also hat sie es nicht nötig, sich aufzureiben und kann es sich leisten, einfach immer cool zu bleiben. Egal, was passiert – sie behält den Blick fürs Wesentliche. Und das macht sie zum Heiligsten und Heilendsten, was einem Menschen widerfahren kann.

Manchmal kann es sein, dass ein sehr großes Ungleichgewicht die Leidensschrauben derartig anzieht, dass sich Schuld so unaushaltsam schuldig fühlt, dass sie Suizid begeht und just in diesem Moment als Verantwortung wiedergeboren wird. Immer wenn das passiert, bringt ein extremes Ungleichgewicht auf wunderbare Weise das Beste im Menschen zum Vorschein. Und dieses Beste im Menschen ist seine Erkenntnis, in Wirklichkeit jenseits der Idee von Krankheit und Gesundheit zu Hause zu sein. Ein solcher Mensch wird heil.

Die Religionen

Glaube ist blind, denn der Gläubige glaubt zu sehen, wo der Weise sieht. Wer glaubt, kann nicht sehen, da alles, was gesehen werden kann, die Realität ist. Für den Gläubigen jedoch scheint ein illusorisches Zukunftsszenario, das er Himmel, Erlösung, Paradies oder anders nennt, realistischer als die Realität zu sein. Hinzu kommt, dass er Gott in bestimmten Häusern eher vermutet als in anderen. Doch wer Heiligkeit an Zeit oder Raum koppelt, scheint nur heilig.

Alles, was der Gläubige tun müsste, um sich zu entkoppeln, wäre nichts. So säße er, um noch einmal ein Gleichnis aus dem Intro dieses Buches zu zitieren, stillschweigend in einer Badewanne mit glatter Wasseroberfläche. Der liebe Gott würde ihm dann schon jetzt den Kopf verdrehen, egal in welchem Hause er gerade wäre. So könnte aus seiner Scheinheiligkeit ein Heiligenschein werden und er käme aus der Trennung in die Gänze, worauf der Schöpfer ihm augenzwinkernd zunicken und ihm milde lächelnd auf die Schulter klopfen würde.

Stattdessen spinnt sich manch Gläubiger in seiner Realitätsferne jedoch weitere Glauben zusammen. Beispielsweise wird geglaubt, dass unter gewissen Bedingungen niemals Sex gehabt haben darf. Manch einer, der das ernst nimmt, wird leider von Mutter Natur irgendwann zu sehr unheiligen Handlungen getrieben, um danach in seinem sogenannten Gottesdienst unter Umständen das Wort Jesu »Vater, vergib ihnen, denn sie wissen nicht, was sie tun« zu verkünden.[2] Jesus selbst kann derartigem Wahnsinn zusammen mit seinen erleuchteten Kollegen von woanders aus nur ungläubig zuschauen.

Weiter verharren manche Menschen offenbar in dem Glauben, dass es förderlich für das Seelenheil sei, den

2   Lk 23,34

eigenen Körper – und den von vielen anderen gleich mit – in Gottes Namen mit beispielsweise einem Bombengürtel in fleischgewordene Bruchstücke zu zerteilen.

Dabei könnten sie sich stattdessen fragen, ob es nicht um einiges heiliger wäre, ganz (und) entspannt beispielsweise ein leckeres Glas frisch gepressten Orangensaft zu genießen oder sich etwa einer gepflegten, womöglich erquickenden Runde Minigolf hinzugeben.

Wer den Himmel zu lange woanders als hier und jetzt vermutet, den holt früher oder später ohne Umwege der Leibhaftige selber und zieht ihn tief hinab in die unvorstellbarsten und scheußlichsten Abgründe der Hölle.

Doch wird sich jeder Gläubige Gott sei Dank früher oder später daran erinnern, dass wir alle eigentlich nur wie Wasser sind. Wasser macht sich keinen Stress. Es fließt einfach. Für Wasser ist alles gleich gültig, also auch gleich heilig. Sex ist nicht sündiger als beten oder einen fahren zu lassen und die eine Religion nicht himmlischer als die andere. Sind wir wie Wasser, transformieren wir uns automatisch von Glaubenden zu Wissenden. Von Gläubigen zu Weisen. Als Weise nehmen wir bewusst wahr, dass wir uns über das Prinzip von Religionen erheben dürfen, da wir in unserer Tiefe spüren, dass der echte Gott jenseits dieser Konzepte wohnt.

Es steht uns als Weisen selbstverständlich weiterhin frei, in die Kirche zu gehen oder allerlei andere Rituale zu zelebrieren, doch ist uns klar, dass sie nichts als reines Mittel zum Zweck sind. Das kann sie zu einem durchaus schönen Bonus machen zur Gnade, Heiligkeit immer und überall erfahren zu können.

Denn Heiligkeit keimt immer dort auf, wo es uns gelingt, das Prinzip von Weltanschauungen zu durchschauen. Schaffen wir das und schauen die Welt an, sehen wir sie, wie sie ist, und durchschauen auch sie. Das ist Erlösung.

Die Zufälle

Der Schöpfer würde niemals etwas dem Zufall überlassen. Er hat's immerhin erfunden, also darf er auch die Zügel in der Hand halten. Seit Anbeginn der Ewigkeit hat er es so geregelt, dass uns immer genau das zufällt, was uns zufallen soll. Er hat uns unseren individuellen roten Faden also bereits längst eingepflanzt. Unser wahres Selbst weiß schon lange, wie der Hase läuft, und zieht immer genau das an, was sich der liebe Gott für uns überlegt hat. Die einzige Frage ist wieder nur, ob sich unser Verstand in Dankbarkeit unterordnet und demütig seine Dienste anbietet oder glaubt, er sei intelligenter als die Schöpfung.

Die Hoffnung

Hoffnung ist hoffnungslos, denn wir erwarten viel, wenn wir hoffen. Unser Verstand knechtet uns dann in Angst. Haben wir die Hoffnung jedoch bereits verloren, dürfen wir uns gegenseitig beglückwünschen, denn mit ihr verlieren wir ebenso den Glauben an eine bessere Zukunft.

Und was augenscheinlich zunächst schrecklich klingen mag, ist in Wahrheit nichts als die pragmatische Erkenntnis, dass es jetzt bereits gut genug ist.

Die Zeit, der Raum und der Tod

So langsam, aber sicher herrscht zweifellos Endzeitstimmung. Ja, es klingt wahrlich unglaublich, zu behaupten, es gebe keine Zeit, keinen Raum und keinen Tod. Und tatsächlich ist es das auch, denn man kann es nicht glauben, sondern nur wissen. Doch dazu muss man es erfahren. Dann erst wird die verkopfte Behauptung zum seligen Erlebnis.

Und das Schöne ist: Das geht problemlos immer und überall. Für jeden Menschen. Wer nur für einen Moment in stiller Aufmerksamkeit verweilt, kann bereits erkennen, dass es nur diesen gibt. Es ist der jetzige und er dauert unendlich lange und zur gleichen Zeit unendlich kurz. Es ist deshalb spätestens jetzt an der Zeit, zu erkennen, dass es keine gibt. Wann auch sonst?

Unser Verstand mag zwar wieder und wieder verzweifelt rebellieren, doch ahnen wir, dass es stimmt, wenn wir in Momenten schierer Glückseligkeit das Gefühl haben, als verflöge die Zeit in rasendem Tempo, während sie gleichzeitig stillzustehen scheint. Wir ahnen es, wenn wir das Gefühl haben, als wäre es erst gestern gewesen, wenn wir einen alten Freund nach vielen Jahren wiedertreffen.

Wer durch dieses Nadelöhr erst einmal durch ist, dem wird die Gewissheit geschenkt, dass jeder Mensch der Erde zu jedem Zeitpunkt seiner irdischen Existenz ausschließlich aus einem einzigen Grund tut, was er tut: um dort anzukommen, wo er längst ist.

Wird uns das bewusst, können wir am eigenen Leibe erfahren, dass die Quelle des flusslosen Flusses, der ein wahrhaft lebendiges Leben ist, *der* Jungbrunnen schlechthin ist.

Ein altes Rock-'n'-Roll-Sprichwort sagt zwar: »Live fast, die young.« Doch sterben tatsächlich jene eher jung, die langsam und langweilig gelebt haben, nachdem sie ängstlich und voller Anstrengung meist nur gegen ihren ureigenen Strom angeschwommen sind.

Von ihrer Unbewusstheit genötigt, lassen sie die Untugend der Vorsicht im Mantel der Vernunft walten, was sie süchtig nach der Sicht vor ihnen macht und daran hindert, Einsicht gewährt zu bekommen. So bleiben sie in der Zeit verhaftet und büßen Unmengen an Energie ein, sodass sie eher früher als später das Zeitliche segnen werden.

Jene hingegen, die diese schöne Erde erst in hohem Alter verlassen dürfen, werden in Frieden zurückschauen im Wissen, dass sie schon früh gelernt hatten, keine Zeit mehr für eine lange Weile zu haben.

Mögen wir es also schaffen, todesmutig in furchtlosem Gottvertrauen zu weilen und es schlicht so zu nehmen, wie es kommt. Mögen wir elegant auf des Messers Schneide der Zeitlosigkeit surfen und durchlässig bleiben für jedes Ding der Welt, auf dass wir stets im größtmöglichen Energiefluss verharren. So wird unser Körper langsamer altern, sodass ihm ein längeres, gesünderes und glücklicheres Leben auf der Erde beschert wird. So möge es sein. Denn so war es schon immer. Und so ist es auch jetzt. Und so wird es bleiben.

Das alles wusste auch Albert Einstein schon. Auf seine eigene Weise muss ihm klar gewesen sein, dass der liebe Gott zweifellos ein furchtloser Rock 'n' Roller ist und uns als unverwüstliche Paradeverkörperungen für seinesgleichen zum Beispiel Lemmy Kilmister, Buddha oder Jesus geschickt hat, um nur einige wenige Prachtexemplare zu nennen. Letzterer ist zwar trotzdem recht früh gestorben, doch hat man ein paar Tage später ja gesehen, dass ihm das gar nichts ausgemacht hat.

Und so eröffnet sich mit dem Tod der Zeit ein raumloser Raum für die Erkenntnis, dass es auch ihn nicht wirklich gibt. Denn wenn wir unser Bewusstsein dehnen, erkennen wir, dass all jenes, was wir als Raum samt seines vermeintlichen Inhaltes hielten, bereits jetzt schon wieder der Vergangenheit angehört. Auch in Zukunft. Erinnere dich nur an das kleine Beispiel der Betrachtung einer Wolke im Wind oder eines Eiswürfels in der Sauna. In seinem ständigen Zeitfluss ist der jetzige Moment nie dingfest zu machen. Die Zukunft fährt also unmittelbar in die Vergangenheit ein, ohne dass es etwas gibt, was dazwischen ist. Und da jenes, was wir Materie nennen, unweigerlich diesem bewegten Spiel unterliegt, kann nichts Stoffliches jemals vollkommen präsent und damit niemals absolut real sein. Es könnte uns also klarwerden, dass kein Ding der Welt, inklusive unserem eigenen Körper, jemals wirklich greif- und damit begreifbar sein kann und sich stattdessen in unerbittlicher Unausweichlichkeit, ständig erneut in unermüdlicher Vergänglichkeit zerstörend, durch unsere handlosen Hände hindurch in sich selbst zerfließen muss.

Doch ist das Jetzt parallel zu seiner Nichtheit gleichzeitig auch Allheit. Denn wäre das Jetzt tatsächlich nichts als pure Nichtheit, würde es ja wirklich *gar* nichts geben. Also nicht einmal die durchaus unterhaltsame Illusion, die sich vor unseren Augen abspielt. Und das wäre selbst dem lieben Gott zu öde. Dank ihm und seiner Lebenslust gibt es bei aller Nichtheit also sehr wohl noch etwas. Es ist der Film vor unseren Augen. Es ist das, was wir unser Leben nennen und was sich wunderbar zum Genießen eignet, sofern wir es schaffen, es als Illusion zu enttarnen und dieses Gewahrsein aufrechtzuerhalten. Damit betrachten wir es stets als das, was es tatsächlich ist: reiner Bonus zur raum- und zeitlosen Existenz selbst.

Fazit? Das Jetzt *muss* neben seiner Nichtheit ebenso auch Allheit sein. Auch wenn oder besser damit unser Verstand endlich vollends das Handtuch wirft: Die Zeit ist zeitlos. Sie fließt, während sie stillsteht. Sie ist einfach alles, während es sie nicht gibt. Gestern, heute und morgen können nicht anders, als immer und nie zu geschehen. Und damit gleichzeitig. Also jetzt. Daraus folgt: Was wir wirklich wollen, haben wir bereits. Es ist wahrlich lächerlich.

Und es ist wahrlich zum Verrücktwerden. Doch nur, um schluss- und unendlich in die Erlösung der Entrückung einzufahren. Immer wieder. Und wer einmal aus dem Fenster oder in den Fernseher schaut, wird merken: Die gesamte Menschheit befindet sich derzeit in genau diesem Prozess. Alle Gesichter des Wahnsinns müssen sich noch einmal zeigen, bevor sie vom Wahnsinnigen selbst als ebendiese erkannt und schließlich transzendiert werden können.

Wir können über dieses Paradox gerne noch eine Weile sinnieren, doch irgendwann werden wir, in unserer Verzweiflung vereint, kapitulieren und schließlich todesmutig der Wahrheit ins Gesicht schauen: Das Mysterium der Zeit, des Raumes und des Todes *kann* schlicht nicht verstanden werden. Alles, was uns bleibt, ist, uns dieser unserer wundheilenden Niederlage des Denkens tapfer und geläutert auszuliefern. Mit Tränen der Erleichterung in unseren Augen werden wir vertrauensvoll die weiße Flagge schwenken in einem bis zum jetzigen Zeitpunkt als endlos empfundenen Krieg, den wir bislang irgendwo da draußen vermutet haben und nun dort verorten können, wo er tatsächlich gewütet hat: ausschließlich in uns selbst. Unsere Herzen werden daraufhin in stiller Bestimmung die Führung auf einer neuen Erde übernehmen. Hinter den Scherben unseres Denkens werden sie uns behutsam und in weiser Heiterkeit nach und nach erahnen lassen, welch immense Pracht sich hinter dem Tod dieses einen kleinen gottverdammten Missverständnisses verbirgt, das im Alleingang der gesamten Menschheitsgeschichte bis zum heutigen Tage den Atem raubt.

Mögen wir uns jetzt als das vom schockierend erbarmungslosen Tanz der Vergänglichkeit entkoppelte, nichtstoffliche, allumfassende, ewige Bewusstsein wahrnehmen, das von einer höheren Warte aus, jenseits alles Irdischen, in Frieden und vor Dankbarkeit vibrierend, in unendlicher Stille schallend laut über diesen kosmischen Witz lachen kann, da es nun endlich ohne Ende dessen Pointe verstanden hat.

Mögen wir uns dafür bereitmachen, in Furchtlosigkeit und mit der heiligen Güte dieses Abstandes zu Raum und Zeit gesegnet, von unserem ewig-geschützten Refugium aus dabei zuzuschauen, wie unser Körper und jedes andere Ding vom Gegenteil des Urknalls unter dem Gesetz der heiligen Logik des Universums und der alles zermalmenden Urwut des Kosmos wieder in seine Nichtheit zurückverschluckt wird.

Was zu sagen war, ist gesagt. Und was zu tun war, ist getan. Die Nulllinie wird zum Nullpunkt. Was bleibt, ist pures Gewahrsein in erhabenster Ruhe. Das zu Sterbende ist von uns genommen und das zu Lebende ist uns in seiner pursten Form eingehaucht: der Formlosigkeit. Unser Wille wurde befreit von allen Fesseln.

Und so erkennen wir, dass der Schöpfer derjenige ist, der wir sind. Und wir erfahren, dass wir das sind, was nicht sterben kann. Das Wesentliche. Das Angstlose. Das Ganze. Jetzt und über den Tod hinaus. Todsicher.

Outro

Die Auferstehung

Na, immer noch da? Ja, ich auch. Und jetzt?

Na ja, wir könnten nun, so wie es auch Jesus, Buddha oder Lemmy einst taten, noch tun und auch noch bis in alle Ewigkeit tun werden, einfach wieder auferstehen. Du fragst dich, warum wir das tun sollten? Damit es in der über alle Maßen erhabenen und unendlich friedvollen Ruhe von Zeit-, Raum- und Todlosigkeit nicht ganz so langweilig wird wie vor dem Urknall. Als Zugabe der Show des Universums. Als zusätzlicher Gag, während der Abspann schon läuft und das Licht bereits angeht. Als die Kirsche auf der Sahnetorte. Als der Frieden, kurz nachdem wir den Endgegner besiegt haben. Als ein von Begründung befreiter Tanz. Als der Bonus zum Eigentlichen. Hätten wir Jesus, Buddha oder Lemmy diese Frage gestellt, hätten sie wahrscheinlich nur gesagt: »Scheiße, Mann, warum nicht?!«

Ungeschickterweise erstehen wir meistens erst auf, kurz bevor unser Körper untergeht. Daher strahlen wir oft erst in unseren letzten irdischen Minuten den unermesslichen Frieden aus, der wir immer sind. In diesem Zustand nehmen wir weder das irdische Leben noch den Tod ernst, da wir bereits kurz vor unserem körperlichen Ableben losgelassen und uns Zugang zu der Gewissheit verschafft haben, in Wirklichkeit mit beiden Angelegenheiten nichts am Hut zu haben. Doch so schön das in diesem Moment auch ist – wir können nicht leugnen, dass diese wenigen Minuten im Vergleich zu den meist vielen Jahrzehnten zuvor einigermaßen kläglich aussehen.

Manche ahnen das schon früher und werfen ihre Körper instinktiv aus einem Flugzeug, steigen ohne Sicherung eine steile Felswand hinauf oder fahren mit 300 Sachen die Autobahn rauf und runter. Am Rande des vermeintlichen Todes ist die Lebendigkeit automatisch am größten, da es hier keine Zeit zum Grübeln mehr gibt und das Wesentliche gezwungen wird durchzuscheinen. Wer schon einmal einen Autounfall hatte oder eine andere nahtodartige Erfahrung gemacht hat, müsste dem zustimmen können. Viele würden über solche Unternehmungen zwar sicherlich den Kopf schütteln, doch wähnen die sich nur in trügerischer Sicherheit. Denn schon die kleinste Irritation kann uns bei allem, was wir tun oder lassen, stets auf die Autobahn führen, die direkt in die Hölle der Unbewusstheit führt und umso steiler wird, je länger und weiter wir auf ihr fahren. Und da wir um einiges leichter auf diese Autobahn gelangen können, wenn wir beispielsweise grübelnd unsere Wäsche zusammenlegen, als wenn uns der Sprung aus einem Flugzeug in die Präsenz zwingt, ist es selbstverständlich gefährlicher, die Wäsche zusammenzulegen, als aus einem Flugzeug zu springen. Wehe denen also, die jenes, was sie ihre Zeit nennen, nicht sinnvoll nutzen. Und sinnvoll sollte niemals etwas anderes heißen als lebendig, wenn wir uns nicht verzetteln wollen. Doch sind ein Fallschirmsprung oder Ähnliches für das Erkennen der Wahrheit keineswegs nötig. Das aufmerksame Lesen eines Buches tut es unter Umständen auch schon. Möchten wir permanent in der Erkenntnis verweilen, ist es sogar unumgänglich, auch die scheinbar profanen Dinge mit Präsenz verrichten zu können, da wir sehr wahrscheinlich nicht unser ganzes Leben lang aus einem Flugzeug werden springen können. Gelingt uns das, wird es uns möglich, in der gleichen ekstatischen Erhabenheit unsere Wäsche zusammenzulegen wie (kilo)meterweit durch die Lüfte zu fliegen.

Der Ruf

Sind wir erst einmal auferstanden, wurzelt unser Tun im Sein. Und so wird uns automatisch die Richtung für den Weg unserer Seele gewiesen in diesem irdischen Spiel. Spitzen wir also unsere ohrlosen Ohren für den uns innewohnenden Ruf. Denn die Stimmen unserer Bestimmung rufen uns an, jenes zu tun oder zu lassen, von dem wir spüren, dass es ohne jeden Zweifel von uns getan oder gelassen werden muss. Von uns und sonst niemandem. Die Klarheit und die Freude dieses Erkennens zwingen uns förmlich in jene Tätigkeit, von der wir eigentlich ohnehin immer schon wussten, dass es schlicht nichts anderes gibt, das jemals sinnstiftender für uns sein könnte. Hören wir auf diese uns innewohnende Weisheit und folgen dem Ruf, folgen wir unserer Berufung. Dann sind wir stiller Zeuge, wie aus der Tiefe unseres seligen Seins ganz von selbst unser ureigenes irdisches Tun erwächst. Wir liegen dann richtig, wenn wir das Gefühl haben, dass dieses Tun ohnehin schon immer das Unsere war. Ein Tun, das sich schon immer ganz von selbst eingestellt hat, wenn wir mal für kurze Zeit weder von den Stimmen in unseren Köpfen noch von denen anderer Menschen davon abgehalten wurden. Ein Tun, von dem wir vielleicht einfach noch nie auf die unverschämte Idee gekommen sind, es öfter zu tun und eventuell sogar Geld damit zu verdienen. Etwas, bei dem wir schon immer die Zeit vergessen und uns damit an uns selbst erinnern konnten.

Dann ist da nur noch von Grübeleien und Zweifeln befreite Handlung, die einfach aus sich heraus geschieht.

Man könnte also sagen, dass unser Wille selbst mit Bonusbewusstsein nicht wirklich frei ist, sondern immer nur dem folgt, was Gott will. Das macht jedoch nichts, denn Gott ist tatsächlich der, der wir sind. Jeder auf seine Weise.

Wer erkennt, dass er in der Disziplin, er selbst zu sein, konkurrenzlos ist, kann sich wahrlich entspannen. Der sagt »Ja, ich will!« zu jenem Leben, das seines ist und sonst niemandes. Vorbei ist dann der blinde Aktionismus. Und entlarvt ist der trügerische Glaube, sich seine Bestimmung selbst aussuchen zu müssen. Im Urvertrauen, dass das ab jetzt unser höheres Selbst für uns erledigt, dürfen wir uns endlich zurücklehnen und es hiermit feierlich einlösen: unser One-Way-Ticket ins Paradies.

Urlaub

Das Schöne ist: Alles, über das du in diesem Buch lesen konntest und noch ein bisschen kannst, ist nichts Neues für dich. Du kennst den heiligen Zustand des reinen Daseins sowieso schon, denn sonst könntest du kein Mensch sein.

Ich beglückwünsche dich daher hiermit herzlich: Du hast sie bereits, die Referenz für den Himmel auf Erden. Immer mal wieder wirst du daran erinnert. Es passiert, wenn du dich in der ekstatischen Wonne eines Orgasmus verlierst. Wie bereits erwähnt ist er nichts als ein kleiner Tod. Es passiert, wenn du es nicht fassen kannst, weil dich für einen Moment ein Stück Musik so mitreißt, dass du Gänsehaut bekommst, während pulsierende Energie durch deinen Körper hindurchströmt. Es passiert, wenn du in den Sternenhimmel schaust und von der Unverständlichkeit der Unendlichkeit fasziniert bist oder wenn du staunend von der unermesslichen Schönheit eines Sonnenuntergangs überwältigt wirst. Überwältigt wird dann zwar nur das, was du nicht bist, doch sagt man das eben so. Es passiert, wenn in einem Moment der Stille eine kleine Blume ausreicht, um dir das tiefe Wunder des Lebens klarzumachen. Es passiert, wenn du morgens aufwachst und dich in einer kurzen Zeitspanne von nur ein paar wenigen Sekunden in einer magischen Grauzone zwischen Himmel und Erde wiederfindest, in der du zwar schon wach bist, dir aber noch nicht eingefallen ist, wer du zu sein glaubst. Es passiert immer dann, wenn du dich in der zunächst schrecklichen, jedoch dann ekstatischen und schließlich schrecklich ekstatischen Ausnahmesituation befindest, nichts mehr zu verlieren zu haben. Lasse diese Ausnahme von nun an einfach die Regel sein.

Es passiert immer dann, wenn du in die Reinheit des Lebens selbst gezwungen wirst und einen Geschmack davon bekommst, wer du wirklich bist. Dann wird dir der Atem Gottes eingehaucht. Dann spürst du den Hintergrund des Seins. Dann lebst du es: ein Leben in Erinnerung an die Zeitlosigkeit.

Es beginnt sich nun das Buch zu schließen. Und damit vielleicht so mancher Kreis.

Und so wachen wir plötzlich auf aus unseren Lebensträumen und finden uns als spielende, der Gedanken verlorene Kinder wieder. Kinder, für die es selbstverständlich geworden ist, sich selbst nicht mehr verstehen zu wollen und es dadurch tun. Kinder, die alles zu Wissende durch ihre Weisheit des Nichtwissens aus sich selbst heraus einfach und vielfach in sich selbst hineinfallen lassen.

Und so entlarven wir den Ernst des Lebens erleichtert als eine pure Erfindung der Zweifler und Verzweifelten. Vermögend im Herzen und reich im Geiste wandeln wir außerhalb des Konzeptes von Seiten und erkennen uns als Außenseiter. Durch unsere Sonderstellung als diejenigen, die wir sind, ziehen wir den ultimativen Joker. Und so fressen wir einen Narren an unserer ureigenen Existenz und damit an der Existenz selbst.

Die Tragik des Lebens bäumt sich hier und da zwar noch einige Male auf, doch verschlingt sie die Komik immer wieder mit Haut und Haar und macht sie letzten Endes zu ihresgleichen.

Wir erkennen das irdische Leben als zu schön, um absolut wahr zu sein. Und so lassen wir unseren Drang zu gefallen mehr und mehr fallen, wodurch unsere Narrenfreiheit und unser Pioniergeist erweckt werden. Wir gehen Wege, die keine sind. Wir sind am Ziel, das nie eines war. Wir lassen unsere Träume platzen und dadurch in Erfüllung gehen. Und so erfahren wir uns als weiße Leinwände, die sich mit unzähligen Gemälden des einen Moments verzieren lassen. Leere Vasen, die sich wieder und wieder mit dem erlesenen Ambrosia der Schöpfung füllen lassen, welches nun in unendlichem Überfluss in die dürstende Welt drängt.

Wir erkennen uns im Anderen und damit in der Natur, die uns uns selbst in sich widerspiegelt. So sehen wir das Spiel des Ein- und Vielfachen in der Verästelung eines Baumes oder der Beschaffenheit eines Flusses. Wir sehen das unendliche Prinzip in der Spiralform von Schnecken, Pflanzen,

Windhosen, Wasserverwirbelungen und Galaxien. Wir sehen die erhabene Schönheit von gottgegebener Ordnung in den Blüten der Blumen, Schneekristallen, Blättern, Tierfellen, Wüstendünen und Umlaufbahnen dieser Erde. Wir erleben wahrgewordene Innenschau im Prinzip der Schwerkraft, die uns bis zum Mittelpunkt der Erde zöge, wäre selbige nicht im Weg, den wir nun, von Notwendigkeit befreit, gehen können. Während dieses beginn- und endlosen Höhenfluges werden wir stets auf dem Boden der tatsachenlosen Tatsachen gehalten.

Wir genießen das Leben und umarmen es als Paradox. Und so verstehen wir, dass alles aus dem einen Grund passiert, uns aufzuzeigen, dass es keinen gibt. Wir bleiben bei uns und dadurch mit allem verbunden. Wir sehen alles durch die Schau ins Nichts. Wir gewinnen die Kontrolle, indem wir sie verlieren. Wir wissen nichts und damit alles. Wir gehen nach innen und sind überall. Wir leeren uns und kommen in die Fülle. Uns wird gegeben, was wir nicht brauchen. Wir erden uns durch den Sprung ins Bodenlose. Wir kommen aus uns heraus in uns hinein. Wir geben uns schlicht und ergreifend hin und damit auf. Und so tickt die Uhr in die Zeitlosigkeit hinein ...

Es gibt jetzt nichts mehr, was noch zu sagen wäre.

Es gibt jetzt nichts mehr, was noch zu tun wäre.

Es gibt jetzt nichts mehr, was noch zu beweisen wäre.

Es gibt jetzt nichts mehr, was noch zu denken wäre.

Es gibt jetzt nichts mehr, was noch zu schreiben wäre.

Es gibt nichts, das von Bedeutung ist.

Es

Ist

Jetzt.

Das war's!

Lieber Leser,

mögest du dir immer gewahr sein, dass dein Körper auf die Welt gekommen ist und, da der Erdball rund ist, auf selbigem mehr oder weniger eine Weile im Kreis läuft, um sich dann irgendwann wieder in Wohlgefallen aufzulösen. Währenddessen geht er allerlei Aktivitäten nach und findet so manches sicherlich manchmal beunruhigend, doch ist es eigentlich alles nur ein heiterer kleiner Ausflug, der im Großen und Ganzen einem Wimpernschlag Gottes gleicht.

Ob es ein Happy End geben wird? Du könntest die Antwort erahnen, wenn du dich daran erinnerst, dass du in der Unendlichkeit zu Hause bist.

Das Leben ist dein bester Freund. Ein Freund, der dir auf unglaublich charmante und zugleich geniale Art zuzwinkert und dir zuflüstert, dass alles schon da ist. Du musst nur aufmerksam deine Ohren spitzen, denn es scheint, als spräche er leise. Möge dein Leben also bereits jetzt schon vom Wesentlichen durchdrungen sein und nicht erst, wenn dein letztes Stündlein geschlagen hat. Denn wer sagt, dass dieses Stündlein nicht bereits vor 59 Minuten begonnen hat?

Dafür, dass eigentlich schon auf der ersten Seite alles gesagt war, ist daraus wohl doch noch etwas mehr Text erfolgt. Ich hoffe, du nimmst das nicht so ernst und weißt, dass es die erste Seite auch schon getan hätte. Nicht einmal die.

Ich bedanke mich hiermit herzlichst für deine Aufmerksamkeit. Und so darfst auch du dankbar sein für deine Aufmerksamkeit.

Unsere gemeinsame Bootsfahrt auf dem Fluss, der die Zeit war, endet jetzt und hier.

Möge nun jeder seiner weglosen Wege gehen und jenes schreiben, was er früher oder später sowieso geschrieben hätte: das nächste Kapitel im Buch seines ureigenen Lebens.

Und sollten dir mal die Worte fehlen, vergiss nicht: Ein Buch kann man jederzeit zuklappen.

Ich muss dann mal meine Wäsche zusammenlegen …

Wir hängen zwar am Leben,

doch sobald wir erkennen, dass es nichts gibt,
woran zu hängen wäre,

können wir die Seele baumeln lassen.

Sie wird's verstehen.

Die Entstehungsgeschichte dieses Buches

Obwohl die Geschichten von Einzelpersonen oftmals das Risiko in sich tragen, vom Wesentlichen abzulenken, erzähle ich dennoch kurz meine persönliche Geschichte und beschreibe, wie sie in dieses Buch mündete.

Schon als Kind habe ich unterschwellig deutlich gespürt, dass ich nicht gemacht war, um den Weg zu gehen, der allgemeinhin als normal erachtet wurde. Irgendwie hatte ich die vage Ahnung, dass die Existenz etwas Mystisches und Erhabenes an sich hat. Etwas, das sich unglaublich stimmig anfühlte und unsagbar alt zu sein schien. Etwas, das die Faszination unangestrengter Lebensfreude in sich trug. Etwas, das nichts mit der Welt zu tun haben konnte, wie sie mir präsentiert wurde. Und so geriet dieses gewisse Etwas zunächst in Vergessenheit.

Zunächst spielte ich Tennis und zog in Erwägung, Tennis-Profi zu werden. Ob meine Trainer das auch so sahen, weiß ich nicht. Bald war mir das allerdings ohnehin zu anstrengend. Außerdem erschien mir das Prinzip von Gewinnen und Verlieren viel zu nervenaufreibend, wenn ich ehrlich war.

Rock 'n' Roll versprach mir dagegen ein Gefühl von Freiheit. Man konnte scheinbar nur gewinnen und niemals verlieren. Ein Konzert von AC/DC im Juni 2001 mit meinen Eltern auf dem Hockenheimring war der Schlüssel. Ich war damals elf Jahre alt. Und doch erinnere ich mich heute noch genau daran, als läge keine Zeit dazwischen. Es waren magische Momente des schieren Einsseins mit 75.000 anderen Seelen. Mir standen die Tränen in den Augen inmitten dieser Welle der Macht, die mich durchfuhr. Es war die absolute Offenbarung.

Ich konnte natürlich noch nicht ahnen, das diese Magie keineswegs von all dem äußeren Brimborium herrührte, das ich damals unter Rock 'n' Roll verstand, sondern von einer gewissen inneren Haltung der Musiker selbst. Ein Feingespür dafür, an welcher Stelle sich zurückgenommen werden möchte, um dem großen Ganzen zu dienen. Eine demütige Wertschätzung der Pausen zwischen den Noten. Die augenzwinkernde Souveränität des Sich-zurück-Nehmens. Und damit dieses alles entscheidende Quäntchen Abgehangenheit, das es braucht, um einfach abwarten und kommen lassen zu können.

Mir fehlte das damals noch zur Gänze, also sah ich lediglich die äußerliche, faszinierend-sündige Scheinwelt, setzte sie gleich mit dem wahrgewordenen Himmel auf Erden und stürzte mich hinein. Ich lernte Schlagzeug zu spielen, gründete eine Band, aus der später Kissin' Dynamite wurde und wurde ein relativ erfolgreicher Rockmusiker.

Da das Geld jedoch nie ganz reichte, um nur von der Band leben zu können, war ich gezwungen, noch etwas anderes in meinem Leben zu machen. Das war der

Punkt, an dem die Probleme begannen. Es war nun das gekommen, von dem mir schon immer gesagt wurde, dass es kommen würde, wenn man erwachsen wird: der Ernst des Lebens. Mein Verstand glaubte das allzu oft, wohingegen mein Bauch ausnahmslos den Stinkefinger zeigte. Danke nochmals an dieser Stelle, lieber Bauch.

Wenn ich ehrlich zu mir war, so glaubte ich zumindest, wollte ich nichts als Rockmusiker sein und ansonsten bitte meine Ruhe haben. Diese Vorstellung versprach mir den größtmöglichen Frieden, den ich mir zu dieser Zeit ausmalen konnte. Das musste die Lösung für mich sein, denn als erfolgreicher Rockmusiker darf man jeden Abend magische Momente des Einsseins mit vielen anderen Menschen teilen und kann seiner Kreativität freien Lauf lassen. Ansonsten wird man stets versorgt und hat genügend Geld, um nichts anderes Lästiges machen zu müssen. So dachte ich. Die Wahrheit war die, dass ich, zumindest in den ersten Jahren, die ganze Sache etwas zu ernst genommen habe und mir dadurch oft selbst im Weg gestanden bin, sodass ich selbst auf Tour vieles nicht in vollen Zügen genießen konnte. Außerdem reichte das Geld eben nicht, sodass ich neben der Band noch zusätzlich arbeiten musste. Und aus irgendeinem Grund widerstrebte mir dieser Umstand so sehr, dass ich jahrelang immer wieder von scheußlichen Gefühlen der inneren Zerrissenheit und Energielosigkeit heimgesucht wurde. Instinktiv wusste ich einfach, dass das wahre Leben viel zu kostbar ist, um auch nur eine Sekunde lang etwas zu tun, das man nur tut, um genügend Geld zu verdienen und weil man ansonsten für eine faule Sau gehalten wird.

Ich arbeitete als Kinderbetreuer, Schlagzeuglehrer, Saunameister und Textdichter. Doch nichts konnte langfristig an dieser oft unerträglichen inneren Quälerei etwas ändern. Ich wollte irgendwann einfach nur noch meine selige Ruhe haben. Ich wäre mit Mitte zwanzig am liebsten in Rente gegangen, um in Italien Rosen zu züchten. In einer Schlussszene eines Asterix-Films macht Caesar genau das, weswegen mich diese Szene auch immer ins Träumen brachte und noch bringt.

Es gab Momente, da wäre es mir fast scheißegal gewesen und ich hätte alles hingeschmissen, um planlos durch die Welt zu reisen. Nun weiß ich, wie nah ich in jenen Momenten dem Erkennen der simplen Wahrheit war. Und doch schrammte ich oft haarscharf an dieser radikalen inneren Kapitulation vorbei und suchte stattdessen weiter, wenngleich ich immer wieder Momente hatte, in denen mich der ewige jetzige Moment auf eine sehr pragmatische und unsagbar erhellende Weise daran erinnert hat, dass alle meine Probleme ausschließlich dem Kino in meinem Kopf entsprangen.

Dennoch schlief ich immer wieder ein und suchte weiter. Ich suchte und suchte und fand einfach nichts, für das ich dauerhaft eine derartige Motivation aufbringen konnte, wie es jeweils die anderen konnten, ohne dass ich irgendwann ein starkes Gefühl der Langeweile und der Sinnlosigkeit in mir spürte. Ich hatte alles probiert: Ruhm, Sex, Drogen, verschiedene Jobs. Sport war mir übrigens schon immer zu anstrengend. Mit Ausnahme von Schlagzeug spielen, denn da kann man immerhin sitzen. Auch hatte ich im Rahmen einer auf den exakten Tag genauen Sieben-Jahres-Beziehung mittlerweile das Thema Jugendliebe abgehakt, inklusive ein paar Jahren der Verarbeitung im Nachhinein.

Ich gab zudem viel Geld aus für verschiedene sogenannte spirituelle Aktivitäten. Manche davon waren reine Scharlatanerie, manche waren echt. Dennoch dachte ich jahrelang über inneren Frieden nach, was mich ironischerweise daran hinderte, welchen zu (emp)finden. Ich versuchte alles und fand verdammt noch mal keine zufriedenstellende Lösung. Doch etwas Undefinierbares trieb mich weiter an. Eine Sehnsucht nach einer Welt, in der man nicht mehr sollte und musste, sondern nur noch durfte und konnte. Eine Welt wie ein permanenter Urlaub. Nach und nach schwante mir mehr und mehr, dass es stimmte, was mein Verstand artig in meinen Büchern gelesen hatte, jedoch nicht so recht wusste, was er damit anfangen sollte: In der Welt liegt die Lösung nicht.

Ich musste auf eine innere Suche gehen. Mir blieb nur noch diese eine einzige Möglichkeit. Ich musste diesem mysteriösen Kern, der das Universum zusammenhält und den ich schon als Kind klar und deutlich gespürt hatte, einfach nachgehen und erfahren, welche Rolle ich und alle anderen darin spielen. Ich musste wieder zu dem zurückkehren, was mir damals schon aus der Ferne verheißungsvoll zugewunken und ein geheimnisvolles Funkeln in den Augen beschert hatte. Ich wollte herausfinden, was dahintersteckt. Hinter allem. Ich wollte erfühlen, was die Essenz des Daseins ist. Was es ist, das die Welt im Innersten verbindet. Ich wollte den Sinn des Lebens jetzt an den Eiern packen, und zwar wirklich. Und so wurde mir immer öfter nicht nur intellektuell, sondern auch in unmittelbarer Erfahrung sehr klar, dass die Kraft, die alles umschließt, unmöglich beim einen oder anderen gefunden werden kann. Es musste etwas Universelles sein. Und damit hatte ich endlich auch die Erklärung dafür, warum ich nicht glücklich wurde, wenn ich mir die Frage nach dem Was stellte. Die Frage nach dem Wie war der Schlüssel.

Und wie es ein sogenannter Zufall wollte, erfolgte im Frühjahr 2020 eine Phase, in der ich einfach nichts zu tun hatte, da das Coronavirus meine Band lahmlegte und ich auch sonst gerade keine Verpflichtungen hatte. In dieser friedvollen und ungezwungenen Stille fiel mir dieses Buch ein. Geschrieben habe ich es übrigens nicht selbst. Das wäre viel zu anstrengend gewesen. Tatsächlich hat es mich nur dazu benutzt, um geschrieben zu werden. Doch das würde ich natürlich niemandem sagen. :)

Mein Dank gilt

Meinen Eltern für die Erinnerung an Raum und Zeit,

Antje für die Erinnerung an dieses Buch,

Maria für die Erinnerung an die Blumen am Wegrand,

Christian[3] für die Erinnerung an morgen,

Hayo für die Erinnerung an gestern,

Dem Rock 'n' Roll für die Erinnerung ans Nicht-ernst-Nehmen,

Der Existenz für die Erinnerung an die Zeitlosigkeit.

---

3   Christian Federl: https://blog.ursprung.co

Noch ein kleiner Hinweis zur Genderthematik: Ich gehe einfach einmal davon aus, dass es sich nach dem aufmerksamen Lesen dieses Buches von selbst versteht, dass ich nicht aufs Gendern verzichtet habe, weil ich das eine Geschlecht lieber habe als das andere, sondern schlicht weil es mir zu umständlich war.

Ach ja ... und ...

… hat mich gefreut, dich kennengelernt zu haben. Ich hoffe, du errätst meinen Namen.